D1735834

Heiner Böttger / Michaela Sambanis (Hrsg.)

Focus on Evidence III – Fremdsprachendidaktik trifft Neurowissenschaften

narr\f
ranck
e\atte
mpto

Bibliografische Information der Deutschen Nationalbibliothek
Die Deutsche Nationalbibliothek verzeichnet diese Publikation in der Deutschen Nationalbibliografie;
detaillierte bibliografische Daten sind im Internet über http://dnb.dnb.de abrufbar.

Univ.-Prof. Dr. Michaela Sambanis, Didaktik des Englischen
Freie Universität Berlin, Institut für Englische Philologie, FB Philosophie und Geisteswissenschaften,
Habelschwerdter Allee 45, 14195 Berlin

Univ.-Prof. Dr. Heiner Böttger, Didaktik der englischen Sprache und Literatur
Katholische Universität Eichstätt-Ingolstadt, Sprach- und Literaturwissenschaftliche Fakultät,
Universitätsallee 1, 85072 Eichstätt

© 2020 · Narr Francke Attempto Verlag GmbH + Co. KG
Dischingerweg 5 · D-72070 Tübingen

Internet: www.narr.de
eMail: info@narr.de

CPI books GmbH, Leck

ISBN 978-3-8233-8378-9 (Print)
ISBN 978-3-8233-9378-8 (ePDF)

Inhaltsverzeichnis

Teil III
Empirische Evidenz: Transferdiskussionen

Teil IV
Beiträge zum Transfer der empirischen Evidenz

Michaela Sambanis & Heiner Böttger

Leit- und Transfergedanken

Nicht alles, was vom Gehirn handelt und interessant klingt, trifft auch zu. Es gibt im Feld der sogenannten Neurodidaktik, hier vor allem in populär- bzw. pseudowissenschaftlichen Publikationen, einiges Unkraut, um bei der Feld-Metapher zu bleiben.

Vieles von dem, was tatsächlich zutrifft und relevant für die Gestaltung von Bildung wäre, kommt hingegen gar nicht weiter durch, wird nicht in die Didaktik, nicht in ihre Forschung und Praxis getragen. Warum nicht, wenn es doch wertvolle Befunde gibt, die Lernprozesse besser nachvollziehbar machen? Die Antwort hat mehrere Ebenen:

Ein Grund, warum viele Erkenntnisse der Neurowissenschaften nicht in der Didaktik ankommen, liegt in der Komplexität des Unterfangens, diese zugänglich und anwendbar machen zu wollen, selbst:

> Bereits angesichts der Fülle an neurowissenschaftlichen Publikationen jährlich – die Zahlen variieren zwischen 40.000 und etwa dem Doppelten […] – wird erkennbar, dass eine Orientierung in diesem Feld und die Kenntnisnahme von Evidenzen und Gegenevidenzen eine immense Herausforderung darstellt. Hinzu kommt die Frage, wie Befunde angemessen aufgeschlüsselt werden können, damit sie auch für die Praxis des Lehrens und Lernens nutzbar werden, ohne unzulässige Verzerrungen oder Verkürzungen zu erfahren (Arndt & Sambanis 2017: 11).

Warum viele Erkenntnisse der Neurowissenschaften nicht bei uns in der Didaktik ankommen, liegt also nicht nur daran, dass für uns bedeutsame Erkenntnisse der Hirnforschung in der immensen Publikationsfülle oftmals schwer zu identifizieren sind, sondern auch daran, dass sie eine eigene Sprache haben und ohnehin per se keine anwendbaren Rezepte für die Praxis liefern. Um das Wissen nutzbar zu machen, ist ein Brückenschlag notwendig, ein sorgsam gestalteter Transfer, der auf die Generierung von zuverlässigen Hinweisen für Lehr- und Lernprozesse zielt, nicht auf möglichst reißerische Aussagen, die sich gut verkaufen lassen und Verzerrungen oder auch Fehlinterpretationen bestenfalls als Kollateralschäden betrachten.

Focus on Evidence (FoE) hat es sich zur Aufgabe gemacht, die Neurowissenschaften und die Fremdsprachendidaktik zusammenzubringen, einen Austausch zu gestalten, der den eben erwähnten Brückenschlag planvoll vornimmt und dabei auch nicht vergisst, dass man Brücken in der Regel in zwei Richtungen nutzen kann – in unserem Fall, nicht nur zu einem linearen Übertragen von Befunden der Neurowissenschaften in die Fremdsprachen-

didaktik, sondern auch von der Didaktik ausgehend, vielmehr ein wechsel-
seitiger Dialog also. Das Ermöglichen eines solchen Dialogs ist das Kernan-
liegen von FoE und soll, neben dem Eröffnen grundlegend interessanter und
erhellender Einsichten vor allem ein reflektiertes Hervorbringen „evidenz-
basierte(r) Handlungsimpulse für den Fremdsprachenunterricht" ermöglichen (Böttger & Sambanis 2016: 10).

Die Gelingensbedingungen eines Dialogs zwischen Neurowissenschaften
und Fremdsprachendidaktik sind vor allem demokratischer, balancierender
Natur. Auswogen müssen zunächst die Motivlagen sein: Haben beide Seiten
etwas von einem Austausch, profitieren sie annähernd in gleichem Maße?
Bereichern Austausch und Diskussion die gegenseitigen Arbeitsfelder, erweitern sie sie gar? Diese beiden ersten Fragen sind eindeutig mit Ja zu beantworten. Insbesondere die an den Konferenzen FoE 2015 in Eichstätt, 2017
in Berlin und 2019 in Nei Poroi (Griechenland) beteiligten Neurowissenschaftlerinnen und -wissenschaftler empfanden nach eigener Aussage, teils
dokumentiert in den bisherigen Konferenzbänden, die Wirkrichtung und
das Zielpotenzial ihrer Forschungen in den Bereich des Fremdsprachenleh-
rens und -lernens als eher überraschenden, erfreulichen Mehrwert. Eine
solche positive Sichtweise zeichnet die Neurowissenschaften einerseits als
explorative und offene Partnerinnen aus, andererseits aber auch als beken-
nende Bezugswissenschaften der Fremdsprachendidaktik, die sich durch
diese Verbindungen, in denen sie selbst eine ernstzunehmende Geberrolle
spielen, emanzipieren können.

Mit der Umsetzung in konkrete Handlungsfelder ist bereits eine erste
Zieldimension genannt. Nach Treffen und Annäherung (wie 2015 in
Eichstätt) sowie Konkretisierung (wie 2017 in Berlin) sind es nun die ersten
praktischen Umsetzungsmöglichkeiten, die vom Dialog in die Implementierung führen. In nicht wenigen Fällen entstehen aus den bilateralen Dialogen
beispielsweise gemeinsame Forschungsfelder, die die Neurowissenschaften
um den Terminus *angewandte* ergänzen. Damit entsteht eine sichtbare gesellschaftliche und bildungsbezogene Relevanz der Hirnforschung.

Diese Zunahme an Bedeutung für Lehr- und Lernkontexte besitzt Strahl-
kraft auf die Lehramtsausbildung im Allgemeinen und die Ausbildung von
Sprachlehrkräften im Besonderen. Bei FoE 2019 wurden Studierende der
veranstaltenden Universitäten in die Dokumentation des Konferenzgesche-
hens eingebunden. Diese ersten Schritte der Implementierung und später
Institutionalisierung von neurowissenschaftlichen Kompetenzen in die uni-
versitäre Lehre und Ausbildung sichern sukzessive die Qualitätszunahme
bei Sprachlehrkräften und in der Lehrkräftebildung. Sie helfen, Evidenzen
zur Grundlage zu machen, Mythen zu erkennen und didaktisches Handeln
im Fremdsprachenunterricht zu professionalisieren. Einen Beitrag hierzu
möchten wir, Michaela Sambanis und Heiner Böttger, als Herausgeberteam
und Veranstaltende von FoE mit dem vorliegenden Band leisten.

Im ersten Teil finden sich die Vorträge der bei FoE 2019 Impulse geben-
den Neurowissenschaftlerinnen und Neurowissenschaftler: Petra A. Arndt
eröffnete die Tagung mit wichtigen Gedanken zum multidirektionalen
Transfer, wobei sie einen besonderen Schwerpunkt auf das Verhältnis von
Wissenschaft und Politik setzte. Daniela Czernochowski gab Einblicke in die
aktuelle Forschung zu Reaktionen des Gehirns auf Feedback und Möglichkeiten, die Lernleistung zu verbessern. Der auf ihrem Vortrag bei FoE 2019
basierende Beitrag von Sonja A. Kotz im vorliegenden Band stellt die Rolle
von Rhythmus als Motor für erfolgreiches Sprachenlernen ins Zentrum.
Marco Steinhausers Beitrag gibt Einblicke in relevante Forschungsarbeiten,
die erkunden, wie das Gehirn mit Fehlern umgeht.

Der erste Teil des Bandes wird – eine Premiere in Band III – abgerundet
durch zwei Beiträge von *Young Scientists* der FU Berlin und der KU
Eichstätt-Ingolstadt: Jenifer Pötzsche und Julia Weltgen geben nicht nur
Einblicke in ihre Studien, die, inspiriert von den Neurowissenschaften auf
Datenerhebungen mit *Eye-Trackern* beruhen, sondern sie stehen zugleich
exemplarisch für den Transfer von empirischen Befunden und Anregungen
aus der FoE-Tagungsreihe in die Arbeit der Englischdidaktiken an der FU
und der KU.

Im zweiten Teil des Bandes finden sich Interviews, die von Studierenden
mit den Beitragenden geführt wurden. Teil III bildet die Transferdiskussionen ab, die vor Ort, im Anschluss an die Hauptvorträge in Gruppen statt-
fanden. Sie verfolgten insbesondere die Ziele, Schwerpunkte und Bedarfe zu
identifizieren, wichtige Botschaften aus den Vorträgen festzuhalten sowie
außerdem auszuloten, in welche Richtungen Transfergedanken zu den refe-
rierten Themen führen könnten.

Teil IV des Bandes enthält Beiträge, die den durch die Gruppendiskussi-
onen angestoßenen Transfer der empirischen Evidenz weiterführen und
ausschärfen. Mit Bezug auf die Beiträge der Hauptreferentinnen und
-referenten sind zehn Transferbeiträge enthalten. Sie vertiefen in konkreten
Schwerpunkten sowohl die Vorträge der Neurowissenschaftlerinnen und
-wissenschaftler als auch die intensiven Transferdiskussionen bei FoE 2019.
Die ganz unterschiedlichen Überlegungen, Zusammenfassungen, Hypothesen, Berichte und Interpretationen sind Hinweis darauf und Beweis dafür,
dass der fachdidaktische Diskurs nicht oberflächlich oder gar generalisiert
geführt werden darf. Das wäre auch nur wenig überzeugend. Vielmehr sind
es sehr diverse, fall- und anlassbezogene Aspekte des Fremdsprachenler-
nens, mit all seinen individuellen Bedingungslagen, die einem Mosaik
gleich, Steinchen für Steinchen zu einem Gesamtbild zusammengesetzt werden müssen. Für diejenigen, die sich um den Transfer bemühen, ein oftmals
anstrengendes Unterfangen, zeitintensiv und manchmal auch frustran,
wenn es (noch) keine Erklärungsmuster zu geben scheint. Aber eben auch
didaktisch lohnend, hoch professionell, wissenschaftlich und der einzige

Weg zu einem wirklichen Transfer. Als Herausgeberteam des Bandes möchten wir die Gelegenheit nutzen, um nicht nur den Vortragenden, sondern auch den Autorinnen und Autoren der Transferbeiträge zu danken, die sich dieser Herausforderung gestellt haben und uns allen dadurch das Zusammensetzen dieses Mosaiks ein bisschen leichter machen sowie letztlich auch dem Mosaik seine besonderen Farben verleihen!

Carolyn Berckmüller setzt sich in ihrem Transferbeitrag[1] vor allem aus sprachpraktischer Perspektive mit achtsamer Behandlung von mündlichen Performanzfehlern und ihrer Korrektur auseinander. Matthias Hutz plädiert übergreifend für eine zukünftig starke und argumentativ fruchtbare Kooperation von Neurowissenschaften und Fremdsprachendidaktik. Die bedeutende, konstituierende und positive Rolle fremdsprachlicher Fehler im Unterricht und einem in Einklang mit Befunden der Hirnforschung stehenden Umgang mit ihnen beleuchtet Markus Kötter aus der fachdidaktischen Position. Norbert Marx ergänzt dies durch seinen historisch-systematischen Transferbeitrag, der in einem Plädoyer für einen Paradigmenwechsel bezüglich der Fehlerbehandlung mündet. Einen weiteren Aspekt zur Thematik fügt Josef Meier hinzu, der Vorschläge zur Fehlervermeidung durch prophylaktische Vermittlungs- und Dokumentationsformen unterbreitet. Das Themengebiet in Richtung konkretes Feedback erweiternd zeigt Andreas von Reppert beispielhaft, wie ein digitales Tool im Fremdsprachenunterricht eingeführt und für Rückmeldungen genutzt werden kann. Michaela Sambanis und eine Gruppe von Studierenden, bestehend aus Dominik Grubecki, Julia Amerian, Leonie Dennstedt, Leocadie Voigt-Mahr, Paola Efstratiou, Denise Kotzur, Susanna Lautenschlager, Lisa Piechowski und Rabih El-Sari, widmen sich in ihrem englischsprachigen Bericht aus einem Forschungsseminar dem Zusammenhang von performativer Ausspracheschulung und der neurophysiologischen Grundlegung. Carola Surkamp greift den Faden der performativen Fremdsprachendidaktik auf und gibt einen Einblick in das Zusammenspiel von Emotion und Feedback in der fremdsprachlichen Dramapädagogik. Der Bedeutung und Sinnhaftigkeit der Integration musikalischer und motorischer Übungselemente in den Fremdsprachenunterricht widmet sich Oriana Uhl. Konkretisiert wird der Einsatz von Rhythmus beim Sprachenlernen durch die Fokussierung der Bewegungsform *Gehen*, die Maik Walter thematisiert und mit Evidenzen sowie Praxiserfahrungen verbindet.

Die Vielfalt der Beiträge, die unterschiedlichen Textsorten und Schreibstile, Gedankengänge und Erfahrungshintergründe sowie die große Bandbreite an Professionalität, die durch die Beitragenden abgebildet wird – von führenden Fremdsprachendidaktikerinnen und -didaktikern über reflektie-

---

[1]   Die Beitragenden konnten wahlweise auf Englisch oder Deutsch schreiben. Dieser Beitrag sowie der von Sambanis, Grubecki et al. ist auf Englisch verfasst.

rende Praktikerinnen und Praktiker bis hin zu aufstrebenden Jungwissen-
schaftlerinnen und -wissenschaftlern – sprechen auch in diesem dritten
Band wieder für sich. Sie spiegeln das enorme Potenzial fachdidaktischer
Erfahrung wider, mit dem der fachliche Beitrag der Neurowissenschaften
zum Transferthema um die Variable *Anwendungsnutzen* erweitert und ba-
lanciert wird.

Uns, Michaela Sambanis und Heiner Böttger, bleibt nun noch darauf hin-
zuweisen, dass Kurzvorstellungen der Autorinnen und Autoren der Transferbeiträge im Register am Ende des Bandes zu finden sind. Dort findet sich
auch der Hinweis auf unsere Spendengeber, ohne die FoE 2019 nicht hätte
stattfinden können. An dieser Stelle ein herzliches Dankeschön an die Verlage Klett, Cornelsen und Narr. Danken möchten wir außerdem unseren
Teams, im Besonderen den die Tagungsorganisation unterstützenden Mitarbeiterinnen und Mitarbeitern Deborah Költzsch, Oriana Uhl und Dominik
Grubecki. Den beiden Letztgenannten gilt außerdem unser Dank für ihre
wertvolle und unermüdliche Unterstützung bei der Erstellung des Tagungs-
bandes.

Abschließend möchten wir Ihnen eine gute und aufschlussreiche Lektüre
wünschen. Wir freuen uns, mit diesem dritten Konferenzband zu *Focus on
Evidence* eine mittlerweile gut – d.h. beiderseits – begehbare Brücke zwischen Fremdsprachendidaktik und Neurowissenschaften geschlagen zu
haben. Das bereichert die fachwissenschaftliche und fachdidaktische Diskussion, und es ist auch zukünftig von großem Wert, wenn Evidenzen aus
Fakten entstehen, nicht aus Hörensagen oder Narrativen.

Literatur

Arndt, P.A. & Sambanis, M. (2017): *Didaktik und Neurowissenschaften – Dialog zwischen
Wissenschaft und Praxis.* Tübingen: Narr.
Böttger, H. & Sambanis, M. (Hrsg.) (2016): *Focus on Evidence – Fremdsprachendidaktik
trifft Neurowissenschaften.* Tübingen: Narr.

Teil I

Empirische Evidenz: Vorträge

Dr. Petra A. Arndt

Petra A. Arndt studierte Neurobiologie und Psychologie an der Ruhr-Universität Bochum. Es ist ihr Anliegen, die Ergebnisse der beiden Forschungsfelder zu verbinden und für die Gestaltung von Bildungsprozessen nutzbar zu machen. Ihre aktuellen Forschungsschwerpunkte sind die kognitive, soziale und emotionale Entwicklung von Kindern, institutionelle und familiäre Entwicklungseinflüsse, Effekte innovativer Lehr- und Lernmethoden, Heterogenität und individuelle Unterschiede.

Seit Juni 2017 ist sie als geschäftsführende Gesamtleitung des ZNL TransferZentrum für Neurowissenschaften und Lernen der Universität Ulm tätig und begleitet die verschiedenen Forschungsprojekte des ZNL, z.B. zum schulischen, vorschulischen und informellen Lernen und im Bereich der beruflichen Bildung.

Kontakt: petra.arndt@znl-ulm.de

Petra A. Arndt

Potenziale und Herausforderungen multidirektionalen Transfers zwischen Neurowissenschaften, Bildungsforschung, Schule und Politik

1 Wissenschaft in postfaktischen Zeiten: Wo stehen wir?

Ein Leben ohne wissenschaftliche Erkenntnisse ist in vielen Bereichen heute völlig undenkbar, etwa in der Medizin. Man stelle sich nur vor, Patienten würden bei allen möglichen Erkrankungen zu Ader gelassen und mit Abführmitteln behandelt – auf der Basis einer Theorie, der Säftelehre, für die jeder empirische Beleg fehlt. Eine Flut von Gerichtsverfahren und Berufsverboten wäre die Folge. Auch der technologische Fortschritt in Industrie, Fahrzeugen, digitaler Technik usw. ist von wissenschaftlicher Forschung angetrieben. Gleiches gilt für neue Fragen und Herausforderungen, etwa im Zusammenhang mit Gentechnik oder Klimawandel, zu denen ohne wissenschaftliche Erkenntnisse keine sachgemäßen Entscheidungen getroffen werden könnten (vgl. Schmoll 2011). Wir leben in einer Wissensgesellschaft, in der unser Wohlstand vom vorhandenen individuellen und kollektiven Wissen abhängt und von der „Produktion" und Entwicklung neuer Wissensbestände (vgl. BDI – Bundesverband der Deutschen Industrie e.V. 2018). Die Entwicklung neuer Wissensbestände ist Aufgabe von Wissenschaft und Forschung.

Parallel wird aber diskutiert, dass wissenschaftlichen Erkenntnissen (zunehmend?) mit Skepsis begegnet würde. Inzwischen lassen sich mit Expertenschelte oder dem Abstreiten wissenschaftlicher Erkenntnisse Wahlen gewinnen und politische Entscheidungen durchsetzen. Aber nimmt das Misstrauen gegenüber der Wissenschaft tatsächlich zu? Die Befragungen des Wissenschaftsbarometers 2019 kommen für Deutschland zu einem anderen Ergebnis: 46% der Bevölkerung vertrauen Wissenschaft und Forschung, 66% vertrauen Wissenschaftlerinnen und Wissenschaftlern an Universitäten und öffentlichen Forschungseinrichtungen (vgl. Wissenschaft im Dialog/Kantar Emnid 2019: 9 f.). Damit ist das Vertrauen im Vergleich zum Vorjahr stabil geblieben und es ist zudem größer, als das Vertrauen in Wirtschaft, Medien oder Politik (ebd.).

Dem entspricht, dass Expertinnen und Experten gefragte Gesprächspartnerinnen und -partner für Talkshows und Interviews sind, aber auch bei politischen Parteien und Bildungsverantwortlichen (z.B. Shaller 2019). Insofern stellen sich die Möglichkeiten von Wissenschaftlerinnen und Wissenschaftlern, ihre Erkenntnisse gesellschaftlich nutzbar zu machen, positiv dar. Gleichzeitig wird die Erfahrung gemacht, dass Ergebnisse in Politik und (Schul-)Praxis nicht den erwarteten Niederschlag finden (vgl. Altrichter 2019). Beispielsweise bleibt die Interpretation und Nutzung der Ergebnisse von Vergleichsarbeiten und zentralen Abschlussprüfungen den Schulen und schulischen Akteurinnen und Akteuren überlassen und ist damit von deren Engagement, Rahmenbedingungen, materiellen und immateriellen Ressourcen abhängig. Gleiches gilt für einzelne Studien- und Evaluationsergebnisse, selbst dann, wenn die Untersuchungen von politischer Seite unterstützt bzw. finanziert wurden. Auch wenn die Ergebnisse positiv ausfallen und prinzipiell nutzbar sind, führt das häufig nicht dazu, dass die Verbreitung und Nutzung weiter unterstützt wird – sei es, weil eine solche Unterstützung von Anfang an nicht geplant war oder weil sich die politischen und gesellschaftlichen Bedingungen geändert haben.

2   Potenziale multidirektionalen Transfers: Was darf man hoffen?

Nach dem *PISA-Schock* ist die Berücksichtigung einer bestimmten Form der Bildungsforschung für die Bildungspolitik zu einer Selbstverständlichkeit geworden: International vergleichende Leistungsuntersuchungen wie *TIMSS* und *PISA*, sog. *Large-Scale Assessments*, die sich durch Erhebungen mittels standardisierter Tests und eine sehr große, möglichst repräsentative Stichprobe auszeichnen, sind fester Bestandteil bildungspolitischer Prozesse. Des Weiteren wurden Formate etabliert, wie die Ergebnisse der Öffentlichkeit zur Verfügung gestellt werden. Diese umfassen zeitgleich in verschiedenen Teilnehmerländern zu einem festgelegten Stichtag stattfindende Pressekonferenzen, die durch (mit einer Sperrfrist versehene) Pressematerialien gut vorbereitet sind, und die Veröffentlichung unterschiedlich aufbereiteter Fassungen von Studienergebnissen für verschiedene Zwecke und Adressatengruppen. In Deutschland findet die Veröffentlichung in der Bundespressekonferenz unter Beteiligung der Politik statt. Verlässliche und der Öffentlichkeit gut zugängliche Formate sind zunächst einmal erfreulich und es wäre wünschenswert, ähnliche Formate auch für andere Forschungsansätze im Bereich der Bildungsforschung zu finden. Mit dem Begriff Bildungsforschung ist hier wohlgemerkt nicht nur Forschung zum Bildungssystem als solches gemeint, mit der Steuerungswissen generiert wird, oder empirische Bildungsforschung, in dem Sinne wie sie aktuell häufig definiert wird, als Forschungsansatz, der auf *Large-Scale Assessments*, Kontrollgruppen-Designs und standardisierten Instrumenten basiert. Das vorliegende Kapitel orientiert sich vielmehr bewusst an einer breiten Definition des Begriffs

Bildungsforschung, der alle Disziplinen umfasst, die Fragen zu Bildung, Erziehung, Lernprozessen etc. untersuchen, u.a. also auch die Lehr-Lern-Forschung, die allgemeine Didaktik, die einzelnen Fachdidaktiken usw. (vgl. Baumert 2016, Bromme et al. 2014, Tippelt & Schmidt-Hertha 2018).

2.1   Interesse von Politik und Öffentlichkeit an der Wissenschaft

Die immense Bedeutung, die *Large-Scale Assessments* beigemessen wird, spiegelt sich in der Spannung, mit der regelmäßig die Verkündigungen der Ergebnisse erwartet werden. Wenig beachtet bleibt in der Öffentlichkeit, dass mit den Ergebnissen zunächst einmal nur ein Ist-Zustand beschrieben wird sowie dessen Veränderung seit der vorherigen Messung. Eine Beforschung der Ursachen für das, was beobachtet wird und die Entwicklung von Verbesserungen, sind typischerweise nicht Teil von *Large-Scale Assessments* (vgl. Klieme 2013, Schrader 2014).

Das macht die Beachtung, die diese großen Studien erfahren, umso erstaunlicher. Politik und Schulpraxis sind i.d.R. eher an der Frage *Was wirkt?* interessiert. Diese Frage lässt sich aber mit *Large-Scale Assessments*, die vorwiegend Leistungen der Schülerinnen und Schüler erfassen, nicht direkt beantworten. Es bedarf also der Interpretation der Ergebnisse und der Ableitung, was geschehen müsse, um Änderungen in einer bestimmten Richtung zu erzielen. Da die Datenbasis der Untersuchungen hierzu wenig Informationen bietet, kann es vielleicht nicht einmal besonders verwundern, dass verschiedene Forschungsgruppen auf Basis derselben Daten zu unterschiedlichen Interpretationen gelangen (vgl. Klemm 2016). Ob das nun von Politik und Öffentlichkeit überhaupt wahrgenommen wird, ob so etwas zu Irritationen und Verringerung des Vertrauens in wissenschaftliche Erkenntnisse führt oder von politischer Seite (unausgesprochen) sogar begrüßt wird, da sich für unterschiedlichste politische Handlungsoptionen wissenschaftlich gestützte Begründungen finden lassen, muss an dieser Stelle offen bleiben. Es liegt aber auf der Hand, dass es auf diese Weise zu politischen Entscheidungen kommen kann, die das gesetzte Ziel, Bildung, Schule und Unterricht auf der Basis wissenschaftlicher Untersuchungen zu verbessern, verfehlen. Hier offenbart sich, dass Wissenschaftlerinnen und Wissenschaftler möglicherweise besser beraten sein könnten, wenn sie – auch bei großem Interesse von Politik und Öffentlichkeit – entweder generell zurückhaltender mit Interpretationen sind, die über die vorhandenen Daten hinausgehen, oder wenn sie sich die Zeit nehmen, zunächst in einen internen wissenschaftlichen Abstimmungsprozess zu gehen und ihre Interpretationen z.B. einem kritischen *Peer-Review* zu unterziehen.

Ein weiterer Kritikpunkt an *Large-Scale Assessments* ist, dass sie zwar Auskunft über die Leistungen großer Gruppen von Schülerinnen und Schü-

lern geben, auch wichtige Faktoren wie Migrationshintergrund und sozioökonomischen Status berücksichtigen, die einzelnen Kinder und Jugendlichen aber aus dem Blick verlieren. Für die Sicht der Politik auf Bildung mag
dieser Auflösungsgrad sogar der richtige sein. Das *größte Glück der größten
Zahl* oder, besser ausgedrückt, möglichst gute Lernergebnisse für möglichst
viele Schülerinnen und Schüler, ist auf politischer Ebene sicherlich ein wichtiges Maß, gerade auch dann, wenn die großen Randgruppen dabei berücksichtigt werden und Bildungsbenachteiligung ein beachtetes Kriterium
bleibt. Hier fallen die Bedarfe von Bildungspolitik und die Ausrichtung
bestimmter Disziplinen innerhalb der Bildungsforschung auseinander. Verschiedene Fachdisziplinen bemühen sich darum, die inhaltliche Lücke zu
schließen, die bei *Large-Scale Assessments* bleibt und bearbeiten praxisrelevante Fragen, die in Schulleistungsstudien (fast) unbeachtet bleiben, z.B. zu
Unterrichtsgestaltung, Aufgabenqualität, Differenzierung, Inklusion, aber
auch zu Merkmalen der Lernenden, etwa zu den Auswirkungen der Lebens-
situation über Migrationshintergrund und die üblichen sozioökonomischen
Merkmale hinaus. Eine systematische Nutzung dieser Ergebnisse durch
politische Bildungsverantwortliche und hierfür notwendige Strukturen fehlen ebenso wie systematische politische Unterstützung zur Verankerung
relevanter, tragfähiger Ergebnisse in der Aus- und Weiterbildung von Lehrkräften.

2.2   Potenziale interdisziplinärer Zusammenarbeit

Für Schulen und einzelne Lehrkräfte mit ihren jeweils spezifischen Problemen und ihrer individuellen Zusammensetzung der Lernenden haben *Large-
Scale Assessments* häufig nicht das richtige Auflösungsniveau. Hier sind spe-
zifischere Ansätze gefragt. Auch bei unterschiedlichen Sichtweisen darauf,
wie Bildungsforschung zu definieren ist, besteht Einigkeit darüber, dass
Bildungsforschung unterschiedliche Disziplinen umfasst, sowohl qualitativ
als auch quantitativ arbeitet, und ein breites Themenspektrum abdeckt (vgl.
Lassnigg 2008, Schaffert & Schmidt 2004). Dabei geht Bildungsforschung
eben nicht rein beschreibend vor, sondern soll je nach Sichtweise z.B. Erklärungswissen, Handlungs- und Veränderungswissen usw. hervorbringen
(vgl. Baumert 2016, Bromme et al. 2014). Will Bildungsforschung dem Anspruch genügen, tragfähige Ergebnisse hervorzubringen und Orientierung
für Bildungspolitik und -praxis bieten, dann ist es notwendig, dass sie sich
nicht nur multidisziplinär im Sinne eines friedlichen Nebeneinanders verschiedener Fächer ausrichtet, sondern tatsächlich in den interdisziplinären
Austausch und die Zusammenarbeit geht. Das ist ein wichtiger Schritt, um
zu verhindern, dass aufgrund einer bestimmten Forschungsperspektive
relevante Aspekte übersehen werden und kann ein Beitrag zu einem breite-
ren fachlichen Verständnis im Hinblick auf unterschiedliche Zusammen-

hänge sein. In diese interdisziplinäre Arbeit lassen sich auch die Neurowissenschaften einordnen. Klassischerweise sind sie nicht Teil der Bildungsforschung. Allerdings findet seit vielen Jahren eine Rezeption neurowissenschaftlicher Befunde in der Pädagogik und den Fachdidaktiken statt, die sowohl Aspekte der Nutzung als Erklärungswissen als auch eine kritische Auseinandersetzung beinhaltet (vgl. Arndt & Sambanis 2017, Becker 2014, Müller 2006). Allgemein besteht bezüglich interdisziplinärer Zusammenarbeit seitens der beteiligten Fächer und Fachrichtungen sicherlich noch Nachholbedarf (vgl. Helsper 2016). Einerseits ist der interdisziplinäre Austausch schwierig, u.a. weil fachspezifische Denkweisen, Konzepte und Ausdrucksweisen die Kommunikation behindern und die Konkurrenz um Ressourcen (in Form von Forschungsförderung) die Situation zusätzlich verschärft. Andererseits zeigen disziplinübergreifende Tagungen, wie z.B. *Focus on Evidence* sowie öffentliche Ausschreibungen und Veranstaltungen, etwa des Bundesministeriums für Bildung und Forschung, dass sich verschiedene Seiten ernsthaft um den interdisziplinären Dialog und die Zusammenarbeit bemühen. Hierin liegt eine große Chance, relevante Fragestellungen umfassend zu bearbeiten und so zu verlässlichen Aussagen zu kommen.

2.3 Potenziale von Metaanalysen: Ein Beispiel

Eine andere Vorgehensweise ist die Erstellung von Metaanalysen. Die große Beachtung, die etwa die Veröffentlichung von Hattie (2009) erfahren hat, spiegelt einen großen Bedarf der Praxis an verlässlichen Ergebnissen und eine große Offenheit und Bereitschaft, wissenschaftliche Ergebnisse zur Gestaltung der eigenen Praxis nutzbar zu machen (vgl. Pant 2014). Die Stärke der Metaanalyse von Hattie liegt nicht nur in der Zusammenfassung sehr vieler Studien, sondern auch in der Nähe zu praxisbezogenen Fragestellungen, Problemen und in der guten, für die Praxis zugänglichen Strukturierung der Ergebnisdarstellung. Zugleich liegt ein gewisses Risiko der Übergeneralisierung in der Darstellung. Den Leserinnen und Lesern sei an dieser Stelle empfohlen, als Beispiel für diese Problematik Hatties Bewertung des Nutzens von Hausaufgaben näher zu betrachten, die zeigt, wie sehr der dargestellte Nutzen über alle Gruppen hinweg vom Nutzen für Teilgruppen oder bestimmte Formen von Hausaufgaben abweicht. Diese Abweichungen entstehen, weil die Ergebnisse über Hintergrundvariablen, Altersgruppen u.ä., aber auch über relevante Details der konkreten Fragestellung und Anlage der ursprünglichen Untersuchungen hinweg, zusammengefasst und interpretiert wurden. Um die Aussagen sinnvoll in der Praxis zu nutzen, ist es notwendig, für jeden der beschriebenen Faktoren sowohl die begleitenden Texte sehr sorgfältig zu lesen als auch, je nach Zielsetzung in der Anwendung, die im Anhang beigefügten Informationen der Metastudien zu nutzen (was allerdings statistisches Vorwissen voraussetzt) und/oder zusätzlich Originalliteratur zur Kenntnis zu nehmen. Trotzdem zeigt sich in dem Darstellungsformat des Buches (Hattie 2009) ein großes Potenzial für die Weitergabe wissenschaftlicher Ergebnisse, dass zum einen in der Breite des Überblicks liegt und zum anderen in der für die Praxis zugänglichen Aufbereitung. Das Format gibt sicherlich Anregungen, die auch von anderen Forschungsgruppen gewinnbringend genutzt werden können.

2.4 Potenziale des Transfers von der Praxis in die Wissenschaft

Es bieten sich also verschiedene Chancen mit Blick auf die Nutzbarmachung von Forschungsergebnissen. Das ist aber tatsächlich nur eine Richtung im multidirektionalen Transfer. Auf der Basis von Rückmeldungen aus der Praxis an die Wissenschaft kann letztere viel über die ökologische Validität ihrer Ergebnisse lernen, z.b. Hinweise erhalten, ob theoretische Annahmen und Interpretationen von Daten tatsächlich tragfähig sind, ob entscheidende Parameter übersehen wurden usw. Von politischer Seite wird zudem die Aufnahme gesellschaftlicher Fragen durch die Wissenschaft eingefordert, aus der Schulpraxis kommen praxisrelevante Fragen. Diese mit in die Forschung aufzunehmen ist sicherlich eine Bereicherung. Natürlich kann so ein theoriegeleitetes wissenschaftliches Vorgehen ergänzt, aber nicht ersetzt werden, wenn das Ziel nicht darin besteht, isolierte Einzelfakten anzuhäufen, sondern Wissensbestände aufzubauen und tragfähige Modelle zu generieren um Vorhersagen zu ermöglichen. Dennoch erweitern Impulse und praxisnahe Forschungsfragen den Blickwinkel und das Spektrum wissenschaftlicher Arbeiten. Offensichtlich bieten sich hier noch ungenutzte Potenziale.

3 Wissenschaft und Politik: Gibt es einen gemeinsamen Nenner?

Politik und Wissenschaft folgen völlig unterschiedlichen Handlungslogiken (vgl. Tenorth 2015). Auftrag politisch Verantwortlicher ist u.a. die Herbeiführung und Umsetzung von Entscheidungen, die Schaffung dazu geeigneter Rahmenbedingungen usw. Die Nutzung und Aufrechterhaltung von Macht ist dabei ein wesentlicher Faktor (ebd.). Vor diesem Hintergrund werden an die Wissenschaft unterschiedliche Erwartungen gerichtet. Das bedeutet nicht, allen Erwartungen der politischen Ebene entsprechen zu müssen – es ist aber gut, wenn man weiß, dass sie bestehen und versucht, sie nachzuvollziehen. Auch umgekehrt werden von Forschenden, die sich der Suche nach *Wahrheit*, dem Generieren von Erklärungen und Vorhersagen und der kritischen Überprüfung und Revision ihrer Erkenntnisse verpflichtet fühlen, Erwartungen an politische Institutionen und Bildungsverantwortliche gerichtet, die von diesen nicht erfüllt werden können. Die folgende Darstellung erhebt keinen Anspruch auf Vollständigkeit, sondern speist sich aus eigenen und fremden Erfahrungen und den wenigen schriftlichen Darstellungen aus unterschiedlichen Quellen.

3.1   Was erwartet die Politik von der Wissenschaft?

Im Gegenzug zu den öffentlichen Ausgaben für die Forschung stellen politisch Verantwortliche neue Erwartungen an die Wissenschaft. Eine aktuelle zentrale Forderung lautet, wissenschaftliche Ergebnisse über das bisherige Maß hinaus der Öffentlichkeit zugänglich zu machen (vgl. BMBF 2019). Der grundsätzliche Auftrag spiegelt sich bereits seit einiger Zeit im Konzept der *Third Mission* wider, der Verpflichtung von Wissenschaftlerinnen und Wissenschaftlern zu Wissenstransfer in die Gesellschaft, zu Wissenschaftskommunikation und weiteren Aufgaben, die neben Forschung und Lehre inzwischen als dritter Aufgabenbereich der Universitäten und Hochschulen begriffen werden. Derzeit wird dieser Forderung zusätzlich Nachdruck verliehen, indem z.B. die Forschungsförderung des BMBF an die Wissenschaftskommunikation der geförderten Projekte geknüpft wird, aber auch durch verschiedene Aktivitäten, die die Wissenschaftskommunikation unterstützen sollen.

Gerade Bildungsforscher haben gegen die Erwartung, ihre Erkenntnisse für die Gesellschaft bereitzustellen, grundsätzlich nichts einzuwenden – sind sie doch in besonderem Maße daran interessiert, dass ihre Ergebnisse Eingang in die Bildungspraxis finden. Der aktuelle Auftrag geht allerdings deutlich über die lange Zeit etablierte Rolle der Bereitstellung von Expertenwissen für gesellschaftliche Zwecke hinaus. Traditionell war von politischer Seite häufig Beratungswissen gefragt, das in einem wechselseitigen Dialog zwischen politischen und wissenschaftlichen Expertinnen und Experten vermittelt und diskutiert wurde. Der Gehalt von Beratungswissen liegt im jeweiligen Nutzen und ist im Gegensatz zum wahrheitsorientierten wissenschaftlichen Wissensbestand problemlösungsorientiert. Auch wenn das eine Transformation des Wissens notwendig machte, war durch das Dialogformat die Aufdeckung und Klärung von Missverständnissen und Fehlinterpretationen erheblich erleichtert. Zudem war sowohl die Rolle der Beratenden als auch die der Entscheidenden eindeutig geklärt sowie die Möglichkeit der Beratenden, den Punkt festzulegen bis zu dem ihre Expertise reichte.

Eine Wissenschaftskommunikation an die gesamte Öffentlichkeit sieht sich dagegen ganz anderen Herausforderungen gegenüber. Sie wird aktuell mit bestimmten, aber noch nicht spezifizierten Erwartungen an die Form und Gestaltung derselben verknüpft. So heißt es in einem Interview mit der derzeit amtierenden Bundesbildungsministerin Anja Karliczek „Wichtig ist

dafür, dass Wissenschaft ihre Erkenntnisse verständlich kommuniziert"
(Wiarda 2019). Welches Maß für Verständlichkeit angelegt wird und bei
wem die Definitionsmacht liegt, bleibt dabei offen. Die Erfahrung der vergangenen Jahre legt nahe, dass eine Übersetzung wissenschaftlicher Erkenntnisse in das Vokabular der politischen Entscheidungsträger sowie in
das der allgemeinen Öffentlichkeit erwartet wird. Besonders die Aufbereitung von Forschungsinhalten für die breite Öffentlichkeit ist oft nicht ohne
unsachgemäße Vereinfachungen möglich. Häufig fehlt Vorwissen bereits
bezüglich grundlegender Konzepte und wissenschaftlicher Herangehensweisen, sodass Inhalte nicht ohne Weiteres anschlussfähig dargestellt werden können. Die Lage ist folglich eine andere als in der dialogischen Kommunikation zwischen Wissenschaft, politischen Bildungsexpertinnen und
-experten und akademisch vorgebildeten Fachleuten aus Schulverwaltung
und Schule, einschließlich der Lehrkräfte. Dass eine adressatengerechte
Aufbereitung von Forschungsergebnissen für Lehrkräfte bereits gelingt,
konnte inzwischen gezeigt werden (Altrichter, Moosbrugger & Zuber 2016:
253 f.). Es ist davon auszugehen, dass damit auch die Verständlichkeit für
Bildungsverantwortliche gegeben sein dürfte. Die allgemeine Öffentlichkeit
wird man mit wissenschaftlichen Ergebnissen nicht immer erreichen können, wenn diese ausreichend differenziert dargestellt werden sollen, um für
Politik und Praxis von tatsächlichem und nicht nur von vordergründigem
Nutzen zu sein.

Unabhängig von neuen Anforderungen an die Kommunikation steht
nach wie vor die Forderung nach anwendbarem Wissen im Raum. Wissenschaftliche Erkenntnisse beinhalten aber keine unmittelbaren Anleitungen
für praktisches Handeln (vgl. Baumert 2016), sondern bedürfen einer Inter-
pretations- und Übersetzungsarbeit, damit aus Expertenwissen Beratungs-,
Handlungs- oder Veränderungswissen generiert werden kann. Im besten
Fall wird die Interpretations- und Übersetzungsleistung von Wissenschaft
sowie Expertinnen und Experten aus Politik oder Bildungssystem gemeinschaftlich erbracht.

Einige Forschungsprojekte sind darauf ausgerichtet, Ergebnisse hervorzubringen, die in anwendbares Wissen münden können. Eine Garantie, dass
solches Wissen erzielt wird, ist allerdings nicht gegeben. Wäre das Ergebnis
sicher, wäre der Forschungsprozess überflüssig und das Ergebnis bereits
Teil des vorhandenen Wissens. Andere Forschungsgruppen befassen sich
mit grundlegenden Zusammenhängen, theoretischen Fundierungen und
Fragestellungen, die nicht kurzfristig in Anwendungswissen übertragbar
sind, sondern die Basis für den weiteren Forschungsprozess bieten. Die ge-
genwärtige politische Sichtweise lässt kein Verständnis für die hohe Bedeutsamkeit dieser wissenschaftlichen Arbeiten erkennen. Gegenüber dem Anspruch, Wissenschaftlichkeit auch im Transfer zu bewahren, scheint die
Politik die Forderung nach Verständlichkeit zu priorisieren.

Neben den politischen Forderungen, die den Transfer von der Wissenschaft in Politik und Gesellschaft betreffen, werden auch Erwartungen bezüglich des Transfers von der Gesellschaft in die Wissenschaft formuliert. Wissenschaft soll sich inhaltlich stärker an gesellschaftlichen Fragen und Zielen orientieren. Dieser Aspekt steht in engem Zusammenhang mit der Forderung nach Anwendungswissen, geht aber noch darüber hinaus, da die Herleitung von Forschungsdesiderata sich nicht mehr (ausschließlich) auf das bestehende Wissen und dessen Erweiterung bezieht, sondern u.U. von diesem völlig losgelöst isolierte Forschungsfragen aufwirft. Ob und inwieweit das für die Wissenschaft anschlussfähig ist, wird sich zeigen. Für die Bildungsforschung kann allerdings festgestellt werden, dass die Orientierung an Fragen aus Bildungssystem und Schulalltag bereits jetzt Bestandteil des Forschungsfeldes ist.

3.2 Was erwartet die Wissenschaft von der Politik?

Die Wissenschaft ist in ihrem Selbstverständnis frei und zugleich der Wahrheitssuche verpflichtet. Maßnahmen, die die Freiheit von Forschung und Lehre einschränken oder auch nur den Anschein erwecken, dies zu tun, stoßen schnell auf Ablehnung. Dementsprechend ist es Wissenschaftlerinnen und Wissenschaftlern ein zentrales Anliegen in ihrer Forschung unabhängig zu bleiben, sich nicht politisch vereinnahmen und instrumentalisieren zu lassen. Wissenschaft will *unpolitisch* bleiben dürfen.

Dem steht entgegen, dass das Konzept einer neutralen, wertungsfreien Wissenschaft und die Vermeidung normativer Setzungen politisch Verantwortlichen aufgrund ihrer eigenen Handlungslogik grundsätzlich fremd und unverständlich ist. Ähnliches gilt für differenzierte Darstellungen und die Darlegung von Grenzen der Gültigkeit und Anwendbarkeit von Ergebnissen sowie Grenzen des Forschungsprozesses. Kommt es zu der an sich wünschenswerten Situation, dass Wissenschaftlerinnen und Wissenschaftler von politisch Verantwortlichen zurate gezogen werden oder ein Austausch stattfindet, sieht sich die wissenschaftliche Seite häufig mit der Erwartung konfrontiert, dass Entscheidungen vorgeschlagen oder direkt von ihnen beigetragen werden sollen. Es wird seitens der Politik häufig als ein sich aus der Verantwortung stehlen empfunden, wenn Forschungsteams dieser Forderung nicht nachkommen.

Letztlich werden die Erwartungen von politischer Seite aber nichts daran ändern, dass wissenschaftliche Ergebnisse der einzelnen Disziplinen lediglich Argumente für oder gegen bestimmte Maßnahmen liefern können. Die Entscheidung können sie der Politik nicht abnehmen. Hier sollte die Verantwortung auch sehr deutlich an die für die politischen Entscheidungen zuständigen Verantwortlichen zurückgegeben werden. Beispielsweise können Arbeitsgruppen, die zum Schriftspracherwerb forschen, Auskunft darüber geben, mit welchen Methoden das fehlerfreie oder leserliche Schreiben besonders gut gefördert werden kann, welche Vorgehensweisen dagegen eher dazu beitragen, dass Schülerinnen und Schüler umfangreiche, elaborierte Texte verfassen, welche Herangehensweisen das sinnentnehmende Lesen besonders stark fördern usw. Welche dieser Ziele Priorität haben, muss letztlich die Politik entscheiden und zwar immer wieder neu vor dem Hintergrund sich stetig wandelnder gesellschaftlicher Bedingungen – etwa der Bedeutung sinnentnehmenden Lesens im Internetzeitalter. Dabei kann und sollte die Politik in der Folgenabschätzung ihrer Entscheidungen durchaus wieder auf (andere) wissenschaftliche Expertise, z.B. der Sozialwissenschaften, zurückgreifen.

Wissenschaftlerinnen und Wissenschaftler erwarten von der Politik aber nicht nur, dass sie Einschränkungen von Befunden akzeptiert und wissenschaftliche Deutungen empirischer Daten als solche anerkennt und nicht als harte Fakten wertet. Sie erwarten auch Akzeptanz für wissenschaftliche Vorgehensweisen und die Erfüllung von Voraussetzungen für eine theoriegeleitete Arbeitsweise und hohe wissenschaftliche Standards. Wenn diese Erwartung so formuliert wird, würden wohl seitens der Politik keine Einwände erhoben. Immer wieder wird die Bedeutung einer hohen wissenschaftlichen Qualität hervorgehoben. In der praktischen Umsetzung stellt sich die Lage allerdings häufig anders dar.

Eine besonders große Schwierigkeit ist in diesem Zusammenhang der zeitliche Faktor. Wissenschaft nach den Leitlinien der Deutschen Forschungsgesellschaft (DFG) zu guter wissenschaftlicher Praxis, die zielgerichtete Erarbeitung und sorgfältige Prüfung wissenschaftlicher Evidenz sowie der damit verbundene wissenschaftliche Diskurs, benötigen Zeit. Zeit, die von einer Politik, die in Legislaturperioden denkt, der Wissenschaft oft nicht zugestanden wird. Nicht selten werden Programme und Studien von politischer Seite finanziert oder gar initiiert, deren Ergebnisse dann aber nicht abgewartet. Vielmehr werden Entscheidungen häufig schon getroffen, bevor die Ergebnisse vorliegen. In manchen Fällen ist das vielleicht unvermeidbar, weil dringende gesellschaftliche Probleme zu einem bestimmten Zeitpunkt gelöst sein müssen. In anderen Fällen ist die Dringlichkeit für die Wissenschaftsseite nicht erkennbar oder sie wird erst durch Äußerungen und Maßnahmen von Politikerinnen und Politikern bzw. durch von diesen angestoßene Debatten erzeugt. Auch Druck von dritter Seite auf politisch Verantwortliche spielt hierbei eine Rolle. So werden die Interessen von bestimmten Unternehmen, Gewerkschaften, Interessensverbänden oder Beiträge in den Medien von politischer Seite nicht in dem Sinne beantwortet, dass das jeweilige Anliegen wahrgenommen wurde und zu gegebener Zeit in die Entscheidung einbezogen wird. Vielmehr wird häufig eine plötzliche Dringlichkeit gesehen, die umgehend mit Aktivitäten beantwortet wird, auch wenn wissenschaftliche Erkenntnisse, die eine informierte Entscheidung ermöglichen könnten noch ausstehen.

Selbstverständlich bedeutet Politik immer wieder, dass trotz Unsicherheit entschieden werden muss, und wissenschaftliche Ergebnisse sind nicht der einzige Faktor, der bei politischen Entscheidungen eine Rolle spielt. Das muss seitens der Wissenschaft akzeptiert werden. Die Tendenz zu Entscheidungen aber, die aus Sicht der Wissenschaft uninformiert und vorschnell sind, ist für ihre Vertreterinnen und Vertreter äußerst irritierend. Zudem ist davon auszugehen, dass das beschriebene Vorgehen von politischer Seite nachteilig darauf wirken kann, wie Wissenschaft in der Gesellschaft wahrgenommen wird – als Gruppe von Gelehrten, die wahlweise nichts zustande bringen oder deren Resultate nicht relevant sind. Mindestens ebenso irritierend ist, dass die Politik nicht in der Lage zu sein scheint, bei vorliegender Dringlichkeit Zwischenlösungen zu finden, die einem Problem zunächst einmal pragmatisch gerecht werden und erst zu einem späteren Zeitpunkt, wenn alle relevanten Informationen vorliegen, eine abschließende Lösungsentscheidungen zu treffen. Frühe, unzureichend informierte Entscheidungen können dazu führen, dass Weichen in eine Richtung gestellt werden, die, wissenschaftlich betrachtet, nicht sinnvoll ist oder dass umfangreiche finanzielle Ressourcen für weniger effektive Maßnahmen festgelegt werden und für andere Zwecke nicht mehr zur Verfügung stehen.

Wissenschaftlerinnen und Wissenschaftler, insbesondere solche, denen ihr Beitrag zu gesellschaftlichen Fragen ein Anliegen ist – im Fall der Bildungsforschung die Verbesserung von Schule und Unterricht – haben selbstverständlich den Wunsch, dass ihre Ergebnisse auch wahrgenommen und genutzt werden. Das ist längst nicht immer der Fall. Dass die Politik nicht sämtliche Veröffentlichungen im Feld zur Kenntnis nehmen kann, ist leicht nachvollziehbar. Aber auch von Wissenschaftlerinnen und Wissenschaftlern speziell für die Politik aufbereitete Ergebnisdarstellungen verfehlen oft ihr Ziel. Häufig werden diese immer noch als zu komplex und zu umfangreich wahrgenommen. Wissenschaftlerinnen und Wissenschaftler dagegen wollen auf einen bestimmten Grad der Differenzierung und kritischen Bewertung der Resultate nicht verzichten, um unzulässige Vereinfachungen ebenso zu vermeiden wie potenzielle Missverständnisse. Sie erwarten von Politikerinnen und Politikern differenziertes Denken. Immerhin sind dies doch kluge Leute, die die Geschicke unseres Landes bestimmen. Letztlich erwartet die Wissenschaft, dass die Rezipientinnen und Rezipienten sorgfältig lesen und die dargestellte Evidenz durchdenken und selbst bewerten. Das findet aber nicht statt. Ein Grund: „Der Terminkalender aller Entscheidungsträger ist randvoll. Das Durcharbeiten dickleibiger Gutachten und die Prüfung von Argumenten, Fakten und Quellen sind nicht vorgesehen." (vgl. Hombach 2012).

Was ist also zu tun? Eine Möglichkeit ist zu versuchen, wissenschaftliche Ergebnisse noch knapper darzustellen. Die Erfahrung im *ZNL TransferZentrum für Neurowissenschaften und Lernen*, Universität Ulm, hat gezeigt, dass die Kombination einer *abstract*-artigen Kurzfassung, zusätzlich zu einer detaillierten, klar gegliederten Darstellung, gut angenommen wird. Das allein hilft aber nicht weiter. Wichtig ist, dass es einen weiteren Anknüpfungspunkt für die Politik gibt. Ein Anlass kann der Abschluss eines Projektes oder auch einer Gruppe von Projekten sein. Ob entsprechende Informationen wahrgenommen werden und genug Interesse auslösen, um auch gelesen zu werden, hängt z.b. davon ab, ob der Projektinhalt zu einer gerade politisch relevanten Fragestellung oder Diskussion passt, ob das Projekt den politischen Adressatinnen und Adressaten zuvor bekannt war und ob Wissenschaftlerinnen und Wissenschaftler die richtigen Personen erreichen. Gerade bezüglich der beiden letzten Punkte können und sollten Forschende durchaus während des Projektverlaufs bereits in den Austausch gehen.

Ein anderer Anlass kann eine aktuelle oder besser noch eine aufkeimende politische Diskussion oder ein öffentliches Interesse sein, das mit eigenen Ergebnissen oder auch der Zusammenstellung des aktuellen Forschungsstands (einschließlich der eigenen Arbeiten) beantwortet werden kann. Das Problem hieran ist, dass Wissenschaftlerinnen und Wissenschaftler sehr schnell reagieren müssen, wenn die Diskussion schon so weit fortgeschritten ist, dass sie in den Medien auftaucht. Oft sind wichtige Entscheidungsschritte dann bereits erfolgt. Das bedeutet, dass Wissenschaftlerinnen und Wissenschaftler auch hier bereits wissen sollten, wer die richtigen Ansprechpersonen sind und dass bestenfalls bereits Kontakte bestehen.

Ist schon eine Entscheidung gefallen oder sogar bekanntgegeben worden, ist es zu spät, um noch Einfluss zu nehmen. Aussagen zu revidieren oder zu verändern ist in der Wissenschaft gängig, im politischen Umfeld aber verbunden mit dem Verlust von Macht, Ansehen und Beziehungen, damit von der Möglichkeit, weiterhin Politik zu gestalten und folglich so gut wie ausgeschlossen. Gehen Politiker in so einer Situation dennoch ins Gespräch mit der Wissenschaft um die Entscheidung zu erklären, dann ist nicht mit einer Änderung der Entscheidung zu rechnen. Vielmehr ist das Gesprächsangebot als Wertschätzung und Anerkennung der beteiligten Wissenschaftlerinnen und Wissenschaftler gemeint. Man sollte diese Gelegenheit nicht ungenutzt verstreichen lassen, sondern versuchen, Kontakte und nach Möglichkeit einen mehr oder weniger regelmäßigen Austausch zu etablieren. Die beste Möglichkeit wäre sicherlich ein regelmäßiger, proaktiver Austausch. Optimal wäre es, wenn ein solcher Austausch nicht auf die Initiative einzelner Arbeitsgruppen zurückgeht, sondern fest installiert würde und verschiedenen Forschungsgruppen zugänglich wäre. Aber noch ist das Zukunftsmusik.

Aus Sicht der Autorin in ihrer Rolle als Wissenschaftlerin darf die Wissenschaft von der Politik fordern, dass diese alle wissenschaftlich gesicherten Erkenntnisse ernst nimmt und bereit ist einen Beitrag zur Etablierung von Austauschformaten zu leisten. Es ist nicht akzeptabel, wenn politische Entscheidungstragende möglicherweise auch unter dem Gesichtspunkt des Machterhalts, bestimmte Ergebnisse nutzen, andere ignorieren oder sogar versuchen Veröffentlichungen zu beeinflussen. Um dem vorzubeugen sollten Forschende so gut wie möglich ihren Beitrag leisten, um Ergebnisse regelmäßig nicht nur politisch Verantwortlichen, sondern vor allen Dingen auch der Öffentlichkeit und Schulpraxis zur Verfügung zu stellen. Breit gestreute Informationen haben eine gute Chance von der Politik wahrgenommen zu werden.

4   Wissenschaft und Schulpraxis: Wie gelingt die Vernetzung?

Bei der Zusammenarbeit zwischen Schulsystem und Wissenschaft geht es in gewisser Weise um mehr, als um Beschlüsse und Entscheidungen. Es geht darum, dass wissenschaftliche Ergebnisse Einfluss auf das ganz konkrete praktische Handeln gewinnen, dass aus wissenschaftlichen Erkenntnissen abgeleitete Maßnahmen und Methoden in der Praxis umgesetzt werden. Egal, ob kleine Maßnahmen und Änderungen, Programme oder Organisationsentwicklung das Ziel sind – immer ist eine Änderung des täglichen Handelns einzelner Personen und Gruppen notwendig. Wie kann das gelingen?

4.1   Was erwartet die Schulpraxis von der Wissenschaft?

Wie die oben bereits erwähnte Rezeption der Hattie-Studie (2009) verdeutlicht, ist das Interesse der Schulpraxis an wissenschaftlichen Ergebnissen groß, soweit sie als anschlussfähig für die Gestaltung von Schule und Unterricht wahrgenommen werden. Das zeigt auch die große Nachfrage nach Vorträgen, Workshops und Weiterbildungen, denen das ZNL sich gegenübersieht. Auch der große Zulauf, den Projekte wie z.B. *SINUS* erfahren haben (vgl. Prenzel et al. 2009), belegt das vorhandene Interesse auf Schulseite, ebenso wie Tagungen, die sich an Teilnehmende aus Wissenschaft und Schulpraxis gleichermaßen richten. Interesse ist also durchaus vorhanden.

Die Schulpraxis ist ebenso wie die Bildungspolitik darum bemüht, Schule und Unterricht zu verbessern. In dem Zusammenhang verlangt auch sie häufig nach einfachen Antworten sowie direkt anwendbaren Hinweisen und rezeptartigen, sicher funktionierenden Empfehlungen, beispielsweise für die Unterrichtsgestaltung. Dem kann so nicht entsprochen werden. Einfache Rezepte können angesichts der komplexen Aufgaben auf den verschiedenen Ebenen des Bildungssystems, auch bei noch so intensiver Forschung und Praxisnähe, nicht gegeben werden (vgl. Hartmann et al. 2016, Kuhl et al. 2017). Eine klare, anschlussfähige Aufbereitung und Darstellung von Ergebnissen einschließlich des Aufzeigens der (Anwendungs-)Grenzen ist dagegen, wie oben angeregt, durchaus möglich.

Mangelnde Nähe zu Praxis und Unterrichtswirklichkeit und fehlende Praxisrelevanz der Ergebnisse sind neben zu großer Komplexität häufige Begründungen dafür, dass wissenschaftliche Ergebnisse keinen Niederschlag in der Praxis finden (vgl. Steffens et al. 2019: 15). Wenn eine Wissenschaftlerin oder ein Wissenschaftler solche Rückmeldungen bekommt und darüber erstaunt ist, weil für sie/ihn der Bezug zur Praxis völlig klar ist, dann kann das ein Hinweis darauf sein, dass die Darstellung der Ergebnisse für die Schulpraxis nicht anschlussfähig war. Der Transfer wissenschaftlicher Evidenz und die Etablierung wissenschaftlicher Ergebnisse in der Schule bedarf einer Übersetzungsleistung. Diese muss, mindestens zum Teil, von Wissenschaftlerinnen und Wissenschaftlern selbst geleistet werden. Dazu bedarf es tatsächlich der Nähe zur Praxis, bzw. ausreichender Kenntnisse der Praxis wie sie sich zum jeweiligen Zeitpunkt und im jeweils spezifischen Bereich[1] darstellt. Die Distanz zur Praxis, die einer solchen Übersetzungsarbeit im Wege steht, wird teilweise sogar von wissenschaftlicher Seite bestätigt (ebd.: 21). Auch hier scheint also Handlungsbedarf gegeben zu sein. Praxisnähe kann in verschiedener Weise erreicht werden. Das Netzwerk *EMSE – Empiriegestützte Schulentwicklung* schlägt vor, dass „Mittler" oder „Übersetzer" den Praxistransfer übernehmen sollen (ebd.: 22). Die Mittlerrolle soll explizit nicht von den Forschenden ausgefüllt werden. Vielmehr soll sie auf der Basis eigener Strukturen institutionalisiert werden (ebd.).

Diesem Vorschlag kann ich mich vor dem Hintergrund der Erfahrungen, die im *ZNL* gemacht wurden, nicht anschließen. Ohne ein Mindestmaß an Zugang zur (Alltags-)Praxis wird auch die Zusammenarbeit mit den „Mittler[n]" (ebd.) nicht reibungslos verlaufen. Bei vielen der Projekte handelt es sich tatsächlich um Entwicklungs- und Implementationsprojekte, die für die Praxis, im Praxisfeld und mit der Praxis durchgeführt werden. Das ist sicherlich eine Besonderheit eines *TransferZentrums*, ermöglicht aber zugleich Einblicke in die Praxis, die wieder in weniger praxisnahe Projekte einfließen und die Theoriebildung informieren können. Insofern ist das Selbstverständnis des *ZNL* nicht nur ein wissenschaftliches, sondern es beinhaltet zugleich einen starken Praxisbezug und in gewisser Weise eine Art „Dienstleistungsgedanken" als essentiellen Bestandteil der Arbeit.

Eine Untersuchung zum Wissenschafts-Praxis-Transfer psychologischer Forschung kam zu dem Schluss, dass vor allen Dingen Bücher, Praxiszeitschriften und das Internet dazu beitragen, dass Erkenntnisse von der Praxis wahrgenommen werden (vgl. Kanning et al. 2011). Für die Schulpraxis trifft das möglicherweise so nicht zu. Unabhängig davon, ob es sich um pädago-

---

[1]   Hier sind sowohl inhaltliche Bereiche, etwa die Fächer, als auch Schulstufen, Schularten, informelle Lernsettings etc. gemeint.

gische oder psychologische Erkenntnisse handelt, stellen Forschende am *ZNL* immer wieder fest, dass der relevante Transfer, nämlich der, bei dem zumindest eine gewisse Chance besteht, dass die Erkenntnisse auch in die praktische Umsetzung einfließen, im direkten Kontakt stattfindet. Das können Vorträge und Schulungen sein, aber auch Diskussionen auf Fachtagen oder bei politischen Ereignissen. Der persönliche Kontakt hat mehrere Aspekte. Zum einen trägt er dazu bei, den *knowing-doing gap* (vgl. Ball 2012) zu schließen, also die Schwierigkeiten bei der Umsetzung der zur Kenntnis genommenen Ergebnisse in der Praxis zu überbrücken. Ursachen für diesen *gap* sind oft ganz praktischer Natur, z.B. mangelnde zeitliche Ressourcen oder es bedarf einer Umsetzungsstrategie, die Forschungsteam und Praxis gemeinsam erarbeiten können. Zudem trägt der Aufbau persönlicher Beziehungen, das Vorhandensein einer Ansprechperson aus dem Wissenschaftsbereich und die Möglichkeit Rückfragen zu stellen, dazu bei, dass Praktikerinnen und Praktiker eher davon überzeugt sind, die Erkenntnisse erfolgreich in der Praxis umsetzen zu können, wodurch sie mehr Sicherheit bzw. eine höhere Selbstwirksamkeitserwartung diesbezüglich entwickeln. Der dritte Aspekt ist, dass die Rückmeldungen seitens der Rezipienten zentral sind, nicht nur um Ergebnisdarstellungen und neue Forschungsfragen praxisnah zu gestalten, sondern auch um relevante und dringliche Praxisfragen wahrzunehmen und aufzugreifen.

4.2   Was erwartet die Wissenschaft von der Schulpraxis?

Die Bildungsforschung möchte zunächst einmal, wie auch in der Zusammenarbeit mit der Politik, dass wissenschaftliche Erkenntnisse wahrgenommen und genutzt werden. Dass das kein Selbstläufer ist und welche Maßnahmen hierzu möglich sind, wurde z.T. bereits in den vorherigen Abschnitten beschrieben. Die Erwartung, dass schulische Akteurinnen und Akteure sich intensiv mit Praxisartikeln (Print und digital) auseinandersetzen und dieses ein geeigneter Weg der Kommunikation sei, hat sich bei der Arbeit im *ZNL* so nicht erfüllt, selbst dann nicht, wenn Ergebnisse sehr klar waren und dadurch in einfacher Weise dargestellt werden konnten. In persönlichen Gesprächen wurde von Lehrkräften rückgemeldet, dass Texte, die einen Umfang von mehr als ein bis zwei Seiten hätten, nicht das seien, was sie sich als Informationsquelle wünschten. Auf Ebene der Schulleitungen sowie der Verantwortlichen in der Bildungsadministration stellt sich die Lage allerdings ganz anders dar.

Eine gewisse Problematik ergibt sich daraus, dass schulische Akteure häufig den Wunsch nach einfachen Antworten und sicher wirksamen Rezepten haben oder wissenschaftliche Ergebnisse gerne als Allheilmittel für alle auftretenden Problemlagen nutzen würden. Manche Bedingungen oder Konstellationen führen aber zu Schwierigkeiten, die sich wissenschaftlich

nicht lösen lassen, sondern Lösungen ganz anderer Art brauchen. Wissenschaftlerinnen und Wissenschaftlern, denen die Begrenztheit ihrer Arbeiten
ebenso präsent ist wie die Notwendigkeit differenzierter Betrachtungen,
erwarten dieses Bewusstsein auch von Praktikerinnen und Praktikern. Implizit erwartet die wissenschaftliche Seite damit auch, dass die Praxis die
richtigen Fragen stellt, nämlich solche, die man beantworten oder zumindest
wissenschaftlich bearbeiten kann. Das Bewusstsein für die Besonderheiten
wissenschaftlicher Arbeit und Forschungsergebnisse kann aber nicht vorausgesetzt werden, sondern muss erarbeitet werden. Die Chance, dass das
gelingt ist umso größer, je besser und intensiver der Austausch zwischen
Wissenschaft und Praxis ist.

Die Bildungsforschung braucht Schulen als Partnerinstitutionen im Forschungsprozess. Ohne deren Teilnahme ist Erkenntnisgewinn nicht möglich.
Viele Projekte der Bildungsforschung werden in und mit Schulen durchgeführt. Nimmt man die Akteure der Schulen als Partner im Forschungsprozess ernst, wie diese es zu Recht erwarten dürfen, und behandelt sie nicht
nur als Forschungsobjekt, dann ist auch die anschlussfähige Darstellung der
Forschungsergebnisse wesentlich vereinfacht, da man die Praxis in der Phase der Projektdurchführung gut kennenlernen kann. Hierzu braucht es die
Offenheit der Praxis und die Bereitschaft, tatsächlich Einblicke in die All-
tagspraxis zu gewähren.

Gleiches gilt für Expertenrunden aus Praktikerinnen und Praktikern zu
denen das *ZNL* zu Beginn von Projekten und zur Vorstellung und Diskussion der Ergebnisse einlädt. Dieses Dialogformat hat sich sehr bewährt und ist
inzwischen fester Bestandteil des Vorgehens. Es bildet einen Teil der Umsetzung des bidirektionalen Transfers und hat mehrere Vorteile: Zum einen
bereitet der Austausch Praxisveröffentlichungen vor, die auf dieser Basis
eine bessere Chance haben, tatsächlich anschlussfähig zu sein. Zum anderen
kann gemeinsam auf der Basis der bisherigen Erkenntnisse weitergedacht
werden, um neue Fragestellungen zu entwickeln. Diese haben dann, wie
politisch und von Schulseite gefordert, die nötige Praxisrelevanz, schließen
aber zugleich an den bestehenden Forschungsstand an und sind somit besser handhabbar als von der Praxis spontan geäußerte Problemstellungen.

5   Fazit

Es bieten sich verschiedene Chancen den Transfer zwischen den unterschiedlichen Akteursgruppen weiter auszubauen. Das Interesse ist auf allen
Seiten vorhanden, wenn auch geprägt von der Handlungslogik der jeweiligen Herkunftssysteme. Um mit den vielfältigen Unterschieden zielführend
umzugehen, braucht es möglichst viele Informationen über die gegenseitigen Erwartungen. Neben dem regelmäßigen Kontakt mit den Transferpart-

nerinnen und -partnern ist auch ein entsprechender Austausch innerhalb der Gruppen, etwa auch innerhalb der Wissenschaft, eine tragfähige Möglichkeit, diese Informationen auszutauschen.

In der Zusammenarbeit zwischen Bildungspolitik und Wissenschaft ist es nicht zielführend ausschließlich anlassbezogen und punktuell ins Gespräch zu gehen. Es braucht den laufenden Austausch um relevante wissenschaftliche Informationen so frühzeitig bereitzustellen, dass sie in Gestaltung und Entscheidungen im Bildungsbereich einfließen können. Das kann dazu beitragen, dass die Politik jederzeit informierte Entscheidungen treffen kann (vgl. Baumert 2016).

In der Zusammenarbeit mit der Schulpraxis und Schuladministration favorisiert die Forschungsgruppe des *ZNL* den direkten Austausch mit der Praxis im bidirektionalen Transfer. Diese Haltung wird aber nicht von allen Forschungsgruppen geteilt und wir freuen uns schon auf die weitere Diskussion.

Literatur

Altrichter, H. (2019): Transfer ist Arbeit und Lernen. In: Schreiner, C., Wiesner, C., Breit, S., Dobbelstein, P., Heinrich, M., Steffens, U., Netzwerk für empiriegestützte Schulentwicklung (EMSE) & Institut für LehrerInnenbildung und Schulforschung der Universität Innsbruck (Hrsg.): *Praxistransfer Schul- und Unterrichtsentwicklung.* Münster: Waxmann, 27–33.

Altrichter, H., Moosbrugger, R. & Zuber, J. (2016): Schul- und Unterrichtsentwicklung durch Datenrückmeldung. In Altrichter, H. & Maag Merki, K. (Hrsg.): *Handbuch Neue Steuerung im Schulsystem.* Wiesbaden: Springer, 235–277.

Arndt, P. A. & Sambanis, M. (2017): *Didaktik und Neurowissenschaften: Dialog zwischen Wissenschaft und Praxis.* Tübingen: Narr.

Ball, A. F. (2012): To Know Is Not Enough. In: *Educational Researcher* 41(8), 283–293.

Baumert, J. (2016): Leistungen, Leistungsfähigkeit und Leistungsgrenzen der empirischen Bildungsforschung. In: Baumert, J. & Tillmann, K-J. (Hrsg.): *Empirische Bildungsforschung: Der kritische Blick und die Antwort auf die Kritiker (= Zeitschrift für Erziehungswissenschaft 19, Sonderheft, 31).* Wiesbaden: Springer, 215–253.

BDI – Bundesverband der Deutschen Industrie e.V. (2018): *Wohlstand durch Wissen: Deutschland braucht neuen Schub.* Abrufbar unter: https://bdi.eu/artikel/news/ wohlstand-durch-wissen-deutschland-braucht-neuen-schub/ (Stand: 17.01.2020).

Becker, N. (2014): Mehr verstehen, besser handeln? Zum Verhältnis von Pädagogik und Neurowissenschaften. In: Fatke, R. & Oelkers, J. (Hrsg.): *Das Selbstverständnis der Erziehungswissenschaft: Geschichte und Gegenwart (= Zeitschrift für Pädagogik, Beiheft; 60).* Weinheim: Beltz, 208–225.

Bromme, R., Prenzel, M. & Jäger, M. (2014): Empirische Bildungsforschung und evidenzbasierte Bildungspolitik. In: Bromme, R., & Prenzel, M. (Hrsg*.): Von der Forschung zur evidenzbasierten Entscheidung: Die Darstellung und das öffentliche Verständnis der empirischen Bildungsforschung (= Zeitschrift für Erziehungswissenschaft 17, Sonderheft 27),* 3--54.

BMBF – Bundesministerium für Bildung und Forschung (2019): *Grundsatzpapier des Bundesministeriums für Bildung und Forschung zur Wissenschaftskommunikation.* Berlin: BMBF.

Hartmann, U., Decristan, J. & Klieme, E. (2016): Unterricht als Feld evidenzbasierter Bildungspraxis?: Herausforderungen und Potenziale für einen wechselseitigen Austausch von Wissenschaft und Schulpraxis. In: Baumert, J., & Tillmann, J. (Hrsg.): *Empirische Bildungsforschung: Der kritische Blick und die Antwort auf die Kritiker (= Zeitschrift für Erziehungswissenschaft 19, Sonderheft, 31.* Wiesbaden: Springer, 179–199.

Hattie, J. (2009): *Visible learning: A synthesis of over 800 meta-analyses relating to achievement.* New York: Routledge.

Helsper, W. (2016): Wird die Pluralität in der Erziehungswissenschaft aufgekündigt? In: Baumert, J., & Tillmann, J. (Hrsg.): *Empirische Bildungsforschung: Der kritische Blick und die Antwort auf die Kritiker (= Zeitschrift für Erziehungswissenschaft 19, Sonderheft, 31).* Wiesbaden: Springer, 89–105.

Hombach, B. (2012): *Was erwartet die Politik von der Wissenschaft und was nicht?* Keynote, Institutstag MPI für Gesellschaftsforschung, Köln. Abrufbar unter: http://www.bapp-bonn.de/medien/downloads/20121206_Max_Planck_ Was_erwartet_die_Politik_von_der_Wissenschaft_Langfassung_final.pdf (Stand: 27.10.2019)

Kanning, U. P., Thielsch, M. T. & Brandenburg, T. (2011): Strategien zur Untersuchung des Wissenschafts-Praxis-Transfers. In: *Zeitschrift für Arbeits- und Organisationspsychologie* 55(29). 153–157.

Klemm, K. (2016): Die PISA-Studien: Ihre Präsentation und Interpretation im Lichte der Evidenzbasierung. In: Baumert, J. & Tillmann, J. (Hrsg.). *Empirische Bildungsforschung: Der kritische Blick und die Antwort auf die Kritiker (= Zeitschrift für Erziehungswissenschaft 19, Sonderheft, 31).* Wiesbaden: Springer, 163–177.

Klieme, E. (2013): The role of large-scale assessments in research on educational effectiveness and school development. In: v. Davier, M., Gonzales, E., Kirsch I. & Yamamoto, K. (Hrsg.): *The role of international large-scale assessments: Perspectives from technology, economy, and educational research.* Wiesbaden: Springer, 115-147.

Kuhl, J., Gebhardt, M., Bienstein, P., Käppler, C., Quinten, S., Ritterfeld, U., Tröster, H. & Wember, F. (2017): *Implementationsforschung als Voraussetzung für eine evidenzbasierte sonderpädagogische Praxis.* In: *Sonderpädagogische Förderung* 62(4), 383–393.

Lassnigg, L. (2008): *Bildungsforschung in Österreich als Ressource wissensgestützter Bildungspolitik und Schulentwicklung.* NBB-2009-AutorInnengruppe.

Müller, T. (2006): Erziehungswissenschaftliche Rezeptionsmuster neurowissen-schaftlicher Forschung. In: Scheunpflug, A. & Wulf, C. (Hrsg.): *Biowissenschaften und Erziehungswissenschaften (= Zeitschrift für Erziehungswissenschaft, Beiheft 5–06).* Wiesbaden: Springer, 201–216.

Pant, H. A. (2014): Aufbereitung von Evidenz für bildungspolitische und pädagogische Entscheidungen: Metaanalysen in der Bildungsforschung. In: Bromme, R. & Prenzel, M. (Hrsg.): *Von der Forschung zur evidenzbasierten Entscheidung: Die Darstellung und das öffentliche Verständnis der empirischen Bildungsforschung (= Zeitschrift für Erziehungswissenschaft 17, Sonderheft 27),* 79–99.

Prenzel, M., Friedrich, A. & Stadler, M. (2009): *Von SINUS lernen: wie Unterrichtsentwicklung gelingt.* Seelze: Kallmeyer.

Schaffert, S. & Schmidt, B. (2004): Inhalt und Konzeption der 'Bildungsforschung'. In: *bildungsforschung 1(1)*. Abrufbar unter: https://bildungsforschung.org/ojs/index.php/bildungsforschung/issue/view/2 (Stand: 01.10.2019)

Schmoll, H. (2011, 7.3.2011): Unterschiedliche Sphären? - Wissenschaft und Politik. *Frankfurter Allgemeine-NET*. Abrufbar unter: https://www.faz.net/aktuell/politik/die-guttenberg-affaere/unterschiedliche-sphaeren-wissenschaft-und-politik-1607262.html (Stand: 01.10.2019)

Schrader, J. (2014): Analyse und Förderung effektiver Lehr-Lernprozesse unter dem Anspruch evidenzbasierter Bildungsreform. In: Bromme, R. & Prenzel, M. (Hrsg.): *Von der Forschung zur evidenzbasierten Entscheidung: Die Darstellung und das öffentliche Verständnis der empirischen Bildungsforschung (= Zeitschrift für Erziehungswissenschaft 17, Sonderheft 27)*, 193–223.

Shaller, C. (2019, 27. Dezember): Der ewige Klassensprecher. *DIE ZEIT Nr. 1/2020*.

Steffens, U., Heinrich, M. & Dobbelstein, P. (2019): Praxistransfer Schul- und Unterrichtsforschung: Eine Problemskizze. In: Schreiner, C., Wiesner, C., Breit, S., Dobbelstein, P., Heinrich, M., Steffens, U., Netzwerk für empiriegestützte Schulentwicklung (EMSE) & Institut für LehrerInnenbildung und Schulforschung der Universität Innsbruck (Hrsg.): *Praxistransfer Schul- und Unterrichtsentwicklung*. Münster: Waxmann.

Tenorth, H-E. (2015): Bildungsforschung und Bildungspolitik im Dialog: Lernprozesse und Irritationen. In: *Die Deutsche Schule 107*(3), 264–284.

Tippelt, R. & Schmidt-Hertha, B. (2018): *Handbuch Bildungsforschung*. Wiesbaden: Springer.

Wiarda, J.-H. (2019): *Es ist wirklich Zeit für diesen Kulturwandel*. Abrufbar unter: https://www.jmwiarda.de/2019/11/14/es-ist-wirklich-zeit-für-diesen-kulturwandel/ (Stand: 13.01.2020)

Wissenschaft im Dialog gGmbH / Kantar Emnid. (2019): *Wissenschaftsbarometer 2019*. Abrufbar unter: https://www.wissenschaft-im-dialog.de/projekte/wissenschaftsbarometer/wissenschaftsbarometer-2019/ (Stand: 17.01.2020)

Jun.-Prof. Dr. Daniela Czernochowski

Daniela Czernochowski ist Junior-Professorin an der Technischen Universität Kaiserslautern. Sie promovierte an der Universität Saarbrücken und forschte am *New York State Psychiatric Institute* sowie an der Heinrich-Heine-Universität in Düsseldorf. Ihr wissenschaftlicher Schwerpunkt liegt auf der kognitiven Neurowissenschaft, der Entwicklungspsychologie sowie dem episodischen Gedächtnis.

Kontakt: czernochowski@sowi.uni-kl.de

Daniela Czernochowski

Lernen im Gehirn und Klassenzimmer: Impulse aus dem Dialog von Neurowissenschaft und Praxis

1 Was ist Lernen?

Der Begriff *Lernen* ist extrem weit gefasst und meint je nach Kontext eine Verknüpfung zweier Reize mittels klassischer Konditionierung, das Erlernen eines Musikinstruments oder der Grammatik einer Fremdsprache, bis hin zu einem lebenslangen Wissenserwerb, der als Grundlage für spezifische Problemlösungen dient. Alle diese Beispiele illustrieren eine auf Erfahrung aufbauende graduelle und zeitlich stabile Verhaltensänderung oder Erweiterung der Verhaltensoptionen.

Auch wenn die Anzahl der benötigten Lerndurchgänge je nach Lernart und Individuum deutlich variieren kann, ist die Grundlage von Lernprozessen typischerweise eine wiederholte Auseinandersetzung mit dem Lernmaterial (z.B. Mangels et al. 2009). Die Lernkurve kann graduell ansteigen und sich dem Ziel schrittweise annähern, oder der Lernende kann nach mehreren fehlerhaften Versuchen scheinbar plötzlich einen Durchbruch erzielen. Dabei muss nicht zwingend eine Lernintention vorliegen: Oft erinnern wir uns noch lange an Sachverhalte und Zusammenhänge, beispielsweise im Zusammenhang mit einem Verkehrsunfall, den wir erlebt haben, ohne die explizite Absicht unser Wissen zu erweitern. Gerade in der Kindheit scheint diese inzidentelle Art des Lernens typisch zu sein (Köster et al. 2017). Unterschiede gibt es ebenfalls im Zeitverlauf und bezüglich der Zielvorstellungen: Wer ein Gedicht nach Jahrzehnten noch fehlerfrei rezitiert, erbringt eine qualitativ andere Leistung als jemand, der nach der Lektüre eines Lehrbuchtextes eine neuartige Mathematikaufgabe löst. Je nach Alter und Expertise des Lernenden kann (und muss) neues Wissen in einen bestehenden Erfahrungsschatz integriert werden (Brod et al. 2013). Kann der Lernende Auskunft darüber geben, was gelernt wurde, spricht man von explizitem Wissen. Einen Sonderfall stellt das motorische Lernen dar: Einerseits sind erreichte Leistungen in diesem Bereich nur schwer verbalisierbar (implizites Wissen, „Das geht *so*"), andererseits sind Lernfortschritte meist beobachtbar, beispielsweise wenn Kinder Rad fahren oder schwimmen lernen.

Typischerweise sind Lernvorgänge an sich nämlich nicht direkt beobachtbar: Erst bei einem formalen Test oder informellen Abruf des Gelernten wird erkennbar, ob das Lernziel erreicht wurde oder nicht. Beispielsweise kann ein Lernender, der für eine Weile vom Buch aufblickt entweder eine Pause machen oder durch intensives Nachdenken eine entscheidende Einsicht erzielen. Bei einer hohen Anzahl von Lerndurchgängen oder einem längeren Lernzeitraum wird es noch schwieriger, genau die entscheidenden Lernprozesse zu identifizieren, die später zum erfolgreichen Abruf des Gelernten führen werden. Das bedeutet, dass Lernfortschritte nur anhand von Beobachtung des Lernenden nicht zweifelsfrei erkennbar sind. Ein Fokus auf das von außen beobachtbare, mehr oder weniger korrekte Lernprodukt lenkt allerdings ab vom eigentlichen Lernprozess und den spezifischen neurobiologischen und kognitiven Prozessen, die dem Lernen zugrunde liegen.

2   Beitrag der kognitiven Neurowissenschaft

Kognitive Prozesse können anhand ihrer neuroanatomischen, neurobiologischen und biochemischen Grundlagen charakterisiert werden. Beispielsweise kann die elektrophysiologische Aktivität von Nervenzellen mit Hilfe des Elektroencephalogramms (EEG) in Echtzeit auf der Kopfoberfläche gemessen und mit den dabei ablaufenden kognitiven Prozessen in Beziehung gesetzt werden. In der Regel verwendet man dazu kontrollierte Paradigmen, in denen kognitive Prozesse im Vergleich mehrerer Bedingungen über viele Wiederholungen hinweg isoliert und charakterisiert werden können. Im Kontext von Lernprozessen ist es entscheidend, dass es anhand dieses Ansatzes möglich ist, kognitive Prozesse auch in Abwesenheit von beobachtbarem Verhalten zu untersuchen.

Da Lernen so vielfältige Gesichter hat, und auf verschiedenen Wegen über lange Zeiträume erfolgen kann, ist es nötig einen Teilausschnitt dieser Lernprozesse zu identifizieren, der mit Hilfe von neurowissenschaftlichen Methoden fassbar ist. In der Regel untersucht die kognitive Neurowissenschaft Gedächtnisprozesse, die in eine klar abgegrenzte Lern- und Testphase gegliedert sind. Oft sind die Retentionsintervalle zwischen beiden Phasen nicht besonders lang, sodass die unmittelbare Gedächtnisleistung in der Regel etwas höher ist als das langfristige Behalten von schulischen Lerninhalten. Ausserdem findet Lernen in diesen Paradigmen fast immer anhand von einfachen Aufgaben am Computer statt. Im Folgenden möchte ich anhand von zwei Beispielen illustrieren, wie neurowissenschaftliche Methoden trotz dieser wichtigen Unterschiede zwischen Labor- und Klassenraumsettings neue Impulse für verschiedene Aspekte der Lernpraxis liefern können.

2.1 Beispiel 1: Altersunterschiede beim intentionalen vs. inzidentellen Enkodieren von Gedächtnisinhalten

Um zu untersuchen, wie Personen verschiedener Altersgruppen Informationen verarbeiten, an die sie sich später bei einem überraschenden Gedächtnistest erinnern werden, haben wir Studierende sowie Zweit- und Fünftklässler gebeten, Bilder zu kategorisieren. Unsere Versuchspersonen gaben an, ob die einzeln nacheinander am Bildschirm abgebildeten, gezeichneten Objekte eher drinnen oder eher draußen zu finden waren – mit dem Hinweis darauf, dass es manchmal keine eindeutige Zuordnung gäbe. Diese Aufgabe sollte sicherstellen, dass die Bilder nicht nur oberflächlich angesehen wurden, sondern die Probanden den semantischen Inhalt der Bilder aktivieren und einen Moment darüber nachdenken mussten – ohne, dass sie bewusst versuchen sollten, sich Informationen einzuprägen (inzidentelle Lernphase). Anschließend wurden die Bilder nochmals präsentiert – zusammen mit neuen Bildern und solchen, die den Originalabbildungen nur ähnlich waren. Dabei wurde darauf geachtet, dass verschiedene und oft mehrere kleine Unterschiede zu finden waren; beispielsweise hatte die veränderte Blume eine andere Orientierung *und* eine andere Farbe. Die Aufgabe in der Testphase war, zwischen identisch wiederholten, veränderten und ganz neuen Bildern zu unterscheiden. Im zweiten Teil wurde die Lern- und Testphase noch einmal mit neuem Material wiederholt, mit dem Unterschied, dass die Probanden diesmal außerdem gebeten wurden, sich die Bilder einzuprägen (intentionale Lernphase).

In diesem Paradigma konnte die neuronale Aktivität von Erwachsenen sowie 10- und 7-jährigen Kindern verglichen werden – und zwar während erfolgreichen Lernens mit und ohne eine Intention sich etwas zu merken (Köster et al. 2017). Während der Bildbetrachtung änderte sich die Zusammensetzung der Hirnwellen, und zwar in zwei Frequenzbereichen, die eine semantische Verarbeitung (Suppression im Alpha-Frequenzband 10–16 Hz) bzw. eine eher perzeptuelle Verarbeitung mit Fokus auf Bilddetails (Erhöhung im parietalen Theta-Frequenzband 3–8 Hz) anzeigen. Durch die semantische Aufgabe in der Lernphase hielt die semantische Aktivierung (Alpha-Suppression) in jeder Altersgruppe solange an, bis eine Antwort auf die drinnen-draußen-Frage erfolgt war. Beim intentionalen Lernen war dabei, wie vermutet, eine Zunahme von semantischer Verarbeitung vor allem bei Erwachsenen und in geringerem Ausmaß auch bei den älteren Kindern zu beobachten, die mit einer Leistungssteigerung einherging. Ebenso nahm bei diesen beiden Gruppen der Fokus auf perzeptuelle Details gerade beim intentionalen Lernen zu. Bei den jüngeren Kindern war kein Anstieg im parietalen Thetaband zu erkennen – weil die jüngeren Kinder bereits in der inzidentellen Lernphase eine hohe Aktivierung gezeigt hatten, und unabhängig von der Instruktion beide Male die gleichen Lernprozesse nutzten (Köster et al. 2017). Gerade bei jungen Kindern scheint ein Ausrichten auf eine spätere Abrufsituation also nicht zwingend nötig zu sein. Auf die Frage, ob sie Merkstrategien verwendet hätten, sagten die Kinder übereinstimmend, sie hätten die Bilder nur aufmerksam angeschaut. Dies könnte auch erklären, warum viele Lernerfolge in der frühen Kindheit scheinbar nebenbei erfolgen und möglicherweise auf eine intensive Verarbeitung statt auf intentionale Lernintentionen zurückführbar sind.

Diese Studie erlaubt gleichzeitig einen Blick auf die Mechanismen des Gedächtnisabrufs. Der spontane Fokus auf perzeptuelle Details, der im Kontext dieser Aufgabe sehr nützlich war, erlaubte den jüngeren Kindern bereits in der ersten Testphase die Differenzierung von identischen und veränderten Bildern. Diese Altersgruppe zeigte auch beim Test spezifische Abrufmechanismen in Form von frühen parietalen Aktivierungen (Haese & Czernochowski 2016). Demgegenüber schnitten die Erwachsenen, aber auch die älteren Kinder, bei der feineren Differenzierung zwischen identischen und veränderten Bildern schlechter ab. Als die Testanforderungen allerdings bekannt waren, konnten sie ihre Lernprozesse an die neuen Anforderungen anpassen und damit ihre Leistung verbessern; auch die Abrufmechanismen in diesen Gruppen unterschieden sich je nach Testphase (Haese & Czernochowski 2015). Dies legt nahe, dass ältere Kinder und vor allem Erwachsene – potenziell durch die längere Erfahrung mit formaler Bildung oder möglicherweise durch weiter fortgeschrittene Hirnreifung in frontalen Arealen, die kognitive Flexibilität und Kontrollprozesse ermöglicht – in der Lage sind, ihre Lernprozesse an spezifische Testsituationen anzupassen und damit ihre Leistung zu verbessern. Dieser Effekt könnte im formalen Bildungskontext häufiger gezielt genutzt werden.

2.2   Beispiel 2: Lernen mit Hilfe von gezieltem Feedback verbessern

Aus der Perspektive eines Lernenden ist es nützlich, einen Fehler zu erkennen, um bei Bedarf korrigierend eingreifen zu können und das fehlende Wissen gezielt zu ergänzen bzw. falsch verknüpfte Informationen zu berichtigen. Lernende sind nicht immer in der Lage, einen Fehler selbst zu identifizieren und deswegen auf externes Feedback angewiesen. Dabei wird gerade negatives Feedback im Gehirn sehr schnell verarbeitet, und führt zu einer Aktivierung von Aufmerksamkeitsressourcen (vgl. Ludowicy et al. 2019). Umgekehrt kann auch positives Feedback sehr nützlich sein – gerade bei richtigen Antworten, die unter Unsicherheit gegeben werden – und es wirkt in vielen Situationen sogar wie eine Belohnung (vgl. Ferdinand & Czernochowski 2018). Allerdings ist es entscheidend, in welcher Form Feedback zur Verfügung steht – denn es hat neben einer informativen Komponente auch eine emotionale Komponente. Deswegen ist der Gebrauch externen Feedbacks im sozialen Gefüge des Klassenzimmers recht komplex, da zur (ggf. emotional geprägten) Informationsverarbeitung auch noch eine Reaktion des Klassenverbands hinzukommen kann. Neuere neurowissenschaftliche Studien zeigen, dass gerade Jugendliche aufgrund der speziellen Balance zwischen früher und später reifenden Hirnregionen besonders empfänglich für Feedback sind, speziell für positives und negatives Feedback im sozialen Kontext (Peters & Crone 2017).

Im Kontext des Lernens ist das Timing ein entscheidender Faktor für die Wirksamkeit von externem Feedback. Feedback, das unmittelbar auf einen Lernabruf (*trial-by-trial*) folgt, ermöglicht eine schnelle Konsolidierung von einer unsicheren richtigen Antwort sowie eine unmittelbare Korrektur bzw. Ergänzung der Gedächtnisspur. In einer weiteren Studie wurden unsere Probandinnen und Probanden gebeten, sich eine lange Liste von Wortpaaren einzuprägen. Anschließend wurde die Gelegenheit gegeben, diese Wortpaare nochmals zu lernen – und es wurde verglichen, wie effektive dieses wiederholte Lernen war, je nachdem ob unmittelbar vorher der aktuelle Gedächtnisstand abgefragt wurde oder nicht. Die Lernleistung für diejenigen Wortpaare, die zuerst getestet wurden, war höher als bei einer bloßen Wiederholung der Lernliste (sogenannter *testing effect*). In unserer Studie konnten wir zeigen, dass diese Lernleistung noch weiter steigt, wenn unmittelbar nach dem Abruf ein explizites Feedback gegeben wird und anschließend die Möglichkeit zum nochmaligen Einprägen der richtigen Lösung besteht. Ein indirektes Feedback, bei dem der Lernende anhand eines Vergleichs mit der richtigen Antwort ableiten kann, ob er oder sie richtig gelegen hat, führt dagegen nicht zu einer gesteigerten Lernleistung. In zwei weiteren Studien konnten wir diesen Effekt replizieren, und mit Hilfe von neurowissenschaftlichen Methoden die zugrunde liegenden Wirkmechanismen untersuchen: Elektrophysiologische Daten zeigen eine erhöhte Aufmerksamkeit nach negativem Feedback, durch die der Lernerfolg gesteigert wird. Im fMRT zeigt sich Evidenz für eine bessere Konsolidierung der Wortpaare mit Feedback, beim Abruf der Lernliste am nächsten Tag sind dabei weitere Gehirnregionen beteiligt (Ludowicy, et al., in Vorbereitung). Zusammenfassend lässt sich festhalten, dass Feedback die Lernleistung verbessert. Dies ist nur zu beobachten, wenn neben unmittelbarem Feedback auch unmittelbar die Möglichkeit gegeben wird, die richtige Information noch einmal zu lernen. Dieser Effekt beruht sowohl auf einer Aufmerksamkeitsmodulation während des Lernens, als auch auf einer besseren Konsolidierung und einem größeren Netzwerk am Abruf beteiligter Hirnregionen (ebd.).

3 Transfer neurowissenschaftlicher Ergebnisse in die Praxis

Für den Transfer von neurowissenschaftlichen Ergebnissen in die Praxis müssen die möglicherweise konkrete Relevanz und die Grenzen der Anwendbarkeit für den eigentlichen Gegenstandsbereich der formalisierten

Bildung geprüft werden. Gerade da, wo sich Bildungsprozesse von den oben beschriebenen klar definierten Gedächtnisprozessen unterscheiden, die mit Hilfe der Neurowissenschaft untersucht werden, ist eine Übertragung der Ergebnisse nicht ohne Weiteres für jeden Lerninhalt möglich. Eine technische Weiterentwicklung der Messmethoden kann allerdings auch komplexere und lebensnähere Lernsituationen untersuchbar machen. Dazu wird es in Zukunft nötig sein, in einem intensiven Dialog zwischen Neurowissenschaftlerinnen und -wissenschaftlern und Lehrenden in der Praxis weitere besonders relevante Faktoren zu identifizieren, die einen moderierenden Einfluss auf bestimmte Lernmechanismen haben. Wenn auch im höheren Erwachsenenalter die Bereitschaft zur Weiterbildung vorausgesetzt wird und gleichzeitig auch junge Kinder bereits vor Schulantritt gezielt in ihrer Lernentwicklung gefördert werden, ist auch das Alter der Lernenden ein zunehmend wichtiger Einflussfaktor, der schon jetzt systematisch erforscht wird. Neurowissenschaftliche Studien belegen im direkten Altersvergleich, dass sich aufgrund von Reifungsprozessen im Gehirn die Mechanismen des Gedächtnisabrufs über die Lebensspanne verändern (z.B. Czernochowski et al. 2005, Czernochowski et al. 2009, Shing et al. 2008). Auch die domänenspezifische Expertise spielt eine wichtige Rolle für die Wirksamkeit einzelner Lernmechanismen, beispielsweise scheinen Expertinnen und Experten weniger Aufmerksamkeitsressourcen für das Einprägen neuer Inhalte in ihrer Domäne zu benötigen (Herff & Czernochowski 2019). Bisher weitgehend unklar ist allerdings, wie sich die Kombination verschiedener Faktoren konkret auswirkt, d.h. ob eine junge Anfängerin oder ein junger Anfänger schneller bzw. mit Hilfe anderer Mechanismen lernt als eine Expertin oder ein Experte höheren Alters. Diese Fragestellungen gewinnen in unserer modernen Berufswelt zunehmend an Relevanz.

In der Lernpraxis wirken außerdem eine ganze Reihe (Kontext-)Faktoren, die in Laborstudien weitgehend kontrolliert werden, weil sie als Störquelle gelten. Für Lehrende naheliegend ist hier insbesondere der soziale Bezugsrahmen im Klassenzimmer, der sowohl förderlich als auch ablenkend wirken kann. Im Hintergrund binden ggf. persönliche Sorgen oder familiäre Konflikte große Aufmerksamkeitsressourcen mit nur schwer quantifizierbaren Folgen auf formale Lernprozesse. Aber auch implizite Vorstellungen vom Lernen können Lernende ermutigen oder richtiggehend abschrecken. So macht es einen großen Unterschied, ob ein Lernender überzeugt ist, dass für den Lernerfolg weitgehend stabile individuelle Fähigkeiten oder aber eine je nach Situation variable persönliche Anstrengung entscheidend sind (Mangels et al. 2006). Als Teil der individuellen Lerngeschichte können sich kleine Unterschiede zwischen Lernergebnissen im Laufe der Zeit als Teil eines (oft negativen und überdauernden) Selbstkonzepts verselbständigen. So können u.a. geschlechtsstereotype Selbstbilder zu selbsterfüllenden Prophezeiungen werden (Mangels et al. 2012).

Dabei scheinen gerade junge Kinder ohne intentionale Lernabsicht großes Wissen zu erwerben (z.b. Haese & Czernochowski 2016). Ein spielerisch
intensiver Umgang mit Lernmaterialien (z.b. Ansätze des forschenden Lernens) könnte negative Effekte von Leistungsangst vermeiden und auch bei
fortgeschrittenen Lernenden vielversprechende Ergebnisse erzielen. Die
weitere Forschung muss zeigen, welchen quantitativen Einfluss diese Faktoren für den tatsächlichen Lernerfolg haben und ob sie wirklich in kontrollierten Studien einfach ausgeblendet werden sollten, oder ob sie mit den
anderen Lernmechanismen interagieren. Eine höhere Passung zwischen
Lernenden, Lernsituationen, aktivierten Lernmechanismen und spezifischen
Materialien sollte sich allerdings unabhängig von protektiven oder stören-
den Kontextfaktoren positiv auf die Lernergebnisse auswirken, und durch
subjektiv wahrgenommene Lernfortschritte indirekt auch die Lernmotivation der Lernenden weiter erhöhen.

Zusammenfassend lässt sich festhalten, dass trotz beachtlicher Fortschritte in den Bildungswissenschaften einerseits und den kognitiven Neurowissenschaften andererseits bei den neurokognitiven Grundlagen des Lernens
im Bildungskontext noch erheblicher Klärungsbedarf besteht. Dies ist u.a.
eine Konsequenz der unterschiedlichen methodischen Herangehensweisen
und der dadurch beantwortbaren Fragestellungen. Wegweisende Fortschritte sind hier nur durch echte interdisziplinäre Forschung zu erwarten, die
beiden Perspektiven Rechnung trägt. Die dringlichsten offenen Fragen lassen sich dabei in drei Themenkomplexe einordnen:

1. Welche *neuronalen und biochemischen Mechanismen* liegen den verschiedenen
   Lernformen im Gehirn zugrunde? Sind Altersunterschiede eine Folge von
   sich qualitativ unterscheidenden Lernmechanismen? Welche Rolle spielt die
   Konsolidierung der Lerninhalte für langfristig verfügbares Wissen, insbesondere im Schlaf? Welche Rolle spielen individuelle Unterschiede im Tempo des Lernens und des Vergessens nicht mehr abgerufener Lerninhalte?

2. Welche *(meta-)kognitiven Fähigkeiten* spielen eine entscheidende Rolle für
   Lernprozesse? Lassen sich diese grundlegenden Fähigkeiten durch Übung
   oder andere Interventionen verbessern? In welchem Umfang benötigen An-
   fängerinnen und Anfänger sowie Expertinnen und Experten ein vorstruktu-
   riertes Lernmaterial? Kann das Lernmaterial (z.B. die Komplexität digital
   präsentierter Texte) spezifisch auf den Lernenden und seine individuellen
   Fortschritte angepasst werden, um Lernprozesse zu optimieren?

3. Welche Rolle spielen *Emotion und Motivation?* Welche impliziten Lernüber-
   zeugungen sind vorhanden? Steht eine personenbezogene Fähigkeit oder
   eine situative Anstrengung im Vordergrund? Welche Anreize sind hilfreich? Ist (erfolgreiches) Lernen Belohnung genug oder sollte der Lehrende
   darüber hinaus belohnen bzw. loben? Wie wirkt welche Art von Feedback,
   und wann sollte es zeitlich unmittelbar auf eine Antwort folgen oder über

mehrere Lernsituationen geblockt? Wann und was wird besser individuell gelernt oder im sozialen Lernverband?

4 Ausblick: welche Schritte sind nötig, um Transfer zu ermöglichen?

Schritt 1: Diskurs mit Praktikerinnen und Praktikern – was passiert im echten Klassenzimmer?

Zunächst ist es wichtig, im Diskurs mit Praktikerinnen und Praktikern mögliche Wirkfaktoren zu identifizieren, die in kontrollierten Studien auf ihre relative Bedeutung für verschiedene Lernsituationen hin überprüft werden. Dabei spielen die Lernziele genau wie das Alter, Vorwissen und der Bildungshintergrund der Lernenden eine Rolle, ebenso wie die verfügbaren Lernmaterialien (z.b. sprachliche Komplexität von Texten, Verfügbarkeit von Materialien für naturwissenschaftliche Experimente). Besonders relevant sind dabei selbstgesteuerte Lernprozesse, und die Frage, wie sie begleitet und bei Bedarf gelenkt werden können. Hier spielen digitale Medien eine immer größere Rolle, die spezifisch und systematisch untersucht werden muss. Individualisiertes Feedback kann digital nicht nur punktgenau vermittelt werden, sondern auch eine öffentliche Stigmatisierung vermeiden und Aufmerksamkeitsressourcen so auf den Lernstoff fokussieren.

Schritt 2: Wirkmechanismen neuer evidenzbasierter Lehr-Lern-Formate

Es gibt nicht das eine optimale Lehr-Lernformat. Je nach Lernsituation sind speziell angepasste Formen nützlich, die Materialeffekte, Vorwissen, Lernstile und Zielvorgaben berücksichtigen. Allerdings gibt es noch hier noch zu wenige evidenzbasierte Formate, die systematisch auf ihre Wirksamkeit und die grundlegenden Wirkmechanismen hin untersucht werden können. Solche Lernformate müssen nicht notwendigerweise eine vorgegebene Lernintention enthalten – ein intensives Auseinandersetzen mit einem Thema kann auch ohne Bezug auf eine konkrete Abrufsituation zu beachtlichen Lernfortschritten führen, gerade in der Kita oder Grundschule (Köster et al. 2017). Andererseits kann ein expliziter Hinweis auf das Testformat die spätere Leistung deutlich steigern, wenn die Aufmerksamkeit dadurch auf relevante Details gerichtet werden kann (Haese & Czernochowski 2015, 2016). Dabei ist es entscheidend, kurzfristige Effekte eines einmaligen Modellprojekts von nachhaltig anhaltenden Effekten zu unterscheiden, und auf Praktikabilität in Unterrichtssituationen bzw. im Selbststudium zu achten.

Schritt 3: Formative Evaluation und Werkzeuge für Lehrende

Auch wenn noch nicht alle grundlagenwissenschaftlichen Fragen abschließend geklärt sind, können Lehrende neue Techniken bereits einsetzen und weitere Anregungen liefern, wie diese weiter optimiert werden können. Lehrenden kommt eine neue Rolle als Lernbegleiter oder Moderatorinnen und Moderatoren von Gruppenprozessen zu. Das macht es allerdings noch schwieriger, den individuellen Lernfortschritt einzelner Personen in einer Gruppe zu identifizieren bzw. gezielt zu fördern. Lehrende müssen in die Lage versetzt werden, je nach Lernsituation angemessene Werkzeuge auszuwählen bzw. den Lernenden verschiedene mögliche Wege zum Lernziel anzubieten.

Schritt 4: Wenn nötig, den Lernprozess selbst zum Lernthema machen

Wie lehrt oder lernt man Lernen? Grundlegende biologische Lernprinzipien (z.B. die Verknüpfung von Nervenzellen über Synapsen) können insbesondere, aber nicht ausschließlich bei Lernschwierigkeiten als Ausgangspunkt dafür dienen, metakognitive Überzeugungen zu identifizieren und konkrete Lernpraktiken zu modifizieren. Lernende können schrittweise lernen zu reflektieren, was effektives Lernen für sie persönlich bedeutet, und ihren eigenen Lernfortschritt kritisch zu hinterfragen. Nicht zuletzt birgt ein lernorientierter Umgang mit Fehlern eine Möglichkeit, Lernenergie gezielt dorthin zu kanalisieren, wo sie nötig ist, anstatt Frustration und Resignation Vorschub zu leisten. Dazu sollte Feedback sehr gezielt eingesetzt werden. Maßgeschneiderte digitale Lernmedien können dabei helfen, die Lernmaterialien adaptiv auf den aktuellen Lernbedarf auszurichten und individuelles Feedback punktgenau einzusetzen, um Aufmerksamkeitsressourcen auf den individuellen Lernbedarf auszurichten.

Literatur

Brod, G., Werkle-Bergner, M. & Shing, Y. L. (2013): The influence of prior knowledge on memory: A developmental cognitive neuroscience perspective. In: *Frontiers in Behavioral Neuroscience* 7, 139.

Czernochowski, D., Gamboa, J. & Allen, S. E. M. (2019): What can the eyes and the brain tell us about learning? The role of information density in the comprehension and retrieval of complex concepts. In: Zlatkin-Troitschanskaia, O. (Ed.): *Frontiers and Advances in Positive Learning in the Age of Information (PLATO)*. Wiesbaden: Springer Verlag, 143–152.

Czernochowski, D., Mecklinger, A. & Johansson, M. (2009): Age-related changes in the control of episodic retrieval: an ERP study of recognition memory in children and adults. In: *Dev Sci* 12(6), 1026–1040.

Czernochowski, D., Mecklinger, A., Johansson, M. & Brinkmann, M. (2005): Age-related differences in familiarity and recollection: ERP evidence from a recognition memory study in children and young adults. In: *Cognitive Affective & Behavioral Neuroscience 5*(4), 417–433.

Ferdinand, N. K. & Czernochowski, D. (2018): Motivational Influences on Performance Monitoring and Cognitive Control Across the Adult Lifespan. In: *Front Psychol 9*, 1–18.

Haese, A. & Czernochowski, D. (2015): Sometimes we have to intentionally focus on the details: Incidental encoding and perceptual change decrease recognition memory performance and the ERP correlate of recollection. In: *Brain and Cognition 96*, 1–11.

Haese, A. & Czernochowski, D. (2016): Task characteristics are critical for the use of familiarity: An ERP study on episodic memory development in middle childhood. In: *Cognitive Development 40*, 82–100.

Herff, S. A. & Czernochowski, D. (2019): The role of divided attention and expertise in melody recognition. In: *Musicae Scientiae 23*(1), 69–86.

Köster, M., Haese, A. & Czernochowski, D. (2017): Neuronal oscillations reveal the processes underlying intentional compared to incidental learning in children and young adults. In: *Plos One 12*(8), e0182540.

Ludowicy, P., Czernochowski, D., Weis, T., Haese, A. & Lachmann, T. (2019): Neural correlates of feedback processing during a sensory uncertain speech – nonspeech discrimination task. In: *Biological Psychology 144*, 103–114.

Ludowicy, P., Paz-Alonso, P.M., Lachmann, T. & Czernochowski, D. (2019): *Timing matters: immediate performance feedback enhances test-potentiated encoding* (submitted)

Mangels, J. A., Butterfield, B., Lamb, J., Good, C. & Dweck, C. S. (2006): Why do beliefs about intelligence influence learning success? A social cognitive neuroscience model. In: *Soc Cogn Affect Neurosci 1*(2), 7586.

Mangels, J. A., Good, C., Whiteman, R. C., Maniscalco, B. & Dweck, C. S. (2012): Emotion blocks the path to learning under stereotype threat. In: *Soc Cogn Affect Neurosci 7*(2), 230–241.

Mangels, J. A., Manzi, A. & Summerfield, C. (2009): The first does the work, but the third time's the charm: the effects of massed repetition on episodic encoding of multimodal face-name associations. In: *J Cogn Neurosci 22*(3), 457–473.

Shing, Y. L., Werkle-Bergner, M., Li, S. C. & Lindenberger, U. (2008): Associative and strategic components of episodic memory: a life-span dissociation. In: *Journal of Experimental Psychology: General 137*(3), 495–513.

Peters, S., & Crone, E. A. (2017): Increased striatal activity in adolescence benefits learning. In: *Nature Communications 8*(1), 1983.

Prof. Dr. Sonja A. Kotz

Sonja A. Kotz ist eine kognitive Neurowissenschaftlerin, deren empirische Untersuchungen sich mit dem Erlernen, Verarbeiten, und Integrieren verbaler und non-verbaler Information der sozialen Kommunikation auseinandersetzen. Sie leitet als Professorin die Abteilung für Neuropsychologie und translationale kognitive Neurowissenschaften an der Universität Maastricht in den Niederlanden und bekleidet eine *Research Associate Position* am Max-Planck-Institut für Kognitions- und Neurowissenschaften in Leipzig. Sie hat zudem drei Honorarprofessuren inne (Universität Leipzig, Universität Manchester (UK), Universität Glasgow (UK)), ist Präsidentin der Europäischen Gesellschaft für Kognitions- und Affektforschung (ESCAN), Editorin mehrerer einschlägiger Fachzeitschriften und arbeitet in leitenden Positionen für die Europäische Forschungsgemeinschaft (ERC).

Kontakt: sonja.kotz@maastrichtuniversity.nl

Sonja A. Kotz

Ist Rhythmus der Motor für erfolgreichen Zweitspracherwerb? Untersuchungen zum Sprachverständnis und zu sensomotorischen Voraussetzungen des Zweitspracherwerbs

Funktionelle Parallelität von Grammatik und Metrum

Ich würde zu Beginn mit folgender Arbeitshypothese arbeiten wollen: Sowohl die Grammatik, als auch das Metrum, also der phonologisch kodierte Fuß der Sprache, strukturieren den Sprachfluss.[1] Die Syntax, einerseits, tut dies formell, indem sie uns Informationen über die Regeln der Sprache gibt. Das Metrum, auf der anderen Seite, sagt zeitliche Merkmale vorher, und richtet unsere Aufmerksamkeit auf relevante Informationen im Sprachfluss aus.

Prinzipiell ergibt sich daraus die potenzielle Frage: „Wann werden im Sprachfluss Informationen gegeben und welche?" Diese beiden Merkmale müssen wir zusammenbringen und empirisch untersuchen.

Methodische Ansätze in der empirischen Sprachverarbeitung

Ein klassischer Ansatz in der Sprachforschung ist, an Fehlern zu arbeiten. Das heißt, wir gehen davon aus, dass der Mensch die Sprache erlernt hat, sie in ihrer semantischen und grammatischen Differenziertheit erkannt hat und das bedeutet wiederum, wir können Erwartungen generieren, wie ein Satz aufgebaut ist und mit jedem weiteren Wort, was der Inhalt des Satzes sein wird. Wir sind also aktive Vorhersager. Wenn ich diese Vorhersage störe, indem ich einen Fehler induziere, kann ich nicht nur das Fehlerverhalten überprüfen, sondern gleichzeitig überprüfen, wie bestimmte Sprachprozesse verarbeitet werden, und das ist genau das, was wir in vielen EKP-Studien[2] untersucht haben. Nun schauen wir uns in dieser Reaktionskette heute eine späte EKP-Komponente an, die sich *P600* nennt. Bei der Fehlerdetektion in der Sprache wird hier häufig von einem Integrationsproblem oder einer

---

[1] Der hier abgedruckte Beitrag basiert auf dem Transkript eines Videomitschnitts des Vortrags. Das Rohtranskript wurde von Paola Efstratiou, einer studentischen Mitarbeiterin am Arbeitsbereich von Michaela Sambanis, erstellt.

[2] Ereigniskorrelierte oder ereignisbezogene Potenziale.

Fehlerkorrektur gesprochen. In der Sprachverarbeitung wurde lange diskutiert, ob diese Komponente eine Reaktion auf eine spezifisch syntaktische
oder eher eine allgemeinere Erwartungsverletzung reflektiert. Wenn ich
einen spezifischen, also einen syntaktischen Fehler wahrnehme, der bereits
bei 100 Millisekunden detektiert wird, kann ich dann eine Wendung machen, mit dem richtigen Modell im Kopf diesen Fehler adressieren, und wird
das dann in meinem ereigniskorrelierten Potenzial, der P600 sichtbar? Das
heißt, ich müsste eine unterschiedliche Reaktion auf bestimmte Elemente im
Satz finden.

Das wiederum bedeutet: Im Vergleich messen wir korrekte und inkor-
rekte Satzinformationen um herauszufinden, inwiefern wir auf eine Erwartungsverletzung reagieren.

Empirische elektrophysiologische Untersuchungen zur Grammatik und dem Metrum

Ich gebe Ihnen ein konkretes Beispiel von einem Paradigma, mit dem wir
gearbeitet haben. In diesem Paradigma haben wir in gesprochenen Sätzen
systematisch das Metrum manipuliert. Wenn man den Satz *Tina hätte
Norbert gestern Abend duzen können* betrachtet, dann stellen Sie fest, dass der
Satz nur aus zweisilbigen Worten besteht. Das passiert normalerweise nicht
in der Alltagssprache und hier sind wir wieder bei einem Beispiel, mit dem
wir empirisch versuchen herauszufinden, ob wir bestimmte Gehirnreaktio-
nen auf das Metrum detektieren können, bevor wir näher an die Alltagssprache herangehen. Das bedeutet also, wir setzen in diesem Satzkontext
das Metrum auf *vorhersagbar*, weil wir eigentlich kontinuierlich *betont-
unbetont-betont-unbetont* im Satz etablieren wollen.

Zudem haben wir mit zwei Aufgabenstellungen gearbeitet. Einmal wird
die Probandin oder der Proband gefragt: „Entdeckst du einen Fehler im
Satz? Ja oder Nein?" Das muss ein grammatischer Fehler sein. In der Me-
trumaufgabe wird gefragt: „War der Satz irgendwo rhythmisch abwei-
chend? Ja oder Nein?" Das heißt, es ist immer eine bipolare Fragestellung,
bei der einmal die Aufmerksamkeit auf die Syntax und einmal auf das Metrum gelenkt wird.

Der natürlich ausgesprochene, korrekte Satz klingt nicht wie ein Metro-
nom. Wir können einen Satz verändern, sodass er syntaktisch inkorrekt
wird, z.B. indem wir *duzen* mit *duzte* ersetzen. Wir haben somit einen me-
trisch inkorrekten Satz, bei dem die Erstbetonung auf die Zweitbetonung
verschoben wird, und wir haben eine Überkreuzung der syntaktischen und
der metrischen Erwartungsverletzung, um deren Interaktion zu testen. Was
passiert dann, wenn wir uns das ereigniskorrelierte Potenzial genauer anschauen?

Kommt es zu ähnlichen Verletzungseffekten, dann gäbe es hier eine funktionelle Parität, die durchaus spannend ist fürs Erlernen und Verarbeiten der Sprache. Syntaktische und metrische Satzverarbeitung folgen potenziell ähnlichen Strukturprinzipien. Wenn die Vorhersagen auf Basis dieser Strukturprinzipien nicht erfüllt werden, sollten wir in beiden Fällen eine *P600* und in der Doppelverletzung potenziell einen additiven *P600* Effekt sehen. Was die neuronalen Netzwerke betrifft, die dem Ganzen unterliegen, würde ich erwarten, dass wir nicht nur das Sprachnetzwerk in dem frontalen und temporalen Kortex aktivieren, sondern auch subkortikale Areale, wie die Basalganglien und das Cerebellum, weil wir das Metrum manipulieren und Fehler initiieren.

Empirische enzephalographische Untersuchungen zur Grammatik und dem Metrum

Was passiert auf der Gehirnebene? Anfangs waren die Forschungsergebnisse schockierend, weil bei unseren Probandinnen und Probanden in der Syntaxaufgabe nahezu keine Gehirnaktivierung auf unerwartete syntakische und metrische Fehler sichtbar wurde. Nur im Temporalkortex tat sich etwas. Wir nehmen an, dass die zeitliche Vorhersage durch die metrische Struktur des Satzes so stark war, dass die Syntaxverarbeitung extrem erleichtert wurde. Das wiederum bedeutet, wir sehen hier einen Erleichterungseffekt durch den metrischen Kontext. Wenn wir allerdings jetzt die Aufmerksamkeit auf das Metrum lenken, dann sieht man eine stark erhöhte Aktivität auf alle unerwarteten Fehler.

Es reagieren, wie vorhergesagt, nicht nur die Sprachareale, sondern auch sensomotorische Areale wie die Basalganglien und das Cerebellum. Diese sensomotorischen Lernareale des Gehirns reagieren ganz massiv auf die metrische und syntaktische Erwartungsverletzung. Es gibt hier ein Problem, das muss man sich auch als Wissenschaftlerin oder Wissenschaftler immer wieder eingestehen muss. Normalerweise wird nicht danach gefragt, ob ein Satz rhythmisch kohärent ist oder nicht. Hier ist also deshalb so viel im Gange, weil wir eine Aufgabe stellen, die normalerweise im Alltag nicht gestellt wird. Wir haben verschiedene Aufgabenvarianten ausprobiert, aber selbst, wenn wir die Aufgabenstellung ändern, bleiben diese komplexen Systeme sichtbar.

Kausale Evidenz zur Grammatik- und Metrumverarbeitung: Patientenstudien

Es ist wichtig, dass man den Gegenbeweis liefert, und in diesem Zusammenhang arbeiten wir oft mit Patientinnen und Patienten, die nach einem

Schlaganfall Läsionen in sensomotorischen Arealen erlitten haben. Insbesondere die Basalganglien sind deshalb so interessant, weil Patientinnen und Patienten, die langwierige Aphasien haben, häufig eine kortiko-subkortikale Läsion haben. Agrammatismus wird nicht nur durch eine isolierte Läsion im Broca Areal ausgelöst. Das heißt, wenn ich langwierig Probleme habe, Sprache zu produzieren, müssen die Basalganglien involviert sein, sonst gibt es diese persistierenden Aphasien nicht. Wir arbeiten hier allerdings mit Patientinnen und Patienten, die sehr fokale Läsionen in den Basalganglien haben. Wir wollten schlicht und ergreifend wissen, wie diese Patientinnen und Patienten auf das Metrum reagieren. Das ist ein kausaler Datensatz, der uns hilft zu verstehen, warum dieses Areal in der Sprachverarbeitung so wichtig ist. Zuerst wurde die selektive Aufmerksamkeit überprüft. Das machen wir immer, weil wir sicherstellen wollen, dass die Patientinnen und Patienten überhaupt verstehen, was wir von Ihnen erwarten, wenn wir sie instruieren.

Und was wir hier feststellen, sind zwei Dinge: Die Patientinnen und Patienten erkennen das Metrum nicht. Sie detektieren den *Shift* von Erst- zu Zweitbetonung nicht. Vergleichbare Ergebnisse liegen aus der Musikforschung vor: Wenn es darum geht, den Schlag in der Musik wahrzunehmen, also da wo der Akzent sitzt, zeigen die Patientinnen und Patienten, in diesem Falle neurodegenerativen Parkinson-Patientinnen und -Patienten, das gleiche Muster. Wir können das jetzt auch in der Sprache zeigen und zwar nicht nur an Patientinnen und Patienten mit Läsionen, sondern in der Zwischenzeit auch bei Patientinnen und Patienten, die an Parkinson leiden. Wir sehen, dass sie vom metrischen Kontext *per se* trotzdem profitieren und deshalb die Syntaxverarbeitung umsetzen können. Es ist ein Kompensationsprozess im Gange. Wenn wir nun auf den Zweitspracherwerb schauen, dann muss man sich folgende Frage stellen: Sehen wir Parallelen ja oder nein?

Werden Grammatik und Metrum in L2 anders verarbeitet, wenn L1 nicht dieselben linguistischen Merkmale beinhaltet?

Es geht nun um die Betonungssysteme in den einzelnen Sprachen. Wir vergleichen unter anderem das Deutsche mit dem Spanischen und dem Englischen. Aber ich werde jetzt erst einmal mit einem anderen Ansatz im Französischen anfangen. Ich beziehe mich auf späte Zweitsprachensprecherinnen und -sprecher, d.h. im Normalfall fangen sie mit 12 bis 13 Jahren an, Deutsch zu lernen. In unserem Fall waren es Erasmus-Studierende, die nach Leipzig gekommen waren, um ihre Sprachproduktion zu verbessern.

Was wichtig ist zu verstehen: Warum ist diese basale Ebene der Phonologie so entscheidend, auch für den Erwerb der Syntax? Wir haben im Deutschen und auch im Englischen die kontrastive Betonung: Wenn ich beispielsweise *umfahren* sage, meine ich etwas anderes als, wenn ich <u>*umfahren*</u> sage oder, ein anderer *Shift* wäre im Englischen der von Verb zu Nomen, z.B. bei *to* report versus <u>*the*</u> report. Es gibt einen *Shift* innerhalb solcher Betonungsmuster, der dann nicht nur dazu führt, dass das Wort eine andere Bedeutung haben kann, sondern dass es auch syntaktisch anders verarbeitet wird, wie im Falle von *report* als Verb und im Vergleich dazu *report* als Substantiv. Es gibt ebenfalls die lexikalische Betonung, die wir bereits besprochen haben. Das Französische betrachtend, sieht man, dass es keine kontrastive und auch keine lexikalische Betonung gibt. Was im Französischen in der Verarbeitung wichtig ist, ist die finale Silbenbetonung, die sich aber eher als Auslautung abzeichnet. Es gibt im Grunde genommen also keine ordentlichen Betonungsmuster. Forschungen stellen dar, dass der Franzose betonungstaub ist, und diese Betonungstaubheit bereits bei Kleinkindern im Alter von neun Monaten registriert werden kann. Die Annahme ist, dass zweisprachige Kinder keine Wortbetonung erlernen können, weil die Sprache, die sich etabliert hat, diese Muster nicht innehat.

Wenn eine Sprache wie zum Beispiel die deutsche Sprache, die Betonungsmuster innehat, diese Betonung signalisiert, und wir eine Betonungserwartung brechen, wird diese von L1 Sprechern des Deutschen als Fehler wahrgenommen von L2 Sprechenden des Deutschen, zum Beispiel Franzosen, eher nicht. Und die Frage ist, wenn die L2 Sprechenden des Deutschen mit dem Metrum Schwierigkeiten haben, hat das auch Konsequenzen für die Syntaxverarbeitung? Die Verhaltensergebnisse, also die Ergebnisse, die anzeigen, wie oft sie die Entscheidung für das Metrum, die Syntax und die respektive Verletzung richtig erkannt haben, ergeben, dass sie insgesamt befriedigend abschneiden.

Wenn man nun die elektrophysiologischen Ergebnisse betrachtet, und dorthin schaut, wo es um das Metrum geht, wird kein metrischer Effekt sichtbar. Darüber hinaus waren die Verhaltensergebnisse in der Aufgabe zum Metrum unklar. Deshalb macht es Sinn sich individuelle Daten anschauen. Aus empirisch sachlicher Sichtweise haben wir uns die Produktionsdaten der Probandinnen und Probanden zur Hand genommen und geschaut, wer im Deutschen eine Betonung produzieren kann und wer nicht. Wir haben versucht, die Daten sachlich zu sortieren, und auf Basis dieses Kriteriums wurde dann geschaut, ob sich dieses Produktionsverhalten auch auf die Wahrnehmung auswirkt. Da zeigte sich etwas ganz Spannendes, nämlich, dass diejenigen, die das Metrum nicht betonen konnten auch in der syntaktischen Einzelbedingung bei der Sprachverarbeitung nicht sonderlich gut waren. Wenn es aber wieder zur Kombination kam, verbesserten sich die Ergebnisse. Diejenigen, die die Betonung in der Sprachproduktion sehr gut umsetzen konnten, sind eigentlich diejenigen, die initial dieses Muster auch verhaltenstechnisch betrieben haben. Dies findet sich auch in den elektrophysiologischen Korrelaten wieder. Diejenigen, die im Grunde genommen eine schlechte Produktion und eine schlechte Performanz hatten, zeigten keine Fehlerreaktion auf das Metrum.

Diejenigen, die das können, integrieren offensichtlich diese Information in ihre Sprachverarbeitung und verhalten sich völlig äquivalent zu muttersprachigen Sprecherinnen und Sprechern des Deutschen. Auf die Frage: „Was habt ihr denn in eurem Sprachunterricht gemacht, wie habt ihr gelernt?" kam die Antwort, dass fast alle in der Gruppe der guten Performanz mit einer Sprachlehrerin gearbeitet haben, die ihnen den Rhythmus *eingetrommelt* hat. Sie hat auf den Tisch geklopft und den Lernenden aufgetragen, dies ebenfalls zu tun. Sie haben sich also sensomotorisch selbst stimuliert. Das ist ein Phänomen, das wir aus der Aphasieforschung sehr gut kennen, nämlich als eine Therapieform, die sich *Melodic Intonation Therapy* nennt. Es geht nicht um das Singen, sondern vielmehr darum, wie Therapierende Patientinnen und Patienten sensomotorisch stimulieren können um zu sprechen. Aufgrund dieser Ergebnisse untersuchen wir derzeit mit Kolleginnen und Kollegen in Kanada sensomotorisches Verhalten im Spracherwerb und schauen uns zu unterschiedlichen Zeitpunkten frühen Bilingualismus versus späten Spracherwerb des Französischen bei englischsprechenden Kanadierinnen und Kanadiern an.

Kann rhythmisches Priming die Satzverarbeitung verbessern?

Wenn die Sensomotorik und das sensomotorische Koppeln tatsächlich so wichtig sind, könnten wir mit rhythmischem *Priming* arbeiten? Wir haben hier wieder mit ParkinsonpatientInnen gearbeitet, die häufig mit der Syntaxverarbeitung Schwierigkeiten haben, um herauszufinden, ob rhythmischer Stimulation helfen könnte. Im Konkreten sollte das rhythmische *Priming* es ermöglichen die Satzsegmentation so zu bewerkstelligen, dass die betroffenen Patientinnen und Patienten syntaktische Markierung im gesprochenen Satz unmittelbar wahrnehmen. Wenn wir die Patientinnen und Patienten mit einem Marschrhythmus stimulieren, kommt die *P600*, die Erwartungsfehler bei der Syntaxverarbeitung anzeigt, zurück. Wenn wir aber mit einem Walzerrhythmus arbeiten, funktioniert es nicht. Das bedeutet, dass der stupide Rhythmus *Jetzt – Jetzt – Jetzt* am besten funktioniert.

In einem weiteren Versuch lassen wir die Patientinnen und Patienten herumlaufen, Musik hören, und schauen uns dann den Transfereffekt an. Hier funktioniert die auditiv-rhythmische Stimulation ebenfalls. Die Regelmäßigkeit im auditiven Signal spielt offenbar eine entscheidende Rolle, da sie klarmacht, wo wichtige Information ist. Wenn wir mit diesem Konzept arbeiten, es also eine variable zeitliche Adjustierung gibt, wenn wir gesprochener Sprache folgen, dann scheint es tatsächlich zu massiven Erleichterungseffekten bei der Satzverarbeitung zu kommen, die nicht nur die normale Sprachverarbeitung, sondern eben auch den Spracherwerb oder das Wiedererlernen von Sprache maßgeblich mitfördern. Was ich heute zu zeigen versucht habe, ist, dass die Voraussetzungen für formale und rhythmische Vorhersagen im Sprachgebrauch durch die funktionelle Kopplung dieser Strukturprinzipien zustande kommt und dass diese wirklich essenziell wichtig sind. Es sollte klar geworden sein, dass wir neben dem Sprachnetzwerk auch sensomotorische und zeitverarbeitende Areale involvieren, die durchaus auch auf Fehler reagieren und das Lernen und Adaptieren fördern. Dies geht Hand in Hand mit individuellen Verarbeitungskapazitäten, wie wir das anhand der Patientinnen und Patienten und den L2-Sprechenden gesehen haben.

Ein Ausblick

Wie kann das letztendlich weiterhin im Transfer aussehen? Es gibt jetzt viele Aspekte in der Grundlagenforschung, wo wir differenzierter über Parallelen in der sprachlichen und musikalischen Struktur nachdenken müssen. Es gibt natürlich auch Kolleginnen und Kollegen im Musikbereich, die das bereits untersuchen. Wir arbeiten schon seit über zehn Jahren daran und müssen jetzt dezidierter verstehen, welche Rolle die Zeit, der Rhythmus und die Synchronisation für den Einzelnen spielen und wie das in der Praxis, also in der Sprachtherapie oder dem Spracherwerb, umsetzbar ist. Aspekte, wie multisensorische Sprache, also nicht nur das, *was* wir sagen, sondern *wie* wir es sagen, mit allen Kanälen, die uns zur Verfügung stehen, sind zeitlich eng gekoppelt und können dadurch genutzt werden, um Rhythmus anders zu interpretieren. In letzter Instanz geht es natürlich auch um das soziale Lernen. Wie gut können wir uns mit anderen synchronisieren? Hat das Auswirkungen, wenn ich mit anderen lerne, wenn ich mich zeitlich mit ihnen koordiniere? Lerne ich besser? Ich habe hoffentlich zeigen können, wie das im Falle von klinischer Evidenz sichtbar wird. Im Moment arbeiten wir auch mit Kolleginnen und Kollegen daran, die Sprachentwicklungsstörungen sowie Aufmerksamkeitsstörungen zu untersuchen, wobei die Überlegung Folgende ist: Wenn zeitliche Taktung wieder besser funktioniert, verbessert sich auch das Sprachleseverhalten? Natürlich ist es wichtig, diese Ansätze auch in anderen Kontexten zu sehen, beispielsweise in der Didaktik an Schulen und Hochschulen.

Literatur

Kotz, S.A. & Gunter, T.C. (2015). Rhythmic cueing remediates language-related disorders in Parkinson's disease. In: *Annals of the New York Academy of Science, 1337,* 62–68.

Kotz, S.A. & Schmidt-Kassow, M. (2015). Basal ganglia contribution to rule expectancy and temporal predictability in speech. In: *Cortex, 68,* 48–60.

Roncaglia-Denissen, M.P., Schmidt-Kassow, M., Heine, A., & Kotz, S.A. (2015). On the impact of L2 speech rhythm in syntactic ambiguity resolution. In: *Second Language Research, 31,* 157–178.

Roncaglia-Denissen, Schmidt-Kassow, M., & Kotz, S.A. (2013). Speech rhythm facilitates syntactic ambiguity resolution: ERP evidence. In: *PLoS ONE,* 8(2): e56000.

Schmidt-Kassow, M., Rothermich, M., Schwartze, M., & Kotz, S.A. (2011). Did you get the beat? Late French-German bilinguals extract strong-weak patterns in tonal but not in linguistic sequences. In: *NeuroImage, 54(1),* 568–576.

Schmidt-Kassow, M., Kulka, A., Gunter, T.C., Rothermich, K., & Kotz, S.A. (2010). Exercising during learning improves vocabulary acquisition: Behavioral and ERP evidence. In: *Neuroscience Letters, 482(1),* 40–44.

Kotz, S.A., Schwartze, M. & Schmidt-Kassow, M. (2009). Non-motor basal ganglia functions: A review and proposal for a neurofunctional model of sensory predictability in auditory language perception. In: *Cortex, 45(8),* 982–990.

Prof. Dr. Marco Steinhauser

Marco Steinhauser ist seit 2012 Inhaber des Lehrstuhls für Allgemeine Psychologie an der Katholischen Universität Eichstätt-Ingolstadt. Er war wissenschaftlicher Mitarbeiter am Fachbereich Psychologie seiner *Alma mater*, der Universität Konstanz, und habilitierte sich dort mit dem Thema *Die Rolle von Fehlern und Konflikten in der Kognitiven Kontrolle*. Er war als Gastwissenschaftler am *Department of Experimental Psychology* an der *University of Oxford* (UK) sowie am *Department of Biological and Medical Psychology* an der Universität Bergen (Norwegen) tätig.

Seine Arbeitsschwerpunkte bilden neben der intensiven Fokussierung des Fehlers das Arbeitsgedächtnis, die kognitive Kontrolle sowie automatisiertes und vernetztes Fahren.

Kontakt: marco.steinhauser@ku.de

Marco Steinhauser

Wie unser Gehirn Fehler verarbeitet: Implikationen für den Umgang mit Fehlern in der Schule

1   Einführung

Fehler sind im menschlichen Alltag allgegenwärtig. Ständig versprechen wir uns, greifen daneben und begehen einfache Denkfehler. Während die Konsequenzen der meisten alltäglichen Fehlhandlungen vernachlässigbar sind, können Fehler am Arbeitsplatz zu katastrophalen Unfällen und finanziellen Verlusten führen. Man denke hierbei an Ingenieure im Leitstand eines Atomkraftwerks, an Transaktionen von Börsenhändlern an ihren Computerarbeitsplätzen oder an Piloten in vollbesetzten Verkehrsflugzeugen. Es ist deshalb seit langer Zeit ein wichtiges Ziel der kognitiven Neurowissenschaften, die Mechanismen des menschlichen Gehirns zu verstehen, die für die Entdeckung von Fehlern sowie das Lernen aus diesen verantwortlich sind. In diesem Beitrag möchte ich hierzu Forschungsarbeiten aus den letzten Jahren darstellen und sie in Bezug zu Fragen des schulischen Lernens setzen.

Grundlagenforschung zur menschlichen Fehlerverarbeitung betrachtet in der Regel solche Fehler, die im englischen als *Action Slips* bezeichnet werden. Bei diesen Fehlern aktiviert ein externer Reiz eine Handlungstendenz, die der ursprünglichen Intention oder dem beabsichtigten Ergebnis einer Handlung widerspricht. Soll im Englischunterricht zum Beispiel ein Lernender das Verb *to become* übersetzen, so kann eine starke Assoziation zu der falschen Übersetzung *bekommen* führen. Solche Fehler werden häufig schnell wahrgenommen und ebenso schnell korrigiert (hier durch die richtige Übersetzung *werden*).

Die Psychologie und die Pädagogik haben zwei theoretische Ansätze entwickelt, die unterschiedliche Empfehlungen geben, wie mit solchen Fehlern umgegangen werden soll. Der *Errorless Learning*-Ansatz (Baddeley & Wilson 1994) nimmt an, dass Fehler zur weiteren Verfestigung des fehlerhaften Verhaltens führen können. Im Lernprozess sollen solche Fehler deshalb grundsätzlich vermieden werden. Dieser Ansatz wird vor allem in der neuropsychologischen Behandlung von Patientinnen und Patienten mit erworbener Hirnschädigung sowie bei Kindern mit Lern- und Entwicklungsstörungen eingesetzt. Im Gegensatz dazu nimmt die pädagogische *Theorie des*

negativen Wissens (Oser & Spychiger 2005) an, dass Fehler zum Erwerb sogenannten negativen Wissens führen, welches dazu dient, zukünftige Fehler
zu vermeiden (z.b. „*to become* heißt nicht bekommen"). Fehler sind demnach
eine Quelle weiteren Lernens, und sollen dezidiert im Lernprozess zugelassen werden. Dieser theoretische Ansatz wird vor allem im Kontext schulischen Lernens bei gesunden Schülern eingesetzt.

In beiden Ansätzen wird anerkannt, dass die Entdeckung von Fehlern
durch den Handelnden entscheidend ist für die Frage, ob wir einen Fehler
lernen oder ob wir aus einem Fehler lernen. Es ist nicht überraschend, das
Errorless Learning vor allem bei solchen Patientinnen und Patienten eingesetzt wird, bei denen die Wahrnehmung und Korrektur von Fehlern eingeschränkt ist. Es stellt sich deshalb die Frage, wie ein *optimaler Mechanismus
der Fehlerverarbeitung* aussieht, der die Voraussetzung für Lernen aus Fehlern
schafft. Vier Anforderungen an solch eine optimale Fehlerverarbeitung können postuliert werden:

1. Sie sollte Fehler schnell und zuverlässig entdecken, da deren Nichtentde-
   ckung zu Fehlerlernen führt.
2. Sie sollte Fehlerursachen identifizieren, da dies die Voraussetzung dafür ist,
   dass zukünftige Fehler vermieden werden.
3. Sie sollte schnelle Anpassungen einleiten, um unmittelbare Wiederholungs-
   fehler zu vermeiden.
4. Sie sollte dabei noch robust gegen Belastung und Ablenkung sein.

Im Folgenden werde ich darstellen, dass unser Gehirn über ein Fehlerverar-
beitungssystem verfügt, das genau diese Anforderungen erfüllt. Die vorliegende Arbeit soll hierbei keinen vollständigen Überblick über die Literatur
liefern (siehe hierzu z.b. Ullsperger, Danielmeier & Jocham 2014). Vielmehr
möchte ich anhand ausgewählter Studien einige für die Praxis nutzbare
Erkenntnisse illustrieren.

2   Fehlerverarbeitung im menschlichen Gehirn

Die Mechanismen der menschlichen Fehlerverarbeitung werden in der kognitiven Neurowissenschaft mittels Laborexperimenten untersucht. In solchen Experimenten müssen Versuchspersonen einfache *Zielreize* klassifizieren während *Störreize* ignoriert werden müssen. Ein Beispiel ist die *Stroop*-
Aufgabe (MacLeod 1991). Hierbei werden Farbwörter dargestellt, deren
Schriftfarbe (Zielreiz) mit der Bedeutung (Störreiz) kompatibel oder inkom-
patibel ist (siehe Abb. 1A). Die Versuchspersonen müssen die Schriftfarbe
benennen oder mittels eines Tastendruckes klassifizieren. Bei inkompatiblen
Wörtern (z.b. das Wort ROT in grüner Farbe) sind nicht nur die Reaktions-

zeiten erhöht, es treten auch häufig Fehler auf, deren neuronale Verarbeitung dann untersucht werden kann.

Es gibt verschiedene Methoden, um die neuronalen Mechanismen der Fehlerverarbeitung in solchen Experimenten sichtbar zu machen. Mittels funktioneller Kernspintomographie (fMRT) können die neuronalen Strukturen identifiziert werden, in denen das Gehirn Fehler verarbeitet (z.B. Ullsperger 2001). Mittels elektrophysiologischer Methoden hingegen kann die zeitliche Dynamik dieser Prozesse spezifiziert werden. Da zeitliche Aspekte bei der Fehlerverarbeitung eine herausragende Rolle spielen, ist die Elektroenzephalographie (EEG) seit vielen Jahren die am häufigsten verwendete Methode. Abbildung 1B zeigt ein charakteristisches Ergebnis einer solchen Studie. Dargestellt ist die gemittelte Veränderung der Aktivität über dem posterioren Frontalhirn für korrekte und fehlerhafte Antworten. Deutlich sichtbar ist eine starke Negativierung bei Fehlern innerhalb der ersten 100 ms nach der Antwort. Diese *Fehlernegativierung* (auch *Error Negativity*, Ne; Falkenstein, Hohnsbein, Hoormann & Blanke 1990; oder *Error-related Negativity*, ERN; Gehring, Goss, Coles, Meyer & Donchin 1993) spiegelt eine schnelle Reaktion des Gehirns auf Fehler wider und wurde u.a. als Konfliktsignal oder Lernsignal interpretiert. Zwischen 200 und 400 ms nach der Antwort findet man außerdem eine Positivierung nach Fehlern relativ zu korrekten Antworten, welche als *Fehlerpositivierung* (auch *Error Positivity*, Pe; Falkenstein et al. 1990) bezeichnet wird. Während die Fehlernegativierung auch bei nicht bewusst wahrgenommenen Fehlern beobachtet werden kann, zeigt die Fehlerpositivierung die Bewusstwerdung eines Fehlers an (Steinhauser & Yeung 2010).

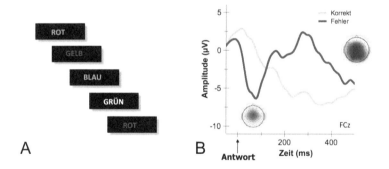

Abb. 1: A: Kompatible und inkompatible Reize einer *Stroop*-Aufgabe. B: Aktivitätsänderungen nach korrekten und fehlerhaften Antworten im EEG an der Elektrodenposition FCz. Topographische Karten zeigen die räumliche Verteilung der Aktivität bei Fehlern relativ zu korrekten Antworten im Zeitbereich der Fehlernegativierung (links) und der Fehlerpositivierung (rechts). Die Darstellung basiert auf Daten aus M. Steinhauser und Kiesel (2011).

Die Fehlerforschung hat sich in den vergangenen Jahren vor allem mit dem Mechanismus der vorbewussten Fehlerverarbeitung beschäftigt, welche der Fehlernegativierung zugrundeliegt. Obwohl die Lokalisierung von neuronaler Aktivität im EEG schwierig ist, wird der dorsale Teil des anterioren cingulären Cortex (ACC) im medialen Frontalhirn als Hauptquelle der Fehlernegativierung angenommen (z.b. Yeung, Botvinick & Cohen 2004). Dies bestätigt sich in Studien, in denen Aktivität direkt mittels implantierter Elektroden in dieser Struktur gemessen wurde (Fu et al. 2019). Im Folgenden möchte ich zeigen, dass bereits diese vorbewusste Fehlerverarbeitung alle Eigenschaften des oben skizzierten optimalen Fehlerverarbeitungssystems erbringt.

2.1   Schnelle Detektion von Fehlern

Eine zentrale Frage der neurowissenschaftlichen Fehlerforschung ist die nach dem Mechanismus, der eine schnelle Detektion von Fehlern innerhalb von 100 ms nach der fehlerhaften Antwort erlaubt. Eine einflussreiche Theorie ist dabei die Konfliktüberwachungstheorie (Yeung et al. 2004), die anhand von Simulationsmodellen diese Fähigkeit erklären konnte. Die Theorie nimmt an, dass der ACC der Überwachung von motorischen Handlungskonflikten dient. Tritt ein Fehler auf, wird unmittelbar danach die korrekte Antwort aktiviert. Dies ist möglich, da Reize in den genannten Aufgaben immer stärker die richtige als die falsche Antwort aktivieren. Unmittelbar nach der Fehlerantwort sind somit für kurze Zeit die falsche und die richtige Antwort gleichzeitig aktiv. Diesen sogenannten Post-Antwort-Konflikt registriert der ACC und schließt daraus, dass ein Fehler aufgetreten ist. Ein Teil der Fehlernegativierung spiegelt diese Konfliktaktivierung im ACC wider.

Diesem Modell zufolge ist eine entscheidende Voraussetzung für die schnelle Detektion eines Fehlers die unmittelbare Selbstkorrektur und somit das Wissen um die korrekte Antwort. Dies konnten wir in einer Studie direkt nachweisen (Di Gregorio, Maier & Steinhauser 2018). In einem Teil der Durchgänge war der zu klassifizierende Zielreiz für die Versuchspersonen nicht erkennbar. Die Versuchspersonen wussten jedoch, dass eine fälschliche Reaktion auf den Störreiz immer einen Fehler darstellte. In solchen Situationen fanden wir keine Fehlernegativierung, jedoch eine ausgeprägte Fehlerpositivierung, welche die bewusste Entdeckung des Fehlers anzeigt. Dies zeigt zum einen, dass die Kompetenz zur korrekten Aufgabenbearbeitung eine notwendige Voraussetzung für die vorbewusste Fehlerdetektion darstellt. Zum anderen impliziert dies, dass die vorbewusste und die bewusste Fehlerverarbeitung auf voneinander unabhängigen Systemen beruht.

Letzteres konnte auch in Studien mit Patientinnen und Patienten mit Sprachstörungen gezeigt werden. Nozari, Dell und Schwartz (2011) untersuchten die Entdeckung von Sprachfehlern bei Patientinnen und Patienten mit Aphasie unterschiedlicher Ausprägung (Störungen des Sprachverstehens und/oder der Sprachproduktion). Es zeigte sich überraschenderweise, dass die Fehlerdetektion unabhängig vom Grad des Sprachverstehens war. Stattdessen hängt sie von den erhaltenen Fähigkeiten zur Sprachproduktion ab. Auch dieser Befund kann durch die Theorie der Konfliktüberwachung erklärt werden. Selbst bei schwersten Störungen das Sprachverstehens kann das Gehirn durch die Registrierung eines Konflikts bei der Sprachproduktion auf einen Fehler schließen.

2.2 Identifikation von Fehlerursachen und Bewertung eines Fehlers

Die vorbewusste Fehlerverarbeitung innerhalb von 100 ms nach dem Fehler ist jedoch nicht auf die reine Detektion beschränkt. In einer Reihe von Studien konnten wir zeigen, dass das Gehirn bereits in dieser kurzen Zeit in der Lage ist, die Ursache des Fehlers zu bestimmen und den Fehler zu bewerten (z.B. Maier & Steinhauser 2013 2017; Maier, Yeung & Steinhauser 2011; Maier, Steinhauser & Hübner 2008). In diesen Studien verwendeten wir eine Versuchsanordnung, in der Versuchspersonen verschiedene Arten von Fehlern begehen konnten. Sie konnten fälschlicherweise auf den Störreiz reagieren oder eine Antwort abgeben, die weder dem Zielreiz noch dem Störreiz entsprach. In einer der Studien (Maier & Steinhauser 2013) konnten die Versuchspersonen durch richtige Antworten kleine Geldsummen erzielen, bei Fehlern jedoch verlieren. Einer der Fehlertypen verursachte hierbei einen höheren Verlust als der andere Fehlertyp. Es zeigte sich, dass die Stärke der Fehlernegativierung bereits unmittelbar nach der Fehlerantwort diese Kosten des Fehlers abbildete. Daraus kann zum einen geschlossen werden, dass das zugrundeliegende System Fehler bereits bei der Detektion bewertet. Zum anderen impliziert dies, dass bereits zu diesem Zeitpunkt Informationen über die Fehlerursache vorliegen.

Diese Fähigkeit der schnellen Fehlerbewertung kann durch die Interaktion des Fehlerverarbeitungssystems mit dem sogenannten dopaminergen Belohnungssystem erklärt werden (Maier & Steinhauser 2013). Das dopaminerge Belohnungssystem ist ein Verarbeitungspfad, der in Kernen des Mittelhirns und der Basalganglinien beginnt und u.a. in Teile des Frontalhirns (inklusive ACC) mittels dopaminerger Synapsen projiziert. Aktivitätsänderungen in diesem System kodieren einen Vorhersagefehler, der anzeigt, ob sich eine zu erwartende Belohnung erhöht oder verringert. Fehler erzeugen einen negativen Vorhersagefehler, da durch diese das Ergebnis einer Handlung schlechter ist als ursprünglich erwartet. Dieser Vorhersagefehler treibt als Lernsignal Verhaltensänderungen voran (zum Beispiel Verbesserungen im Entscheidungsverhalten), aber auch deklaratives Lernen neuer Informationen im medialen Temporallappen. Unserer Theorie zufolge ist dieses System in der Lage, den Wert eines Fehlers aus dessen Ursache vorherzusagen (siehe auch Holroyd & Coles 2002). Dies erfolgt über Belohnungslernen, weshalb eine zentrale Voraussetzung darin besteht, dass das Gehirn immer wieder mit denselben Fehlern konfrontiert wird. Ist dieser Lernprozess erfolgreich, kann bereits zum Zeitpunkt der Fehlernegativierung eine Korrektur der Fehlerursache durch Anpassung erfolgen.

2.3   Schnelle Anpassung nach Fehlern

Es ist seit langem bekannt, dass die Fehlerverarbeitung im ACC zu Verhaltens-/Aufmerksamkeitsänderungen und Lernen führt (Danielmeier & Ullsperger 2011) und dass diese Anpassungen spezifisch für bestimmte Fehlerursachen sind (Maier, Yeung & Steinhauser 2011; R. Steinhauser, Maier & Steinhauser 2017). In einer kürzlich publizierten Studie konnten wir erstmals nachweisen, dass diese Verhaltensänderungen bereits zum Zeitpunkt der Fehlernegativierung initiiert werden. Hierzu machten wir uns die Technik des SSVEP (*Steady-State Visual Evoked Potentials*; z.B. Andersen & Müller 2010) zunutze. Hierbei flackern Zielreize und Störreize in unterschiedlichen Frequenzen (z.B. 10 Hz und 15 Hz). Dieses Flackern führt zu oszillierender Aktivität im visuellen Cortex, dessen Stärke die Aufmerksamkeit auf einen bestimmten Reiz widerspiegelt. Mit dieser Methode kann der zeitliche Verlauf der Aufmerksamkeitsstärke auf unterschiedliche, gleichzeitig dargebotene Reize analysiert werden. In unserer Studie (Steinhauser & Andersen 2019) zeigte sich, dass Fehler zu einer Erhöhung der Aufmerksamkeit auf den Zielreiz führen und dass dies praktisch zeitgleich mit der Fehlernegativierung erfolgt. Diese Anpassung zur Vermeidung weiterer Fehler geschieht somit weit vor dem Zeitpunkt, an dem uns der Fehler bewusst wird. Ein weiterer interessanter Befund dieser Studie war, dass korrekte Antworten zu einer ebenso schnellen Reduktion der Aufmerksamkeit führen. Damit zeichnet sich das Bild eines selbstregulierenden Systems. Wiederholte korrekte Antworten führen zu einer Reduktion der Aufmerksamkeit, was Fehler wahrscheinlicher macht. Erst die Entdeckung eines Fehlers führt dann zu einem Wiedererstarken der Aufmerksamkeit, was die Fehlerwahrscheinlichkeit wieder reduziert. Hierdurch ist das Gehirn in der Lage, nur so viel Aufmerksamkeit einzusetzen, wie für die Vermeidung von zu vielen Fehlern nötig ist.

Fehler führen jedoch nicht nur zu einer Verbesserung des Verhaltens. So konnte wiederholt demonstriert werden, dass die Verarbeitung eines Fehlers für kurze Zeit die Bearbeitung nachfolgender Aufgaben stört (für einen Überblick, siehe Steinhauser, Ernst & Ibald 2017). Dies wurde entweder durch eine Orientierungsreaktion nach Fehlern erklärt (Notebaert et al. 2009), oder damit, dass die Fehlerverarbeitung Ressourcen bindet, die bei einer nachfolgenden Aufgabe dann fehlen (Jentzsch & Dudschig 2009). Wie solche positiven und negativen Verhaltensanpassungen zusammenwirken, ist noch nicht gut verstanden. Vieles deutet jedoch darauf hin, dass die störende Wirkung von Fehlern vor allem durch bewusste Prozesse verursacht wird und weniger durch die vorbewusste Fehlerdetektion und -bewertung, die sich in der Fehlernegativierung widerspiegelt (Buzzell, Beatty, Paquette, Roberts & McDonald 2017).

2.4   Belastung und Ablenkung

In typischen Laborsituationen werden Fehler in isolierten Einzelaufgaben untersucht. Im Alltag erledigt unser Gehirn jedoch meist mehrere Aufgaben gleichzeitig oder in schneller Abfolge. Dies wird vor allem am Beispiel der Sprachproduktion deutlich. Zum einen planen wir während des Sprechens eines Satzes bereits den Inhalt des nächsten Satzes. Zum anderen werden Phoneme und Wörter in sehr schneller Folge produziert, weshalb die Verarbeitung eines Fehlers in einem Wort mit der Verarbeitung eines nachfolgenden Wortes überlappt. Eine zentrale Frage ist deshalb, inwiefern Fehlerverarbeitung bei hoher Arbeitsgedächtnisbelastung und bei Ablenkung beeinträchtigt ist und welche der oben dargestellten Funktionen davon betroffen sind.

Studien zur Fehlernegativierung konnten bisher nicht einheitlich zeigen, ob die vorbewusste Fehlerverarbeitung durch Arbeitsgedächtnisbelastung beeinträchtigt wird (Klawohn, Endrass, Preuss, Riesel & Kathmann 2016; Maier & Steinhauser 2017; Moser, Moran, Schroder, Donnellan & Yeung 2013; Weißbecker-Klaus, Ullsperger, Freude & Schapkin 2016). In einer Studie wurde sogar herausgefunden, dass Arbeitsgedächtnisbelastung zu einer Verstärkung der Fehlerverarbeitung führt, was durch eine kompensatorische Mobilisierung der Fehlerverarbeitung erklärt wurde (Moser et al. 2013). Wir selbst führten kürzlich eine Studie durch, in der wir den Einfluss von Arbeitsgedächtnisbelastung auf die Fehlerdetektion und die Fehlerbewertungen separat untersuchten (Maier & Steinhauser 2017). Es zeigte sich, dass der Anteil der Fehlernegativierung, der auf die Detektion zurückgeht, unbeeinflusst von Belastung war. Hingegen wurde die vorbewusste Fehlerbewertung stark beeinträchtigt. Dieses Ergebnis bestätigt nicht nur unsere frühere Vermutung mehrerer Teilkomponenten der Fehlernegativierung, es zeigt auch, dass diese unterschiedlich sensibel für die Belastung des Arbeitsgedächtnisses sind.

In einer weiteren Studie untersuchten wir den Einfluss von Multitasking auf die bewusste Fehlerverarbeitung (Steinhauser & Steinhauser eingereicht). Hierbei führten die Versuchspersonen zwei Aufgaben in so schneller Abfolge durch, dass während der Beantwortung der ersten Aufgabe bereits die zweite Aufgabe bearbeitet werden musste. Es zeigte sich ein für uns überraschendes Ergebnis. Wurde in der ersten Aufgabe ein Fehler gemacht, so erfolgte die bewusste Verarbeitung dieses Fehlers erst nach Ende der zweiten Aufgabe, was sich in einer Verschiebung der Fehlerpositivierung äußerte. Diese Studie zeigt eindrücklich, wie sich Prozesse in unserem Gehirn unter Multitasking so reorganisieren, dass die Funktionalität der einzelnen Prozesse voll erhalten bleibt. Nicht nur die Aufgabenverarbeitung selbst, sondern auch die menschliche Fehlerverarbeitung ist offensichtlich optimal an Multitasking-Anforderungen angepasst.

2.5   Interindividuelle Unterschiede

Menschen unterscheiden sich stark in ihren kognitiven Fähigkeiten. Es ist deshalb nicht verwunderlich, dass die Frage nach den interindividuellen Unterschieden auch im Kontext der Fehlerverarbeitung intensiv untersucht wurde. Hierbei muss jedoch berücksichtigt werden, dass die Fähigkeit zur Fehlerverarbeitung grundsätzlich stark von der Kompetenz zur Bearbeitung einer spezifischen Aufgabe abhängt. Es ist häufig schwierig, Unterschiede in der Fehlerverarbeitung von Unterschieden in der Aufgabenkompetenz zu differenzieren. Der vielzitierte Befund, dass Studierende mit besserem Notendurchschnitt auch eine höhere Fehlernegativierung aufweisen (Hirsh & Inzlicht 2010), muss deshalb nicht unbedingt auf originäre Unterschiede in der Fehlerverarbeitung hindeuten.

Es gibt jedoch eine Reihe von gut etablierten Befunden, die Unterschiede in der Fehlerverarbeitung zwischen Personengruppen zeigen. So ist die Fehlernegativierung erhöht bei Männern (Fischer, Danielmeier, Villringer, Klein & Ullsperger 2016), bei Personen mit Neigung zu negativem Affekt und Vermeidungsverhalten (z.B. Patienten mit Depressionen und Angststörungen; Weinberg, Dieterich & Riesel 2015), sowie bei Patientinnen und Patienten mit Zwangsstörungen (Riesel 2019). Diese verstärkte Fehlerverarbeitung ist nicht notwendigerweise direktes Resultat einer bestimmten Symptomatik. So zeigt sich eine erhöhte Fehlernegativierung auch bei symptomfreien Verwandten ersten Grades von Patientinnen und Patienten mit Zwangsstörung (Riesel, Endrass, Kaufmann & Kathmann 2011). Eine reduzierte Fehlernegativierung zeigt sich zum Beispiel unter Alkoholeinfluss (Ridderinkhof et al. 2002) sowie bei verschiedenen Substanzabhängigkeiten (z.B. Nikotin, Alkohol, Opiate, etc.; z.B. Euser, Evans, Greaves-Lord, Huizink & Franken 2013).

Ein auch aus grundlagenwissenschaftlicher Perspektive bedeutender Befund ist die Veränderungen der Fehlernegativierung im Entwicklungsverlauf. So untersuchten Buzzell et al. (2017), wie sich fehlerbezogene Aktivität in verschiedenen neuronalen Netzwerken im Verlauf der Adoleszenz verändert. Aktivität in einem dorsalen Netzwerk (u.a. dorsales ACC) blieb im Entwicklungsverlauf stabil, während Aktivität in einem ventralen Netzwerk (u.a. orbitofrontaler Cortex) mit dem Alter zunahm. Unter Berücksichtigung der bekannten Funktionen dieser Strukturen kann daraus die Schlussfolgerung gezogen werden, dass die vorbewusste Fehlerdetektion im dorsalen Netzwerk bereits früh möglich ist und sich im Laufe der Entwicklung nicht verändert. Die vorbewusste Fehlerbewertung im ventralen Netzwerk entwickelt sich hingegen im Laufe der Adoleszenz. Man könnte daraus ableiten, dass Kinder und Jugendliche zwar Fehler im eigenen Verhalten gut entdecken, diese aber weniger hoch bewerten. Dies ist zwar spekulativ aber durchaus plausibel, wenn man berücksichtigt, dass Fehler im spielerischen und explorierenden Verhalten eines Kindes tolerierbarer sind als im Verhalten Erwachsener.

3   Einige Implikationen für die Praxis

Im Folgenden möchte ich einige der dargestellten Befunde hinsichtlich ihrer Implikationen für die schulische Praxis zusammenfassen. Die Frage, inwiefern neurowissenschaftliche Erkenntnisse direkt im Erziehungskontext anwendbar sind, wurde in den letzten Jahren durchaus kritisch diskutiert (Bowers 2016a, 2016b). Unsere Studien dienten nicht der Ableitung von Handlungsempfehlungen, sondern sollten unser Verständnis des menschlichen Gehirns erweitern. Die folgenden Aspekte sollen deshalb als Denkanstöße betrachtet werden, die in zukünftiger, anwendungsbezogener Forschung validiert werden können.

Wir erkennen und bewerten Fehler schnell und effektiv, aber nur wenn wir über ausreichende Kompetenz in einer Aufgabe verfügen. Um aus Fehlern zu lernen, müssen wir diese erkennen. Bleiben Fehler unerkannt, besteht die Gefahr, dass sich fehlerhaftes Wissen verfestigt. Um aber Fehler effizient zu erkennen, muss aufgabenspezifische Kompetenz vorhanden sein (siehe 2.1). Nur unter dieser Voraussetzung können wir lernen, negatives Wissen im Sinne von Oser und Spychiger (2005) aufzubauen und Fehler zu vermeiden. Lernende sollten also erst nach Erwerb aufgabenspezifischer Kompetenzen ermutigt werden, Fehler zuzulassen. Dies kann u.a. darin bestehen, dass Lernende Fehler explizit nicht vermeiden sollen (z.B. „Nenne die erste Antwort, die Dir einfällt – auch wenn Du Dir nicht sicher bist ob sie richtig ist."), um dann aus diesen zu lernen.

Wir können lernen, mit Fehlern richtig umzugehen, wenn wir diese zulassen. Das Gehirn lernt, mit bestimmten Fehlern richtig umzugehen, wenn es immer wieder mit diesen Fehlern konfrontiert wird (siehe 2.2). Nur dann lernt es, auf diese Fehler mit adäquaten Anpassungen zu reagieren. Die hierzu notwendige Fähigkeit zur schnellen Fehlerbewertung entwickelt sich jedoch möglicherweise erst im Laufe der Adoleszenz (siehe 2.5). Die Konstruktion von Aufgabenstellungen, die charakteristische Fehler provozieren, können diesen Prozess unterstützen.

Fehler sind Ausdruck eines sich selbst regulierenden Systems. Gelegentliche Fehler sind kein Zeichen für mangelnde Konzentration oder Motivation, sondern ein Indikator für eine kontinuierliche Leistungsoptimierung des kognitiven Systems. Das Gehirn versucht nur so viel Aufmerksamkeit und kognitive Anstrengung zu investieren, wie für eine subjektiv ausreichende Leistung nötig ist. Es lässt Fehler zu, um die hierfür notwendigen Ressourcen auszuloten (siehe 2.3). Auch aus dieser Perspektive ist es sinnvoll, Fehler in einem begrenzten Maße zu tolerieren und zuzulassen.

Die bewusste Verarbeitung von Fehlern erfordert Pausen. Wird ein Fehler gemacht, kann die bewusste Verarbeitung dieses Fehlers nachfolgende Aufgaben stören (siehe 2.3). Um weitere Fehler zu vermeiden, sollte dem System deshalb eine Pause ermöglicht werden, in der der Fehler verarbeitet wird. Diese Pause muss nicht unmittelbar auf die fehlerhafte Antwort folgen, da das Gehirn in der Lage ist, die Fehlerverarbeitung auf einen späteren Zeitpunkt auszulagern (siehe 2.4).

Menschen unterscheiden sich in ihrer Fähigkeit, Fehler zu verarbeiten. Die Erkenntnisse der Fehlerforschung deuten darauf hin, dass die Stärke der Verarbeitung (und möglicherweise Bewertung) von Fehlern eine angeborene Disposition darstellt (siehe 2.5). Menschen unterscheiden sich darin, wie aversiv sie Fehler erleben und damit in ihrer Neigung, Fehler vermeiden zu wollen. Werden Fehler im Unterricht systematisch zugelassen oder sogar ermutigt, müssen solche individuellen Dispositionen berücksichtigt werden, um übermäßige Frustrationserlebnisse zu vermeiden.

Die Fehlerforschung ist ein vergleichsweise junges Feld innerhalb der kognitiven Neurowissenschaften, und viele fundamentalen Fragen sind noch offen. Insbesondere wenn es gelänge, Messmethoden und Versuchsanordnungen auch auf Bereiche außerhalb des Labors zu übertragen, hätte sie das Potenzial, für viele Lebensbereiche transferierbare Ergebnisse zu erzielen. Die vorliegende Darstellung sollte hierzu einen Denkanstoß liefern, eine systematische Untersuchung dieser Fragen im schulischen Kontext wäre ein nächster wichtiger Schritt.

Literatur

Andersen, S. K. & Müller, M. M. (2010): Behavioral performance follows the time course of neural facilitation and suppression during cued shifts of feature-selective attention. In: *Proceedings of the National Academy of Sciences of the United States of America* 107(31), 13878–13882.

Baddeley, A. & Wilson, B. A. (1994): When implicit learning fails: Amnesia and the problem of error elimination. In: *Neuropsychologia* 32(1), 53–68.

Bowers, J. S. (2016a): Psychology, not educational neuroscience, is the way forward for improving educational outcomes for all children. In: *Psychological Review* 123(5), 628–635.

Bowers, J. S. (2016b): The practical and principled problems with educational neuroscience. In: *Psychological Review* 123(5), 600–612.

Buzzell, G. A., Richards, J. E., White, L. K., Barker, T. V., Pine, D. S. & Fox, N. A. (2017): Development of the error-monitoring system from ages 9–35: Unique insight provided by MRI-constrained source localization of EEG. In: *NeuroImage* 157, 13–26.

Buzzell, G., Beatty, P., Paquette, N., Roberts, D. & McDonald, C. (2017): Error-induced blindness: Error detection leads to impaired sensory processing and lower accuracy at short response-stimulus intervals. In: *Journal of Neuroscience* 37(11), 2895–2903.

Danielmeier, C. & Ullsperger, M. (2011): Post-error adjustments. In: *Frontiers in Psychology*, 2.

Di Gregorio, F., Maier, M. E. & Steinhauser, M. (2018): Errors can elicit an error positivity in the absence of an error negativity: Evidence for independent systems of human error monitoring. In: *NeuroImage* 172, 427–436.

Euser, A. S., Evans, B. E., Greaves-Lord, K., Huizink, A. C. & Franken, I. H. A. (2013): Diminished error-related brain activity as a promising endophenotype for substance-use disorders: Evidence from high-risk offspring. In: *Addiction Biology* 18(6), 970–984.

Falkenstein, M., Hohnsbein, J., Hoormann, J. & Blanke, L. (1990): Effects of errors in choice reaction tasks on the ERP Under focused and divided attention. In: Brunia, C. H. M., Gaillard, A. W. K., & Kok, A. (Hrsg.): In: *Psychophysiological Brain Research*. Tilburg: Tilburg University Press, 192–195.

Fischer, A. G., Danielmeier, C., Villringer, A., Klein, T. A. & Ullsperger, M. (2016): Gender influences on brain responses to errors and post-error adjustments. In: *Scientific Reports* 6, 1–11.

Fu, Z., Wu, D. A. J., Ross, I., Chung, J. M., Mamelak, A. N., Adolphs, R. & Rutishauser, U. (2019): Single-neuron correlates of error monitoring and post-error adjustments in human medial frontal cortex. In: *Neuron* 101(1), 165–177.

Gehring, W. J., Goss, B., Coles, M. G. H., Meyer, D. E. & Donchin, E. (1993): A neural system for error detection and compensation. In: *Psychological Science* 4(6), 385–390.

Hirsh, J. B., & Inzlicht, M. (2010): Error-related negativity predicts academic performance. In: *Psychophysiology* 47(1), 192–196.

Holroyd, C. B. & Coles, M. G. H. (2002): The neural basis of human error processing: Reinforcement learning, dopamine, and the error-related negativity. In: *Psychological Review* 109(4), 679–709.

Jentzsch, I. & Dudschig, C. (2009): Why do we slow down after an error? Mechanisms underlying the effects of posterror slowing. In: *The Quarterly Journal of Experimental Psychology* 62(2), 209–218.

Klawohn, J., Endrass, T., Preuss, J., Riesel, A. & Kathmann, N. (2016): Modulation of hyperactive error signals in obsessive–compulsive disorder by dual-task demands. In: *Journal of Abnormal Psychology* 125(2), 292–298.

MacLeod, C. M. (1991): Half a century of research on the Stroop effect: An integrative review. In: *Psychological Bulletin* 109(2), 163–203.

Maier, M. E. & Steinhauser, M. (2013): Updating expected action outcome in the medial frontal cortex involves an evaluation of error type. In: *Journal of Neuroscience* 33(40), 15705–15709.

Maier, M. E. & Steinhauser, M. (2017): Working memory load impairs the evaluation of behavioral errors in the medial frontal cortex. In: *Psychophysiology* 54(10).

Maier, M. E., Yeung, N. & Steinhauser, M. (2011): Error-related brain activity and adjustments of selective attention following errors. In: *NeuroImage* 56(4), 2339–2347.

Maier, M. E., Steinhauser, M. & Hübner, R. (2008): Is the error-related negativity amplitude related to error detectability? Evidence from effects of different error types. In: *Journal of Cognitive Neuroscience* 20(12), 2263–2273.

Moser, J. S., Moran, T. P., Schroder, H. S., Donnellan, M. B. & Yeung, N. (2013): On the relationship between anxiety and error monitoring: A meta-analysis and conceptual framework. In: *Frontiers in Human Neuroscience* 7, 466.

Notebaert, W., Houtman, F., Opstal, F. Van, Gevers, W., Fias, W. & Verguts, T. (2009): Post-error slowing: An orienting account. In: *Cognition* 111(2), 275–279.

Nozari, N., Dell, G. S. & Schwartz, M. F. (2011): Is comprehension necessary for error detection? A conflict-based account of monitoring in speech production. In: *Cognitive Psychology* 63(1), 1–33.

Oser, F., & Spychiger, M. (2005). *Lernen ist schmerzhaft*. Weinheim: Beltz.

Ridderinkhof, K. R., de Vlugt, Y., Bramlage, A., Spaan, M., Elton, M., Snel, J. & Band, G. P. H. (2002): Alcohol consumption impairs detection of performance errors in mediofrontal cortex. In: *Science* 298(5601), 2209.

Riesel, A., Endrass, T., Kaufmann, C. & Kathmann, N. (2011): Overactive error-related brain activity as a candidate endophenotype for obsessive-compulsive disorder: Evidence from unaffected first-degree relatives. In: *American Journal of Psychiatry* 168, 317–324.

Riesel, A. (2019): The erring brain: Error-related negativity as an endophenotype for OCD–A review and meta-analysis. In: *Psychophysiology* 56(4), 1–22.

Steinhauser, M., Ernst, B. & Ibald, K. W. (2017): Isolating component processes of posterror slowing with the psychological refractory period paradigm. In: *Journal of Experimental Psychology: Learning Memory and Cognition* 43(4), 653–659.

Steinhauser, M. & Yeung, N. (2010): Decision processes in human performance monitoring. In: *Journal of Neuroscience* 30(46), 15643–15653.

Steinhauser, M. & Kiesel, A. (2011): Performance monitoring and the causal attribution of errors. In: *Cognitive, Affective, & Behavioral Neuroscience* 11(3), 309–320.

Steinhauser, M. & Andersen, S. K. (2019): Rapid adaptive adjustments of selective attention following errors revealed by the time course of steady-state visual evoked potentials. In: *NeuroImage* 186, 83–92.

Steinhauser, R., Maier, M. E. & Steinhauser, M. (2017): Neural signatures of adaptive post-error adjustments in visual search. In: *NeuroImage* 150, 270–278.

Steinhauser, R. & Steinhauser, M. (eingereicht): Adaptive rescheduling of error monitoring in multitasking. *Manuskript zur Publikation eingereicht.*

Ullsperger, M. (2001): Subprocesses of performance monitoring: A dissociation of error processing and response competition revealed by event-related fMRI and ERPs. In: *NeuroImage* 14(6), 1387–1401.

Ullsperger, M., Danielmeier, C. & Jocham, G. (2014): Neurophysiology of performance monitoring and adaptive behavior. In: *Physiological Reviews* 94(1), 35–79.

Weinberg, A., Dieterich, R. & Riesel, A. (2015): Error-related brain activity in the age of RDoC: A review of the literature. In: *International Journal of Psychophysiology* 98, 276–299.

Weißbecker-Klaus, X., Ullsperger, P., Freude, G. & Schapkin, S. A. (2016): Impaired error processing and semantic processing during multitasking. In: *Journal of Psychophysiology* 31, 1–12.

Yeung, N., Botvinick, M. M. & Cohen, J. D. (2004): The neural basis of error detection: Conflict monitoring and the error-related negativity. In: *Psychological Review* 111(4), 931–959.

Jenifer Pötzsche M.Ed. & Dr. Julia Weltgen

Jenifer Pötzsche M.Ed. hat Schauspiel sowie Anglistik und Germanistik mit Lehramtsoption studiert. Sie war mehrere Jahre als studentische Mitarbeiterin in den Fachbereichen Erziehungswissenschaft und Psychologie sowie Germanistik an der Freien Universität Berlin tätig. Derzeit promoviert sie in der Didaktik des Englischen an der FU zu Synergieeffekten zwischen performativer Didaktik und Fremdsprachenerwerb. Nach Lehramtstätigkeiten in Suffolk (UK) und Osttimor unterrichtet sie seit 2018 an einem Berliner Gymnasium die Fächer Deutsch und Englisch.

Kontakt: jenny.poetzsche@gmx.net

Dr. Julia Weltgen war wissenschaftliche Mitarbeiterin an der Professur für Didaktik der englischen Sprache und Literatur der KU Eichstätt-Ingolstadt. Sie studierte an der Christian-Albrechts-Universität in Kiel Biologie und Deutsch und arbeitete nach ihrem Referendariat an der *Franconian International School* in Erlangen. Ihre Dissertation beschäftigt sich mit dem Schwerpunkt Inklusion im Fremdsprachenuntericht. Seit 2019 ist sie *Researcher* im Bereich Inklusive Pädagogik an der Universität Bremen.

Kontakt: julia.weltgen@uni-bremen.de

Jenifer Pötzsche

Lesen(d) Lernen? Eine *Eye-Tracking*-Studie

1   Wortschatzerwerb durch *captions* – eine gute Idee?

Im Dezember 2016 veröffentlichten die Kultusminister der Bundesrepublik Deutschland das Strategiepapier *Bildung in einer digitalen Welt*, in dem konkret verschiedene Bildungsmedien genannt werden, die für den Unterricht als besonders geeignet eingestuft werden. In diesem Kontext kommt dem Medium Film aufgrund seiner Vielseitigkeit eine besondere Bedeutung zu, denn es ist nicht nur „das Leitmedium unserer Zeit", sondern kann auch als sinnvolles Medium zum Lernen gelten (Kötzing 2005: 2). Film als Unterrichtsmaterial gilt als besonders effektives Mittel, um Wortschatzerweiterung bei Schülerinnen und Schülern zu begünstigen, insbesondere, wenn Untertitel als Verständnisstütze eingesetzt werden. Obwohl es bereits zahlreiche evidenzbasierte Arbeiten gibt, die eine positive Wirkung von untertiteltem Film auf Wortschatzerwerb und Motivation von Lernenden belegen, setzt bislang kaum eine Englischlehrkraft diese wissenschaftlichen Erkenntnisse auch aktiv im Unterricht um. Zugleich steht die Mehrheit der Lehrkräfte dem Einsatz von Filmen im Englischunterricht durchaus positiv gegenüber (vgl. Thaler 2014: 17).

Für eine praktische Umsetzung in der Schule bleiben noch viele Fragen offen: Sollte man für Schülerinnen und Schüler eher interlinguale, intralinguale oder vielleicht auch gar keine Untertitel einschalten? Sind einzeilige Untertitel besser als mehrzeilige? Welches Niveau brauchen Lernende, um gut mit authentischem Filmmaterial arbeiten zu können und wie lang darf ein optimal lernfördernder Clip überhaupt sein? All dies sind schulpraktisch relevante Fragen, auf die wissenschaftliche Studien meist noch keine zufriedenstellenden Antworten liefern.

Eine 2018 im Rahmen einer quantitativen Masterarbeit an der FU Berlin in der Abteilung Didaktik des Englischen bei Prof. Dr. Michaela Sambanis durchgeführte *Eye-Tracking-Studie* unternimmt den Versuch, einige Antworten auf diese Fragen zu generieren. Der Einsatz untertitelgestützter Sprachförderung zur Unterstützung des Wortschatzerwerbs wurde deshalb anhand folgender drei Hypothesen geprüft:

1. *Authentisches Filmmaterial mit intralingualen Untertiteln (captions) unterstützt den Wortschatzerwerb.*

2. *Fremdsprachenlernende nutzen unterschiedliche Lesestrategien (z.B. gezieltes Lesen), wenn sie mit intralingualen Untertiteln konfrontiert sind.*

3. *Die Struktur der intralingualen Untertitel beeinflusst den Lernerfolg.*

Der Wortschatzerwerb der Teilnehmenden wurde vor und nach der Präsentation zweier untertitelter Filmclips durch Vokabeltests gemessen. Um zusätzlich Vergleiche bezüglich des Leseverhaltens und der Anwendung spezifischer Lesestrategien (Hypothese 2) anstellen zu können, wurden die Augenbewegungen während der Filmrezeption mithilfe eines *Eye-Trackers* verfolgt.

2   Forschungsdesign und Methodik

2.1   Die Stichprobe

Basierend auf Urška Grums Metaanalyse (2016), deren Ergebnisse zeigen, dass Lernende erst ab einem mittleren Sprachniveau von Untertiteln profitieren, wurde die Studie für Lernende mit B1+ Sprachniveau im Englischen konzipiert.

An dem *Eye-Tracking-* und Sprachfertigkeitsexperiment haben insgesamt 30 Personen, darunter sowohl Schülerinnen und Schüler, als auch Erwachsene, teilgenommen. Die Datenerhebung fand im *Eye-Tracking-Labor* des Fachbereichs *Applied Neuroscience* an der FU Berlin statt. Die Stichprobe setzt sich wie folgt zusammen:

Zusammensetzung der Stichprobe nach Altersgruppen	
N = 30 Range 14–63	
14–17	30%
18–24	23%
25–34	33%
35–50	7%
> 50	7%

Zusammensetzung der Stichprobe nach Geschlecht
Männlich: 43 %, Weiblich: 57%

2.2 Stimuli: Das verwendete Filmmaterial

Das im Rahmen der Studie verwendete Filmmaterial stammt vom *Youtube Channel Jack & Dean* der britischen Komiker Jack Howard und Dean Dobbs[1]. Da im aktuellen Rahmenlehrplan von Berlin explizit die Heterogenität von Unterrichtsmaterialien sowie die Berücksichtigung der Lebenswirklichkeit von Lernenden gefordert wird, wurde dieses Format bewusst gewählt, um Lernende für Möglichkeiten zur Auseinandersetzung mit authentischen Sprachprodukten in ihrer Freizeit zu sensibilisieren (vgl. RLP 2017/18, Teil C: 33).

Die beiden Komiker beschäftigen sich in kurzen Videos auf humoristische Weise mit Alltagssituationen, in denen sie selbst stets im Mittelpunkt des Geschehens stehen. Da Humor die Grundstimmung im Klassenzimmer positiv beeinflussen und die Motivation der Schülerinnen und Schüler deutlich steigern kann, sollte er ein wiederkehrendes Element im Unterricht sein (vgl. Rampillon 1996: 131 f.). Ein weiterer Vorteil liegt in der Kürze der Videos, die bei Bedarf auch innerhalb einer Unterrichtsstunde mehrfach geschaut werden könnten, wobei sich durch die Segmentierung der Untertitel gut auf einzelne Vokabeln eingehen ließe.

Ausgewählt wurden der Clip *Nazi Bar*[2] (Film 1) und *Burnt Toast*[3] (Film 2), da sie zum einen in sich geschlossene Geschichten erzählen,[4] die kein explizites Vorwissen seitens der Rezipientinnen und Rezipienten erfordern, und zum anderen hinsichtlich der Struktur ihrer *captions* unterschiedlich sind. Während die *captions* in Film 1 einzeilig waren und eine starke Wort-Bild Kongruenz vorlag (unabhängige Variable 1), waren sie in Film 2 bei gleicher Einblenddauer vorwiegend zweizeilig und wiesen nur geringe Wort-Bild Kongruenz auf (unabhängige Variable 2). In Anbetracht dessen, dass es ein Hauptanliegen des Fremdsprachenunterrichts ist, Vokabeln zu vermitteln und den Wortschatz von Schülerinnen und Schülern zu erweitern, wurde der Zusammenhang der beiden unabhängigen Variablen anhand einer abhängigen Variablen – dem Wortschatzzuwachs der Probandinnen und Probanden – gemessen.

---

[1] Abrufbar unter: https://www.youtube.com/user/OMFGItsJackAndDean (Stand: 30.03.2020)

[2] Nazi Bar (2017). Abrufbar unter: https://www.youtube.com/watch?v=CmWru6ySf9Q (Stand: 30.03.2020)

[3] Burnt Toast (2016). Abrufbar unter: https://www.youtube.com/watch?v=5vtLlYuSJ_k&t=113s (Stand: 30.03.2020)

[4] Barry Tomalin und Susanne Stempleski betonen: "Any sequence chosen for use in class must be intrinsically interesting or attractive and must comprise a complete unit of meaning regardless of its context" (Stempleski & Tomalin 1997: 9).

2.3   Messgeräte

Während der Filmrezeption wurden die Blickbewegungen der Teilnehmenden mit Hilfe von *Eye-Tracking* aufgenommen. Dafür wurde ein REDm *Eye-Tracker* der Firma SMI (*SensoMotoric Instruments GmbH, Teltow*) verwendet. Die Aufnahmen erfolgten mit einer Wiederholungsrate von 120 Hz mit einer Messgenauigkeit von 0,5 Grad. Während des Experiments saßen die Probandinnen und Probanden ca. 60 cm vom Bildschirm entfernt. Diese Distanz wurde vor Beginn der beiden Rezeptionsphasen kontrolliert und gegebenenfalls korrigiert.[5] Die *Eye-Tracker* wurden vor jeder Filmrezeption neu kalibriert, um Messfehler während des Experiments zu minimieren.

Wenn ein Stimulus, im konkreten Fall ein einzelnes Wort in den *captions*, betrachtet wird, verharrt der Blick zunächst an einem Punkt. Man spricht in diesem Kontext von einer Fixation. In der Wissenschaft wird davon ausgegangen, dass Fixationen mit der Fovea, dem Ort des schärfsten Sehens, betrachtet werden und eng mit der Aufmerksamkeit zusammenhängen. Daraus folgt, dass ein Wort, das fixiert wird, auch als gelesen gelten kann (vgl. Radach et al. 2012). Auf Fixationen folgen stets Sakkaden. Sakkaden sind schnelle Augenbewegung zu einem anderen Ort, wo das Auge erneut fixiert. Für das vorliegende Experiment ist es von Interesse, wie häufig Fixationen in AOIs (*Areas of interest*), im konkreten Fall den *captions*, stattfinden, wobei auch parafoveale Areale berücksichtigt wurden, da auch über diese Informationen aufgenommen werden können.[6] Die Dauer und Intensität von Fixationen können mit einem *Eye-Tracker* gemessen und in einem *Gazepath* sichtbar gemacht werden (vgl. Abb. 1).

Abb. 1: Beispiel für einen Gazepath entnommen aus Film 1 (Nazi Bar)

---

5   Aus den Abmessungen des Bildschirms ergaben sich folgende Blickwinkel: Höhe 18,9°, Breite 43,3°. Die Abmessungen der *captions* verhielt sich dazu in 1,1° (Höhe) und 0,5–7,6° (je nach Wortlänge).

6   Parafoveale Areale sind die Bereiche links und rechts um die Fixation. In der Leseforschung wird gemeinhin davon ausgegangen, dass 8 Buchstaben links und 10 Buchstaben rechts vom fixierten Wort noch wahrgenommen und dechiffriert, also gelesen werden (vgl. Radach et al. 2012: 186).

Der gelbe Fixationspunkt zeigt, an welchen Punkten die Fovea einzelne Worte in den *captions* fixiert hat. In Abbildung 1 wird deutlich, dass es sowohl in den *captions* als auch im Bild Fixationen gibt.

2.4 Der Vokabeltest als Messinstrument

Um mögliche Auswirkungen der unterschiedlich strukturierten *captions* auf den individuellen Wortschatzerwerb zu messen, wurde als Instrument ein Vokabeltest im *Multiple-Choice*-Format gewählt.[7] Es eignet sich besonders, weil es Lernenden ermöglicht, auf Teilwissen zurückzugreifen, und gleichzeitig die Auswertungsobjektivität erhöht. Solche Fertigkeitstests sind in der Sprachlehrforschung typisch und werden entsprechend häufig angewandt (vgl. Albert & Marx 2014: 86).

Für beide Filmclips wurde je ein Pre- sowie ein Post-Test konzipiert, in denen potenziell unbekannte Wörter oder Phrasen vor und nach der Filmrezeption abgefragt wurden, wobei Pre- und Post-Test sich lediglich dadurch unterschieden, dass die Post-Tests um zwei Fragen zu visuellen Details sowie um eine offene Frage zum globalen Verstehen erweitert wurden. Die Entscheidung für dieses Testformat erfolgte auf Basis der Beschlüsse der Kultusministerkonferenz, die *Multiple-Choice*-Fragen, Lückentexte und Zuordnungsaufgaben als geeignete Aufgabenformen für Lernende auf B1 Niveau empfiehlt (vgl. Beschlüsse der KMK 2004: 19).

2.5 Ablauf und Aufbau des Experiments

Die Versuchsteilnehmenden wurden darüber aufgeklärt, dass es sich bei der Studie um ein *Eye-Tracking-Experiment* handelte, welches sich mit interindividuellen Blickbewegungsmustern bei der Filmrezeption auseinandersetzte. Die Teilnahme war freiwillig und die Daten wurden mittels einer individuellen *Subject ID* anonymisiert.

Zunächst erfolgte eine für jede Versuchsperson identische, mündliche Instruktion zur Beantwortung der Vokabeltests. Die Aufgabe der Teilnehmenden bestand darin, *Multiple-Choice*-Fragen zu potenziell unbekannten Vokabeln vor und nach der Filmrezeption zu beantworten, wobei sie explizit auf die *I don't know*-Option hingewiesen und darum gebeten wurden, vom Raten als Strategie abzusehen. Da die Studie anonym und ohne Hinweis auf das genaue Ziel der Testung durchgeführt wurde, konnten Leistungsdruck und selbsterfüllende Prophezeiungen als Störfaktoren reduziert werden. Zudem wurden die Teilnehmenden nicht über den Zusammenhang des Experiments mit dem multimedialen Lernen

---

[7] Die beiden Vokabeltests wurden aufgrund einiger Beschränkungen der *Eye-Tracking-Software* extern mit dem Dienst "Umfrage Online" der enuvo GmbH durchgeführt.

informiert, um den Hawthorne-Effekt zu minimieren (vgl. Chiesa 2008). Dieser kann eintreten, wenn Probandinnen und Probanden wissen, dass sie nach einer neuen Methode unterrichtet werden.

Im Anschluss an den ersten Pre-Test erfolgte die Kalibrierung des *Eye-Trackers* und die Filmrezeption, zu der die Probandinnen und Probanden keine Hinweise erhielten. So wurde erhofft, möglichst natürliches Leseverhalten bei Untertiteln beobachten zu können. Jeder Clip konnte nur einmal gesehen und von den Teilnehmenden nicht angehalten oder zurückgespult werden. Im Anschluss an die erste Filmrezeption öffnete sich automatisch der erste Post-Test, den die Teilnehmenden nun direkt ausfüllten. Die Testung für den zweiten Film erfolgte analog zur ersten. Bei Fragen während des Experiments konnten sich die Probandinnen und Probanden jederzeit an die Versuchsleitung wenden.

3   Ergebnisse

3.1   Darstellung der Ergebnisse

Zur Überprüfung der Hypothesen 1 (Authentisches Filmmaterial mit intralingualen Untertiteln unterstützt den Wortschatzerwerb) und 3 (Die Struktur der *captions* beeinflusst den Lernerfolg) war der individuelle Lernzuwachs, welcher aus der Differenz von Post- zu Pre-Test berechnet wird, von besonderem Interesse.

In beiden Post-Tests gab es maximal 23 Punkte zu potenziell unbekannten Wörtern und Phrasen, zwei Punkte für Fragen zu visuellen Details sowie einen Punkt für das globale Verstehen der Szene, zu erreichen. Die korrekte Beantwortung einer Frage wurde dabei jeweils als richtig (1 Punkt) oder falsch (kein Punkt) gewertet. Die Verbesserung wurde als prozentuale Differenz der Fehler von Pre- zu Post-Test ausgedrückt. Negative Differenzen ergeben sich aus Verschlechterungen im Post-Test im Vergleich zum Pre-Test. Abbildungen 2 und 3 illustrieren die Lernzuwächse der Probandinnen und Probanden in den Post-Tests im Vergleich zu den Pre-Tests. Für Film 1 ergab sich ein durchschnittlicher Wortschatzzuwachs um 4 Wörter bei einer Standardabweichung von 1,7 und für Film 2 ein durchschnittlicher Wortschatzzuwachs um 3 Wörter bei einer beachtlichen Standardabweichung von 6,8.

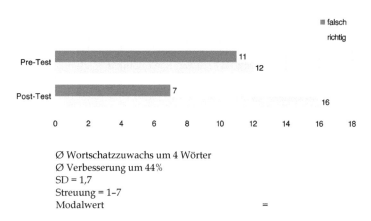

Abb. 2: Wortschatzzuwachs Film 1

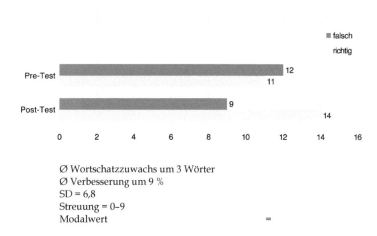

Abb. 3: Wortschatzzuwachs Film 2

Die Auswertung der visuellen Fragen ergaben für Film 1 (57%) und für Film 2 (49%) *I don't know*-Antworten. Neben dem individuellen Wortschatzerwerb wurde zur Überprüfung von Hypothese 2 (Fremdsprachenlernende nutzen unterschiedliche Lesestrategien, wenn sie mit intralingualen Untertiteln konfrontiert sind) mithilfe eines *Eye-Trackers* auch die Augenbewegung der Probandinnen und Probanden während der Filmrezeption erhoben. So sollte bestimmt werden, ob unterschiedliche Lesetypen (z.B. Nichts-Lesende, Einzelwort-Lesende, Mehrwort-Lesende, Alles-Lesende) beziehungsweise Präferenzen des Zugriffs auf Untertitel existieren. Hierbei war von besonderem Interesse, ob ein Zusammenhang zwischen unterschiedlichen Lesepräferenzen und dem individuellen Wortschatzzuwachs festzustellen war.

Zur Bestimmung der Lesetypen wurde zunächst berechnet, wie viele Wörter pro Untertitelzeile maximal lesbar sind. Auf Basis dieser errechneten Wort-Durchschnittswerte pro Zeile wurde rechnerisch bestimmt, wie viele Wörter in einer bestimmten Lesetyp-Gruppe maximal gelesen werden dürfen.[8] Die *captions* in Film 1 umfassen 446 Wörter, die auf 72 Zeilen verteilt sind, sodass sich ein Mittelwert von 7 Wörtern pro Zeile ergibt. In Film 2 verteilen sich 491 Wörter auf 63 Zeilen mit einem Mittelwert von 8 Wörtern pro Zeile. Analog zur maximal lesbaren Wortanzahl pro Zeile wurden für die beiden Filme folgende hypothetisch mögliche Lesetypen festgelegt: Nichts-Lesende, Einzelwort-Lesende, Mehrwort-Lesende, Viel-Lesende, Hochfrequenz-Lesende und Alles-Lesende. Bei ausschließlicher Berücksichtigung fovealer Fixierungen ergab sich über beide Filme gerechnet folgendes Leseverhalten: 21,5% Nicht-Lesende, 10% Einzelwort-Lesende, 47% Mehrwort-Lesende und 21,5% Viel-Lesende, wobei während Film 2 tendenziell etwas mehr gelesen wurde als während Film 1. Hochfrequenz- und Alles-Lesende waren in der Stichprobe nicht vertreten.

---

[8]   So wurde beispielsweise festgelegt, dass Nicht-Lesende durchschnittlich maximal ein Wort pro Zeile gelesen haben dürfen, da das Lesen eines einzelnen Wortes pro Zeile zufällig und ungesteuert erfolgen kann.

Einteilung nach Lesetypen Film 1 und 2:

Lesetypen Film 1

Lesetyp	Max. gelesen pro Zeile	Gesamt gelesen
Nichts-Lesende	0–1 Wort/Zeile	0–72
Einzelwort-Lesende	1–2 Wort/Zeile	73–144
Mehrwort-Lesende	2–3 Wort/Zeile	145–216
Viel-Lesende	3–4 Wort/Zeile	217–288
Hochfrequenz-Lesende	4–5 Wort/Zeile	289–360
Alles-Lesende	>5 Wort/Zeile	>361

Lesetypen Film 2

Lesetyp	Max. gelesen pro Zeile	Gesamt gelesen
Nichts-Lesende	0–1 Wort/Zeile	0–63
Einzelwort-Lesende	1–2 Wort/Zeile	64–126
Mehrwort-Lesende	2–3 Wort/Zeile	127–189
Viel-Lesende	3–5 Wort/Zeile	190–315
Hochfrequenz-Lesende	5–6 Wort/Zeile	316–378
Alles-Lesende	>6 Wort/Zeile	>379

Da in der Leseforschung die Meinung vorherrscht, dass beim Lesen auch Buchstaben um das fokussierte Wort herum wahrgenommen werden (vgl. Radach et al. 2012: 186), wurden die Lesetypen unter Berücksichtigung solcher parafovealer Areale erneut berechnet, wobei sich eine Verschiebung der Verteilung zugunsten der Lese-Typen Viel-Lesende, Hochfrequenz-Lesende und, im Fall von Film 1, auch Alles-Lesende ergab.

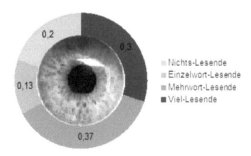

Abb. 4: Lesetypen (foveal) Film 1

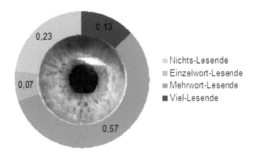

Abb. 5: Lesetypen (foveal) Film 2

Um anschließend zu bestimmen, ob zwischen der gemessenen Untertitelnutzung der Teilnehmenden und deren individuellem Wortschatzzuwachs Zusammenhänge bestehen (Hypothese 2), wurde ein Chi-Quadrat-Unabhängigkeitstest durchgeführt (vgl. Albert und Marx 2014: 136-139). Mithilfe dieses Tests lassen sich zwei Größen (hier Untertitelnutzung und Lernerfolg) auf statistische Unabhängigkeit prüfen. Dazu werden die in der Stichprobe erhobenen Werte mit einer theoretischen unabhängigen Verteilung der Größen verglichen. Für die Berechnung der Chi-Quadrat-Werte wurde die folgende Formel genutzt:

$$x^2 = \frac{(b_1 - e_1)^2}{e_1} + \frac{(b_2 - e_2)^2}{e_2}$$

Dieser Chi-Quadrat-Wert wird anschließend auf eine Chi-Quadrat-Kurve mit entsprechendem Freiheitsgrad (im vorliegenden Fall df = 2) abgetragen und die Restfläche berechnet.[9] Daraus ergibt sich ein p-Wert, der die Wahrscheinlichkeit angibt, dass eine Stichprobe bei völliger Unabhängigkeit beider Größen diese oder eine noch größere Abweichung von der erwarteten Verteilung hat. Erst wenn diese unter den kritischen p-Wert von 5% fällt, wird von einer statistischen Abhängigkeit ausgegangen.

Um den p-Wert zu berechnen, wurden Veränderungen in den Antworten der Probandinnen und Probanden von richtig zu falsch, von falsch zu

---

[9]   Die Zahl df (Freiheitsgrade, engl. *degrees of freedom*) ergibt sich aus der Differenz der Anzahl gepaarter Daten und der Anzahl untersuchter Gruppen. Anhand von df und Korrelationskoeffizienten lassen sich Signifikanzniveaus bestimmen (vgl. Albert und Marx 2014: 129).

richtig, gleichbleibend richtig und gleichbleibend falsch unterschieden. Im Anschluss wurden die Daten zum Leseverhalten in Beziehung gesetzt (während der Filmrezeption wurde (1) in die *captions* geschaut, beziehungsweise es wurde nicht (0) in die *captions* geschaut):

Tab. 1: Beobachtete und erwartete Verbesserungen Film 1

Beobachtete Verbesserungen Film 1

captions angeschaut	Ergebnis	Anzahl Ergebnis
0	besser	152
0	gleich	292
0	schlechter	63
1	besser	47
1	gleich	112
1	schlechter	24
Gesamt		690

Erwartete Verbesserungen Film 1

captions angeschaut	besser	gleich	schlechter	Gesamt
0	146,22	296,85	63,93	507
1	52,78	107,15	23,07	183
Gesamt	199	404	87	690

p-Wert = 0,54591587

Tab. 2: Beobachtete und erwartete Verbesserungen Film 2

Beobachtet Film 2

captions angeschaut	Ergebnis	Anzahl Ergebnis
0	besser	161
0	gleich	313
0	schlechter	85
1	besser	45
1	gleich	71
1	schlechter	15
Gesamt		690

Erwartet Film 2

captions angeschaut	besser	gleich	schlechter	Gesamt
0	166,89	311,10	81,01	559
1	39,11	72,90	18,99	131
Gesamt	206	384	100	690

p-Wert = 0,3347

Für Film 1 ergibt sich ein *p*-Wert von 0,5459 und für Film 2 ein Wert von $p = 0,3347$. Zusätzlich zum Zusammenhang von Lesetypen und Lernzuwachs wurde überprüft, ob sich Zusammenhänge (Korrelationen) mit anderen Faktoren wie dem Sprach-Niveau der Probandinnen und Probanden, deren Alter, Rezeptionsverhalten oder ihrer Untertitelnutzung nachweisen lassen.[10]

---

[10] Albert und Marx (vgl. 2014: 125f.) führen aus, dass Korrelationen am häufigsten dafür benutzt werden, intervallskalierte Daten miteinander zu vergleichen, wobei die Beziehung zwischen zwei Aspekten mit Hilfe eines Korrelationskoeffizienten, der zwischen -1 und +1 liegt, dargestellt wird. Nach Albert und Marx (vgl. ebd.: 130) liegt bei einem Korrelationskoeffizienten von $r = 0,9$–1 eine sehr starke, bei $r = 07$–0,89 eine ausgeprägte, bei $r = 0,4$–0,69 eine substantielle, bei $r = 0,2$–0,39 eine geringe und bei $r = 0$–0,19 keine bis eine leichte Beziehung zwischen zwei Variablen vor.

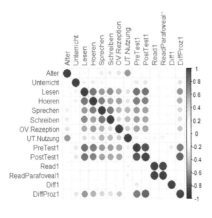   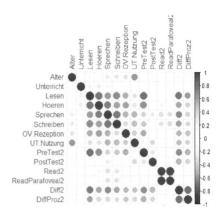

Abb. 6: Korrelationsplot Film 1   **Abb. 7:** Korrelationsplot Film 2

Beide Korrelationsplots zeigen eine mittlere negative Korrelation von $r =$ -0,6 zwischen Untertitel-Nutzung und Alter (Spalte 1 Alter, Zeile: UT-Nutzung),[11] sowie einen schwach positiven Zusammenhang von $r = 0,2$ zwischen den Kompetenzbereichen Sprechen und Schreiben, beziehungsweise einen leichten Zusammenhang von $r = 0,1$ zwischen den Kompetenzbereichen Lesen und Hören und der angegebenen Untertitelnutzung.

Da weniger absolute Verbesserung möglich ist, wenn bereits im Pre-Test gut abgeschnitten wurde,[12] wurde für die Auswertung die prozentuale (relative) Verbesserung eingeführt, welche die erreichte Verbesserung mit der maximal möglichen Verbesserung in Relation setzt:[13] Die Korrelationsplots zeigen, dass sich für die prozentuale Verbesserung in Film 1 leicht positive Korrelationen mit allen Kompetenzbereichen und der Rezeption englischer Filme in Originalsprache ergeben, während für Film 2 das Gegenteil der Fall ist. Um diese hier vorgestellten Ergebnisse zu

---

[11] Die beiden Korrelationsplots sind vereinfachte Visualisierungen von Korrelationen auf einer symmetrischen Matrix und wurden mit dem Statistikprogramm R (Funktion *orrplot*) erstellt. Kreise symbolisieren Stärke und Richtung der Zusammenhänge. Die Kategorie wird an der y-Achse abgelesen, die Korrelation mit den Kategorien auf der x-Achse zeigt sich durch Stärke und Farbe der Kreise.

[12] In den Korrelationsplots dargestellt als Diff 1 und Diff 2.

[13] Gemeint sind Fehler aus den Pre-Tests. Ein Beispiel zur Veranschaulichung: Wer im Pre-Test 22 von 23 möglichen Punkten erreicht hat, kann sich im Post-Test um maximal einen Punkt (absolute Verbesserung) verbessern. Dies entspricht einer prozentualen Verbesserung von 100%. Gemessen an der absoluten Verbesserung würden Probandinnen und Probanden mit mehr verbesserten Fehlern jedoch als besser gewertet werden, auch wenn diese Verbesserung prozentual weit unter 100% liegt.

interpretieren und mit den Hypothesen in Bezug zu setzen, widmet sich das folgende Kapitel der Diskussion und Analyse der Testergebnisse.

3.2   Interpretation und Diskussion

In Abbildung 2 und 3 wird deutlich, dass sowohl nach Film 1 als auch nach Film 2 bei allen Teilnehmenden ein Lernzuwachs zu verzeichnen ist. Somit scheint sich **Hypothese 1** (Authentisches Filmmaterial mit intralingualen Untertiteln unterstützt den Wortschatzerwerb) zunächst zu bestätigen.

Ein Blick auf die Standardabweichung zeigt jedoch, dass die Streuung des Lernzuwachses sehr hoch ist. Während sich der Lernzuwachs in Film 1 im positiven Bereich, zwischen mindestens einer und maximal sieben neu erlernten Vokabeln bewegt, ist die Streuung im Lernzuwachs bei Film 2 sogar noch größer und bewegt sich von keiner bis hin zu maximal neun neu gelernten Vokabeln. Daraus lässt sich schließen, dass das zunächst positiv scheinende Ergebnis durch Probandinnen und Probanden, die besonders viel gelernt haben, verzerrt wird. Dies zeigt sich auch in der prozentualen Verteilung der Verbesserung über alle Teilnehmenden. Im Mittel wurde in Film 2 wesentlich schlechter gelernt (nur 9% durchschnittlicher Wortschatzzuwachs) als in Film 1, bei dem sich die Probandinnen und Probanden um durchschnittlich 44% verbesserten. Es scheint daher, als sei der Erfolg multimedialen Lernens nicht per se gegeben, sondern interindividuell verschieden und von bestimmten Faktoren abhängig. Nun stellt sich die Frage, wieso die Probandinnen und Probanden mit Film 1 offenbar weniger Schwierigkeiten hatten als mit Film 2. Eine mögliche Ursache könnte in der Ausgestaltung der unabhängigen Variablen liegen.

Hypothese 2 besagt, dass Fremdsprachenlernende beim Lernen mit *captions* unterschiedliche Lesestrategien nutzen. Es wird die Existenz verschiedener Lesepräferenzen für das Lernen mit Untertiteln vermutet. Diese Annahme konnte durch die Messung fovealer Fixierungen mithilfe eines *Eye-Trackers* belegt werden. Abbildung 6 und 7 zeigen, dass sich für Film 1 und Film 2 ähnliche Leseverteilungen ergeben, wobei der Anteil der Mehrwort-Lesenden und der Nichts-Lesenden in den komplexeren *captions* von Film 2 leicht anstieg. Die Länge der Untertitel scheint also keinen direkten, beziehungsweise einen nur geringen Einfluss auf das individuelle Leseverhalten der Probandinnen und Probanden auszuüben.

Im Rahmen von Hypothese 2 wurde zudem untersucht, ob ein systematischer Zusammenhang zwischen spezifischen Lesestrategien und individuellem, kurzfristigem Lernerfolg besteht. Diese Überlegung konnte d nicht bestätigt werden. Da beide *p*-Werte wesentlich höher sind als der kritische (*p*)-Wert von 5%, kann die Annahme, dass das beobachtete Ergebnis dem Zufall geschuldet sein könnte, nicht schlüssig widerlegt werden. Dies könnte mit der diversen Versuchsgruppe zu erklären sein, weshalb eine weitere Studie, in der nach Alter und Niveau getrennt untersucht wird, wünschenswert wäre. Entsprechend scheinen zwar durchaus verschiedene Lesetypen zu existieren, allerdings lassen sich aus der vorliegenden Studie keine Empfehlungen zu einem bestimmten Leseverhalten für einen verbesserten Vokabelerwerb unter Rezeption audiovisueller Medien ableiten.

In **Hypothese 3** (Die Ausgestaltung der *captions* hat Einfluss auf den Lernerfolg) wird im Zusammenhang mit Wort-Bild Kongruenz (unabhängige Variablen 1 und 2) betrachtet. Ein direkter Vergleich der beiden Post-Test-Ergebnisse zeigt, dass einzeilige Untertitel und starke Wort-Bildkongruenz (unabhängige Variable 1) den Lernerfolg der Probandinnen Probanden beförderten, während zweizeilige Untertitel und geringe Wort-Bild Kongruenz (unabhängige Variable 2) nur bei einigen Lernenden zu Erfolgen führten, welche jedoch, wie die hohe Standardabweichung von $SD = 7$ zeigt, teilweise enorm waren. Die Auswertung der Fragen zu visuellen Details konnte zudem zeigen, dass visuelle Informationen vermutlich durch die Teilung der Aufmerksamkeit auf *captions* und Bild verloren gehen können.

Da die Bestandteile der unabhängigen Variable (Zeilenumfang, Einblendedauer und Wort-Bild Kongruenz) im vorliegenden Design jedoch kaum voneinander zu trennen sind, bleibt unklar, ob lediglich einzelne Komponenten der unabhängigen Variable (z.B. die Wort-Bild Kongruenz) oder deren Kombination ursächlich für den Lernerfolg der Probandinnen und Probanden sind. Entsprechend kann zwar, wie in Hypothese 3 angenommen, bestätigt werden, dass die Ausgestaltung der *captions* Einfluss auf den Lernerfolg von Lernenden hat, jedoch lässt sich die Frage nach der idealen Gestaltung von *captions* zur Förderung des Spracherwerbs hier nicht beantworten.

3.3 Limitationen und Reflexion

Die durchgeführte Studie weist einige Defizite auf, auf die im Folgenden kurz hingewiesen werden soll. So argumentiert Stemplewski (vgl. 1994: 11), dass mehrmaliges Ansehen von Filmmaterial zur Erweiterung des Wortschatzes am sinnvollsten sei. In Anbetracht des enormen Umfangs des Tests war es in der vorliegenden Studie jedoch nicht möglich, den Teilnehmenden das Filmmaterial mehrfach zu präsentieren. Zudem kann nur darüber spekuliert werden, ob die Probandinnen und Probanden die neu dazugewonnenen Vokabeln nach der einmaligen Präsentation in den Filmclips auch langfristig behalten werden. Um valide Aussagen darüber treffen zu können, wäre eine erneute Erhebung im Rahmen einer Longitudinalstudie nötig.

An dieser Stelle sei auch darauf hingewiesen, dass ein *Priming Effect* durch die beiden Pre-Tests nicht ausgeschlossen werden kann, sodass das Ergebnis möglicherweise leicht verfälscht ist. Auf ein doppeltes Testdesign, in dem die eine Hälfte der Teilnehmenden Film 1 und die andere Hälfte Film 2 zuerst sieht, musste aufgrund des hohen Aufwands bei der Erstellung des Experiments in der *Eye-Tracking*-Software dennoch verzichtet werden. Für weitere Forschung wären ein doppelter Experimentaufbau mit einer größeren Stichprobe sowie die Erweiterung des Fragebogens um zusätzliche, irrelevante Items zur Kovariatenkontrolle sinnvoll, da diese den *Priming Effect* verringern und Müdigkeit oder geschwächte Konzentration als Ursachen für die schlechteren Ergebnisse in Post-Test 2 ausschließen würden. Obwohl die durchgeführte Studie also einige Schwächen aufweist, konnte sie dennoch zeigen, dass *captions* den Lernerfolg fördern, wobei Struktur von besonderer Relevanz zu sein scheint, während das individuelle Leseverhalten keinen Einfluss auf den Lernzuwachs zeigt.

4 Fazit

Die Vielseitigkeit authentischen Filmmaterials sowie dessen Potenzial für den Wortschatzerwerb im Fremdsprachenunterricht (FSU) sind unbestreitbar. Für Schülerinnen und Schüler wirkt der Einsatz von Film im FSU nicht nur motivierend und aufmerksamkeitsfördernd, sondern kann zudem Sprachfertigkeiten wie Aussprache, Hörverstehen und Leseverstehen verbessern. Für eine institutionalisierte regelmäßige Nutzung von Filmen im FSU bleiben bisher jedoch noch zu viele schulpraktische Fragen offen, die in wissenschaftlichen Studien meist nicht im Fokus stehen. Es war das erklärte Ziel dieser Studie, Antworten auf einige häufig gestellte Fragen zum schulischen Arbeiten mit *captions* zu generieren.

Die vorliegende Studie veranlasst zu dem Schluss, dass das multimediale Lernen mit authentischem Filmmaterial mit *captions* ein angemessenes Mittel ist, um den Wortschatzerwerb von Lernenden zu fördern. Die sehr heterogene Zusammensetzung der untersuchten Stichprobe hat überdies gezeigt, dass sich dieser Effekt nicht nur auf Schülerinnen und Schüler beschränkt, sondern möglicherweise universell sein könnte. Auch wenn der Gebrauch von *captions* für Lernende zunächst ungewohnt ist, konnte belegt werden, dass in ihnen ein enormes Potenzial zum Fremdsprachenerwerb steckt. Hierbei scheint nicht relevant zu sein, wie gut die individuelle Lesekompetenz der Lernenden entwickelt ist, sondern die Struktur (1-zeilig; 2-zeilig) der *captions* selbst. Als Empfehlung für die schulische Praxis ist daher festzuhalten, dass einzeilige *captions* mit hoher Wort-Bild-Kongruenz im schulischen Kontext zu bevorzugen sind.

Film als mehrkanaliges, multimodales Medium kann und muss aufgrund dieses Potenzials im schulischen Alltag mehr Berücksichtigung finden. Weitere Tests zu den hier untersuchten Hypothesen könnten dabei helfen, dass Filme mit *captions* als Medium den Wortschatzerwerb von Lernenden im künftigen FSU bereichern.

Literatur

Albert, R. & Marx, N. (2014): *Empirisches Arbeiten in Linguistik und Sprachlehrforschung. Anleitung zu quantitativen Studien von der Planungsphase bis zum Forschungsbericht.* Tübingen: Narr.

Bühner, M. (2006): *Einführung in die Test- und Fragebogenkonstruktion.* München: Pearson Studium.

Chiesa, M., Hobbs, S. (2008): Making sense of social research. How useful is the Hawthorne Effect? In: *Eur. J. Soc. Psychol. 38* (1), 67–74.

Grum, U. (2016): Metaanalyse zum Einfluss intralingualer Filmuntertitel auf das fremdsprachliche Hör-Sehverstehen. In: Böttger, H. und Sambanis, M. (Hrsg.): *Focus on Evidence. Fremdsprachendidaktik trifft Neurowissenschaften.* Tübingen: Narr Francke Attempto, 211–226.

KMK – Sekretariat der Ständigen Konferenz der Kultusminister der Länder in der Bundesrepublik Deutschland (2003): *Bildungsstandards für die erste Fremdsprache (Englisch/Französisch) für den Mittleren Schulabschluss. Beschlüsse der Kultusministerkonferenz.* München.

KMK – Sekretariat der Ständigen Konferenz der Kultusminister der Länder in der Bundesrepublik Deutschland (2016): *Strategie der Kultusministerkonferenz: „Bildung in der digitalen Welt".*

Kötzing, A. (2005): Editorial. In: *Aus Politik und Zeitgeschichte (Apuz)* 44, 2. Editorial.

Radach, R., Günther, T. & Huestegge, L. (2012): Blickbewegungen beim Lesen, Leseentwicklung und Legasthenie. In: *Lernen und Lernstörungen 1* (3), 185–204.

Rampillon, U. (1996): *Lerntechniken im Fremdsprachenunterricht – Handbuch.* Ismaning: Hueber.

Senatsverwaltung für Bildung, Jugend und Sport (2017): *Berliner Rahmenlehrplan. Moderne Fremdsprachen, Jahrgangsstufen 1–10. Teil C.*

Stempleski, S. & Tomalin, B. (1997): *Video in action. Recipes for using video in language teaching.* New York: Prentice-Hall.

Stempleski, S. (1994): Teaching Communication Skills with Authentic Video. In: Stempleski, S. & Arcario, P. (Hrsg.): Video in Second Language Teaching: Using, Selecting, and Producing Video for the Classroom. In: *TESOL*, 7–24.

Thaler, E. (2017): *Teaching English with films.* Paderborn: Schöningh.

Julia Weltgen

Blicke durch die inklusive Brille – eine *Eye-Tracking*-Lesestudie

1   Lesen als Herausforderung für inklusive Unterrichtssettings

Über 12% deutscher Erwachsener verfügen über sehr geringe Lesekompetenzen (vgl. Grotlüschen et al. 2019: 5). Das bedeutet, dass sie nur einzelne Wörter oder kurze Sätze lesen können (ebd.). Das betrifft ca. sechs Millionen Menschen in Deutschland (ebd.). Ein geringer oder kein Schulabschluss kann dabei nicht als Erklärung dienen, da gleichzeitig durch die Daten deutlich wird, dass etwa 35% der sechs Millionen Erwachsenen über einen höheren Schulabschluss verfügen (ebd.: 11).

Die implizite Annahme, dass Lesekompetenzen durch die Beschulung in der Grundschule ausgebildet werden, kann damit nicht auf alle Menschen zutreffen. Umso deutlicher wird die entscheidende und bedeutende Rolle einer adäquaten – inklusiven – Unterrichtsgestaltung, in der auf die persönliche Leseentwicklung der Lernenden Rücksicht genommen wird. Nur so kann der Leseprozess mit positiven Erfahrungen verbunden und Lesestrategien können entwickelt werden. Entsprechend sollte die Frage nach der Lesekompetenz der Lernenden nicht mehr nur während der Grundschulzeit wesentlich sein, sondern auf die weitere Schulzeit sowie alle Unterrichtsfächer und nicht nur auf den Deutschunterricht übertragen werden. Die aktuellen Daten der *LEO-Leben-mit-geringer-Literalität*-Studie (vgl. Grotlüschen et al. 2019) verdeutlichen dabei, wie vielfältig ausgeprägt die Kompetenzen sind. Entsprechend muss auf diese Vielfalt der Menschen und im Kontext Schule auf die der Schülerinnen und Schüler eingegangen werden.

Bislang scheint es häufige Praxis zu sein, dass allen Lernenden ein Lesetext (oder auch die Aufgaben und Arbeitsaufträge) auf identische, optische Weise dargeboten wird. Dies mag dem Umstand geschuldet sein, dass ausgedruckte Texte nicht mehr adaptierbar sind. „Anstatt die Schüler dem Lernstoff anzupassen, haben Schulen nun die Aufgabe, unterschiedliche Lernwege und Ziele zu eröffnen und Vielfalt als positive Ressource zu entdecken." (Boban 2012: 13). Bobans Aussage im Kontext von Inklusion ist somit auch auf die Gestaltung von Lesesettings übertragbar: Nicht die Lernenden müssen sich Lesetexten anpassen, sondern die Texte müssen an die Bedürfnisse der Lesenden adaptiert werden.

In diesem Beitrag wird ein Forschungsprojekt vorgestellt, welches das inklusive Potenzial von Lesetextadaptionen mithilfe von *Eye-Tracking* er-

forscht. Dazu wird zunächst im folgenden Kapitel 2 auf bisherige Erkenntnisse aus der Leseforschung eingegangen, die wesentliche Grundlage für die
Konzeption des Forschungsprojekts (Kapitel 3) sind. Der Beitrag schließt mit
einem Fazit aus den ersten Erkenntnissen und Einblicken durch das Forschungsprojekt in Kapitel 4, in welchem der Mehrwert des *Eye-Tracking* für
die Leseforschung herausgestellt wird.

2   Erkenntnisse und Annahmen zu Leseprozessen

2.1   Modell des Lesens

Als Grundlage für sämtliche Annahmen hinsichtlich der Hypothesenbil-
dung zur Lesegeschwindigkeit kann das sogenannte Zwei-Wege-Modell
(vgl. Scheerer-Neumann 1990, Abb. 1) dienen.

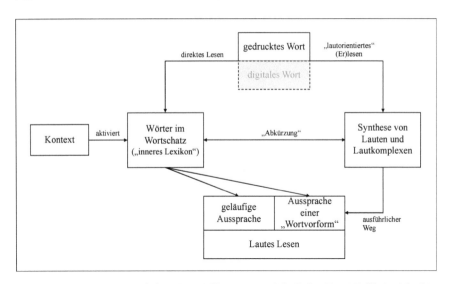

Abb. 1: Lesestrategien und ihre Entwicklung im 1. Schuljahr. Zwei Fallbeispiele (eigene Darstellung, verändert nach Scheerer-Neumann 1990: 21)

Es ist zu erkennen, dass – wie der Name des Modells angibt – zwei Möglichkeiten zum Lesen eines Wortes existieren. Das synthetische Lesen, in der
Abbildung rechts dargestellt, ist dabei die Lesestrategie, die mehr Zeit in
Anspruch nimmt, bis ein Wort erlesen wurde. Sie ist typisch für Menschen,
die sich im Prozess des Leselernens befinden. Menschen, die diese Stufe des
Lesens abgeschlossen haben, verwenden dagegen die Strategie des sogenannten direkten Lesens. Bei dieser wird auf Kontextinformationen und auf
den persönlichen Wortschatz zurückgegriffen. Dadurch müssen nicht mehr

einzelne Laute und Silben „zusammengeschliffen" werden. Vielmehr kann durch das Erkennen des Wortphänotyps auf diese geschlossen und direkt die geläufige Aussprache einer Silbe oder eines Wortes erkannt werden. Dadurch nimmt dieser Leseprozess wesentlich weniger Zeit in Anspruch. Letztlich müssen Menschen, die direkt lesen können, nur noch auf das „lautorientierte" (Er)lesen zurückgreifen, wenn Begriffe für sie unbekannt sind.

Festzuhalten ist also, dass die Zeit, die zum Lesen eines Wortes oder Textes von einer Person benötigt wird, im Zusammenhang mit der verwendeten Lesestrategie stehen kann. Zu bedenken ist jedoch dabei, dass diese von dem Anspruchsniveau des Textes abhängt: Texte mit vielen (fremden) Fachbegriffen und hoher thematischer Komplexität verlangsamen den Prozess bei Lesenden, die eigentlich direkt lesen können (vgl. Abbildung 2).

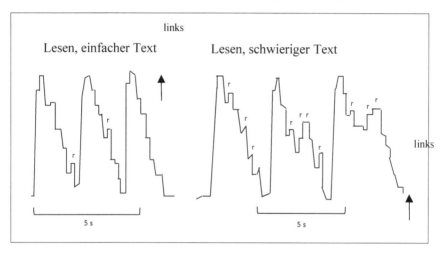

Abb. 2: Unterschiedliche Lesegeschwindigkeiten in Abhängigkeit vom Anspruchsniveau des Lesetextes (eigene Darstellung, verändert nach Grüsser & Grüsser-Cornels 1995: 279)

Die Daten aus Abbildung 2 zeigen, dass für das Lesen des schwierigeren Textes mehr Regressionssakkaden benötigt werden. Sakkaden sind Augenbewegungen, die den Punkt des schärfsten Sehens über den Lesetext springen lassen. Entsprechend bedeutet eine Regressionssakkade, dass das Auge entgegen der Leserichtung bewegt wurde, um ein Wort oder eine Silbe erneut zu lesen. In Abbildung 2 ist diese Augenbewegung mit einem „r" gekennzeichnet.

Für Studien, die Leseprozesse in den Fokus der Aufmerksamkeit stellen, kann also festgehalten werden: Das hinreichende Kriterium der Lesegeschwindigkeit als Indikator für die Lesekompetenz muss im Kontext des Anspruchsniveaus des Textes gesehen werden. Entsprechend muss für das Design einer Studie sichergestellt sein, dass Ergebnisse nicht durch das Anspruchsniveau eines Textes verfälscht werden, wenn beispielsweise für Schülerinnen und Schüler unterschiedlicher Altersstufen der identische Lesetext verwendet wird.

In Abbildung 1 ist zu erkennen, dass der ursprünglichen Darstellung des Ausgangspunktes des Leseprozesses, „gedrucktes Wort", grau hinterlegt eine Erweiterung, „digitales Wort" (Darstellung auf z.B. Bildschirmen von Tablets), hinzugefügt wurde. Dass heutzutage Wörter und Texte nicht mehr nur in gedruckter Form vorliegen, sondern ebenfalls digital sein können, ist eine Selbstverständlichkeit. Entsprechend werden im folgenden Kapitel digitale Texte fokussiert.

2.2   Lesen im Kontext der Digitalisierung

Gerade in den vergangenen Jahren war die Frage zentral, ob und inwieweit sich Leseprozesse in Abhängigkeit des Mediums unterscheiden. Zwar scheint die Digitalisierung von Unterrichtssettings nur langsam voranzuschreiten (vgl. Medienpädagogischer Forschungsverbund Südwest 2017), jedoch gibt es Hinweise auf einen sogenannten universalen Trend zur E-Book-Verwendung (Kretzschmar et al. 2013: 1). Gerade bei der Frage nach der empfundenen Leseeffektivität wird in ihrer Studie deutlich, dass die Wahrnehmung des Leseprozesses und die subjektive Präferenz nicht zwingend mit der Leseeffektivität zusammenhängen (vgl. ebd.: 8).
    Unterschiede im Leseverhalten im Vergleich von digitalen und Print-Medien konnten sowohl Garland & Noyes (2004) als auch Mangen et al. (2013) feststellen. Der Umgang mit ausgedruckten Texten war in den Studien effektiver. Garland & Noyes (2004: 1) erklären, dass bei Ausdrucken der Wissenstransfer besser ablaufe, was durch das Arbeiten auf mehreren sensorischen Ebenen (visuell und haptisch beispielsweise) erklärt werden könne (vgl. Mangen et al. 2013: 65 f.). Es konnte aber – und das scheint die wesentliche Erkenntnis für den inklusiven Kontext zu sein – ebenfalls gezeigt werden, dass durch das bewusste, methodische Instruieren und Arbeiten mit digitalen Medien der Rückstand im Vergleich zu ausgedruckten Medien aufgeholt werden kann (vgl. Lautermann & Ackermann 2014: 458 ff.). Andererseits ergibt sich jedoch eine große inklusive Herausforderung: Ein effektiver Umgang und das effektive Arbeiten und Lesen im Kontext von Digitalisierung bedeuten entsprechend, dass dies mit den Lernenden methodisch erarbeitet werden muss. Eine Nicht-Thematisierung kann somit unter Umständen beinhalten, dass Schülerinnen und Schüler, für die

das Arbeiten beispielsweise mit Laptops oder Tablets nicht zur Gewohnheit gehört, benachteiligt werden könnten.

Zwar erscheinen die Unterschiede im Gerätebesitz zwischen Jugendlichen unterschiedlicher Bildungsschichten nur gering, dennoch ist festzuhalten, dass „Jugendliche mit formal höherem Bildungsniveau häufiger Laptops (Haupt-/Realschule: 44%, Gymnasium: 60%) besitzen." (Medienpädagogischer Forschungsverbund Südwest 2018: 10). Des Weiteren spielen E-Books im Alltag der Jugendlichen auch im Jahr 2018 nur eine sehr geringe Rolle (ebd.: 19 f.). Entsprechend kann davon ausgegangen werden, dass wenige bis keine Erfahrungen hinsichtlich der Möglichkeiten von individuellen Textanpassungen vorhanden sind. Umso wichtiger ist also der explizite Umgang mit den Adaptionsmöglichkeiten von Texten im inklusiven Unterricht. Das setzt jedoch voraus, dass das Potenzial von Adaptionsmöglichkeiten für Texte, wie z.B. die Anpassung der Schriftart an persönliche Bedürfnisse, erforscht wird.

3   WoRdS – Forschungsprojekt

Die Adaptionsmöglichkeiten für digitale Texte sind vielfältig und reichen von der Anpassung der Schriftgröße und des Zeilenabstands bis hin zu der der Schriftart. Insbesondere die Schriftartwahl scheint dabei eine umstrittene Adaptionsoption darzustellen, denn die aktuelle Studienlage hinsichtlich vieler Charakteristika ist nicht eindeutig und es besteht großer Forschungsbedarf hinsichtlich der Potenziale, aber auch Herausforderungen – nicht nur im Kontext von Digitalisierung (vgl. für eine Zusammenfassung Weltgen (ersch. 2020).

Das aktuelle Forschungsprojekt *WoRdS* (**Wort-R**eaktionszeit **d**er **S**chriftarten), welches im Folgenden beschrieben wird, ist aus der *Researcher*-Kooperation zwischen den Arbeitsgebieten der Inklusiven Pädagogik (Julia Weltgen) und der Englischdidaktik (Joanna Pfingsthorn) der Universität Bremen entstanden. In ihm sollen sowohl aus fremdsprachlicher als auch aus muttersprachlicher Perspektive Leseprozesse erforscht und Potenziale von digitalen Adaptionsmöglichkeiten, wie z.B. die Schriftartanpassung, beschrieben werden. Das Forschungsprojekt umfasst zwei Teilstudien: Während sich eine mit den grundsätzlichen Leseprozessen von Texten verschiedener Schriftarten beschäftigt, fokussiert sich eine weitere auf die Worterkennung. Beide Studien befinden sich im Status der Datenerhebung.

Im Folgenden wird die Teilstudie vorgestellt, die das Erkennen von Wörtern innerhalb eines Satzes in Abhängigkeit von der Schriftart ins Zentrum der Aufmerksamkeit stellt.

3.1   Untersuchungsdesign und Methodik

Im Rahmen der Teilstudie, die sich auf Reaktionszeiten fokussiert, steht die Frage im Vordergrund, inwieweit eine Schriftart die Reaktionszeit bei der Wort-/Satz-Identifikation beeinflusst. Bedingt durch diese Fragestellung ergeben sich Konkretionen bei der Klassifikation des Untersuchungsdesigns (vgl. Döring & Bortz 2016: 183):

Tab. 1: Klassifikation des Untersuchungsdesigns (eigene Darstellung verändert nach Döring & Bortz 2016: 183)

Kennzeichen des Untersuchungsdesigns	*Konkretion für das WoRdS-Forschungsprojekt*
Wissenschaftstheoretischer Ansatz der Studie	*Mixed-Methods*-Studie
Erkenntnisziel der Studie	Anwendungswissenschaftliche Studie - Unabhängige Studie
Gegenstand der Studie	Empirische Studie - Originalstudie
Datengrundlage der Studie	Primäranalyse
Erkenntnisinteresse	Explorative (gegenstandsbeschreibende/theoriebildende) Studie
Untersuchungsort	Feldstudie
Anzahl der Untersuchungszeitpunkte	(Quasi)experimentelle Studie ohne Messwiederholungen (*„between-subjects design"*)
Anzahl der Untersuchungsobjekte	Gruppenstudie - Stichprobenstudie

Da im Rahmen der Studie sowohl qualitative als auch quantitative Daten durch die Aufnahme der Augenbewegung von Studierenden der Universität Bremen und kurzen Post-Interviews einerseits und der Erhebung der Reaktionszeiten andererseits erfasst werden, handelt es sich um einen *Mixed-Methods*-Ansatz. Weiter ist es, wie in Tabelle 1 dargestellt, eine anwendungswissenschaftliche Studie mit explorativem Erkenntnisinteresse, deren Charakteristikum von Döring & Bortz (2016) wie folgt beschrieben wird:

> Im Unterschied zu Grundlagenforschung zielt die Anwendungsforschung bzw. angewandte Forschung (...) hinsichtlich ihres Erkenntnisziels auf die Lösung **praktischer Probleme** oder die Verbesserung von Maßnahmen und Technologien ab. Ihr Erkenntnisgewinn wird an praxisrelevanten Ergebnissen gemessen. (ebd.: 185)

Für die Studie wurden Wortlisten erstellt, die sowohl aus existierenden als auch aus Nicht-Wörtern in englischer Sprache bestehen. Dafür wurden

Wortsysteme entwickelt, die jeweils aus fünf Begriffen zusammengesetzt wurden und in systematischem Zusammenhang stehen (vgl. Tabelle 2):

Tab. 2: Begriffssystem für das *Base Word fair* (eigene Darstellung)

Kategorie	Beispiel
Base Word	Fair
Control Word	Nice
Homophone	*fare
Pseudohomophone	*faer
Control-Non-Word	*fune

In Tabelle 2 ist ein Beispiel für ein Begriffssystem zu sehen. Neben dem *Base Word* wurden für jedes *Control Word* entsprechende *Homo-* und *Pseudohomo-phones* sowie *Control-Non-Words* entwickelt. Diese Begriffe wiederum wurden in einen Satz eingebettet, für das oben angeführte Begriffssystem bei-spielsweise *The weather is _____.* Daraus ergeben sich Sätze wie *The weather is fair.* vs. **The weather is fune.*

Für jede Kategorie wurden vom Projektteam für die Reaktionszeit zur Entscheidung *richtig* oder *falsch* Hypothesen auf der Grundlage von Porpo-das, Pantelis & Hantziou (1990) sowie des Zwei-Wege-Modells aufgestellt (vgl. Abbildung 3):

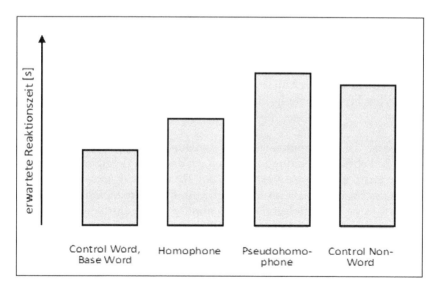

Abb. 3: Erwartete, relationale Reaktionszeiten in Abhängigkeit zur Wortkategorie (eigene Darstellung)

Es wird angenommen, dass bekannte *Control* und *Base Words* im Vergleich zu den anderen Wörtern am schnellsten identifiziert werden, da sie direkt gelesen werden können. Erwartet werden keine signifikanten Unterschiede in der Reaktionszeit, sofern beide Wörter bekannt sind.

Übertragen auf die Satzebene wird angenommen, dass Sätze mit *Control* oder *Base Words* die geringste Zeit benötigen, bis es zu einer Entscheidung *richtig* oder *falsch* kommt. Da Homophone ebenfalls direkt gelesen werden können, jedoch im Satzzusammenhang orthographisch inkorrekt sind, wird es mehr Zeit in Anspruch nehmen, bis sich die Teilnehmenden für eine Antwort entscheiden. Weiter ist anzunehmen, dass gerade Pseudohomophone im Zusammenhang mit einer längeren Reaktionszeit stehen. So muss das unbekannte Wort zunächst „lautorientiert" (vgl. Abb. 1) erlesen und dadurch die Phonologie erschlossen sowie erkannt werden, dass dieses Wort zwar phonologisch passt, jedoch graphisch nicht stimmig ist. Erst nachdem dies erfolgt ist, kann es zu einer Reaktion kommen. Eine schnellere Reaktion zur Entscheidung wird hingegen bei den *Control Non-Words* erwartet. Zwar müssen auch diese erst erlesen werden, durch die unstimmige Phonologie sollte die Entscheidung jedoch insgesamt schneller erfolgen können.

Um auszuschließen, dass *Control Words* oder *Control Non-Words* fälschlicherweise nicht als korrekt identifiziert oder aber falsche Begriffe als korrekt wahrgenommen werden, kommt es im Zuge der Datenerhebung zusätzlich zu der Abfrage, welche Begriffe bekannt bzw. existent sind. Im Zusammenhang mit der Darbietung der Wörter und Sätze werden verschiedene Schriftarten verwendet, um zu überprüfen, ob die Schriftart einen Einfluss auf die Reaktionsgeschwindigkeit hat. Es werden zur Darstellung zum einen Verdana als serifenlose und Georgia als Serifen-Schrift verwendet. Zum anderen wurde eine Schriftart verwendet, die speziell für Menschen mit Lese-Rechtschreib-Schwierigkeiten entwickelt wurde und *Open Dyslexic* heißt.

Aufgabe der Teilnehmenden während der Durchführung ist es, in möglichst kurzer Zeit eine Entscheidung zu treffen, ob das Wort richtig im Satzkontext ist oder nicht, z.B. *The weather is fair.* vs. **The weather is fune.* Die Entscheidung muss für jeden Satz im Einzelnen getroffen werden. Um auszuschließen, dass es zu Reihenfolgeeffekten kommt, wird die Darbietung der Sätze randomisiert.

3.2   Erste Einblicke

Wie beschrieben befindet sich die Studie im Status der Datenerhebung, weshalb bislang nur erste Einblicke gegeben werden können. Im Folgenden werden Erkenntnisse durch das *Eye-Tracking* ins Zentrum der Aufmerksamkeit gestellt.

Es zeigt sich bei den Teilnehmenden ein Trend, der die Identifikation von *Homophones* betrifft. Während, wie erwartet, *Control-Non-Words* sowie *Base Words* und *Control Words* sehr schnelle Reaktionszeiten aufweisen, spiegeln die Daten der *Homophones* eine längere Reaktionszeit der Teilnehmenden bei den verschiedenen Beispielen wider. Durch das *Eye-Tracking* sowie durch die Post-Interviews kann hier jedoch für die Einzelfälle gefolgert werden, dass sich die längere Reaktionszeit in diesen Fällen auf die Anwendung einer Lesestrategie zurückführen lässt:

Es kann interpretiert werden, dass einige Teilnehmende, nachdem sie ein Wort als korrekt identifiziert hatten, noch einmal den gesamten Satz als Kontrolle lasen. Dieses Verhalten konnte ebenfalls zum Teil bei *Base Words* festgestellt werden, jedoch war bei diesen Begriffen die Zeit bis zum Treffen einer Entscheidung im Vergleich kürzer. Dieses Verhalten zeigte sich im *Eye-Tracking* durch die im Satz rückwärtsgerichtete Augenbewegung (vgl. Abbildung 4):

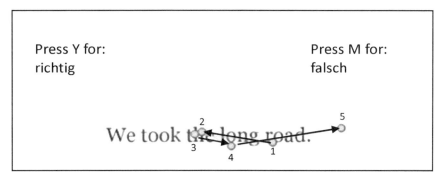

Abb. 4: Augenbewegung (Punkte stehen für Fixationen) (eigene Darstellung)

Gerade die Post-Interviews zeigten, dass sich die Teilnehmenden dieser Vorgehensweise zumeist nicht bewusst waren und eher angaben, den Satz lediglich in Leserichtung gelesen und sich im Anschluss entschieden zu haben. Nur eine geringe Minderheit gab diese Strategie als bewusstes Vorgehen zur Entscheidungsfindung an.

4   Fazit

Das Verfügen über Lesekompetenzen als Kulturtechnik ist für den Alltag und die Teilhabe in der Gesellschaft von großer Bedeutung. Durch die Digitalisierung ergeben sich heutzutage jedoch Möglichkeiten der individuellen Textanpassung, die es so im Kontext von Leseprozessen bei ausgedruckten

Texten noch nicht zuvor gegeben hat, da jetzt jede/r Lernende eigenständig Texte den eigenen Bedürfnissen anpassen kann. Des Weiteren ist es durch die *Eye-Tracking*-Technik wie oben gezeigt möglich, Blickbewegungen zu erfassen und auszuwerten und damit vertiefende Erkenntnisse zu Leseprozessen zu erhalten.

Das hier vorgestellte Forschungsprojekt hat zum Ziel, das inklusive Potenzial von Schriftarten zu erforschen und befindet sich im Anfangsstadium der Datenerhebung. Bei dieser wurde deutlich, wie bereichernd die Kombination von quantitativen Erhebungsinstrumenten mit qualitativen ist. Nicht nur die Interviews, sondern gerade auch die Ergebnisse des *Eye-Tracking* als Mehrwert der Digitalisierung geben Einblicke, wie Leseprozesse abgelaufen sein könnten. Die Überprüfung, dass tatsächlich auch gelesen und nicht nur mit den Augen über Wörter geflogen wird, erfolgt in dieser Studie durch Inhaltsfragen.

Natürlich wäre es ideal, durch Forschungen konkrete Charakteristika von Schriftarten ausmachen zu können, die für den Leseprozess hinderlich oder förderlich sind. Dennoch – und so spiegelt es die aktuelle Forschungslage wider – sind zurzeit keine eindeutigen Aussagen dazu möglich, ob Schriftarten Auswirkungen auf Leseprozesse haben oder nicht, da beides durch verschiedenste Studien belegt bzw. widerlegt werden kann. Da in Forschungsprojekten oftmals versucht wird, Erkenntnisse für kategoriale Gruppen wie *mit* und *ohne Lese-Rechtschreib-Schwierigkeiten* zu erlangen, wird für die Leseforschung das Desiderat formuliert, auch auf individuelle Variationen von Lesekompetenzen der Lesenden in der Forschung einzugehen (vgl. Raddach & Kennedy 2013: 441). Das bedeutet für die Forschung zum einen, dass weiter die Auswirkungen von Schriftarten auf Leseprozesse untersucht werden müssen, um grundsätzliche Anhaltspunkte über potenziell hemmende oder fördernde Merkmale von Schriftarten zu erhalten. Beispielsweise ist nach wie vor nicht eindeutig geklärt, ob speziell designte Schriftarten leseprozessfördernd sind. Zum anderen muss der Individualität von Leseprozessen Rechnung getragen und nicht mehr ein Text für alle Lernenden in der Schule in derselben Schriftart dargeboten werden. Es können dafür individuelle Leseprozesse von Lernenden mit dem persönlichen Empfinden einer Schriftart abgeglichen werden. Gerade hier stellt das *Eye-Tracking* als diagnostische Methode für z.B. den schulischen Kontext großes Potenzial dar, da sie als unkompliziert umzusetzende Methode mit schneller Ergebnisdarstellung zügig individuelle Erkenntnisse liefern kann. Dadurch entsteht das Potenzial einer schnellen und individuellen Anpassung von digitalen Lesetexten. Gerade bei ausgedruckten Texten ist die Individualisierung z.B. in der Schule komplex, da Lehrende vor dem Druck die gewünschte Schriftart der Lernenden kennen und damit unter Umständen eine Vielzahl an unterschiedlichen Adaptionen treffen müssen. Durch die Option der Digitalisierung fällt jedoch die Anpassung von Lesetexten in die Hände des/der Lesenden und wird nicht an Lehrende ausgelagert. Die Schülerinnen und Schüler können damit selbstständig über die Auswahl von Anpassungen, die sie verwenden wollen, verfügen. Auf diese Weise sollten ein Selbstverständnis geschaffen und Medienkompetenzen entwickelt werden, damit jede und jeder Lesende die Möglichkeit hat, sich dieser Adaptionen zu bedienen, um das Lesen so angenehm, spannend und erkenntnisreich wie möglich zu gestalten.

Literatur

Boban, I. (2012): Das Leben ist vielfältig – Die Schule wird es auch. Schritte zum pluralistischen Lernen in einer „Schule für alle". In: mittendrin e.V., Stangier, S. & Thoms, E.-M. (Hrsg.): *Eine Schule für alle. Inklusion umsetzen in der Sekundarstufe*, Mülheim an der Ruhr: Verlag an der Ruhr, 13–20.

Döring, N. & Bortz, J. (2016): Untersuchungsdesign. In dies. (Hrsg.): *Forschungsmethoden und Evaluation in den Sozial- und Humanwissenschaften*. 5.Auflage. Berlin, Heidelberg: Springer, 181–220.

Garland, K. J. & Noyes, J. M. (2004): CRT monitors. Do they interfere with learning? In: *Behaviour & Information Technology*, 23(1), 43–52.

Grotlüschen, A., Buddeberg, K., Dutz, G., Heilmann, L. & Stammer, Chr. (2019): *LEO 2018 – Leben mit geringer Literalität*. Pressebroschüre. Abrufbar unter: http://blogs.epb.uni-hamburg.de/leo (Stand: 15.11.2019)

Grüsser, O. J., & Grüsser-Cornels, U. (1995): Gesichtssinn und Okulomotorik. In: Schmidt R.F. & Thews G. (Hrsg.): *Physiologie des Menschen*. 26. Auflage Berlin, Heidelberg: Springer, 278–315. Abrufbar unter: http://www.springer.com/de/book/9783662093467 (Stand: 02.11.2019)

Kretzschmar, F., Pleimling, D., Hosemann, J., Füssel, S., Bornkessel-Schlesewsky, I. & Schlesewsky, M. (2013): Subjective Impressions Do Not Mirror Online Reading Effort: Concurrent EEG-Eyetracking Evidence from the Reading of Books and Digital Media. In: *PLOSONE* 8(2), 1–11.

Lautermann, T. & Ackermann, R. (2014): Overcoming screen inferiority in learning and calibration. *Computers in Human Behavior*, 35, 455–463. Abrufbar unter: https://psycnet.apa.org/record/2014-19176-049 (Stand: 26.07.2019)

Mangen, A., Walgermo, B. R. & Bønnick, K. (2013): Reading linear texts on paper versus computer screen. Effects on reading comprehension. In: *International Journal of Educational Research*, 58, 61–68.

Medienpädagogischer Forschungsverbund Südwest (2018): *JIM-Studie 2018. Jugend, Information, Medien. Basisuntersuchung zum Medienumgang 12- bis 19-Jähriger*. Abrufbar unter: https://www.mpfs.de/fileadmin/files/Studien/JIM/2018/Studie/JIM2018_Gesamt.pdf (Stand: 07.02. 2020)

Medienpädagogischer Forschungsverbund Südwest (2017): *JIM-Studie 2017. Jugend, Information, (Multi-) Media*. Abrufbar unter: https://www.mpfs.de/fileadmin/files/Studien/JIM/2017/JIM_2017 .pdf (Stand: 28.06.2019)

Weltgen, J. (ersch. 2020) Inklusive Potenziale und Herausforderungen für Leseprozesse durch digitale Medien. In: Doff, S. & Pfingsthorn, J. (Hrsg.) *Media Meets Diversity @ School*. Tagungsband. Bad Heilbrunn: Klinkhardt.

Scheerer-Neumann, G. (1990): Lesestrategien und ihre Entwicklung im 1. Schuljahr. Zwei Fallbeispiele. In: *Grundschule* 22(10), 20–24.

Porpodas, C.D., Pantelis S.N. & Hantziou, E. (1990): Phonological and lexical encoding processes in beginning readers: Effects of age and word characteristics. In: *Reading and Writing* 2(3), 197–208. Abrufbar unter: https://link.springer.com/article/10.1007/BF00257971 (Stand: 24.12.2019)

Raddach, R. & Kennedy, A. (2013): Eye movements in reading: Some theoretical context. In: *The Quarterly Journal of Experimental Psychology* 66(3).

Teil II

Empirische Evidenz:
Interviews

Rebekka Ebert

Interview mit Prof. Dr. Sonja A. Kotz

Besonders im Kontext von Sprachunterricht in der Schule stellt sich die Frage, ob das Alter des Lerners beim Zweitsprachenerwerb eine Rolle spielt. Macht es also einen Unterschied, ob ein Kind oder ein Erwachsener eine Zweitsprache lernt?

Es macht einen entscheidenden Unterschied. Wir haben Studien durchgeführt, in denen wir verglichen haben, was es bedeutet, wenn jemand von Anfang an parallel mit zwei Sprachen aufwächst im Vergleich zu Jugendlichen, die zum Beispiel mit 12 oder gar 15 Jahren anfangen, eine Zweitsprache zu lernen. Offensichtlich verhält sich der frühe Spracherwerb – auch der von unterschiedlichen rhythmischen Mustern – in den jeweiligen Muttersprachen genauso wie bei einem monolingualen Sprechenden, während späte Lernende hier häufig Schwierigkeiten haben. Entscheidend ist zudem, ob die Zweitsprache rhythmisch nah an der jeweiligen Muttersprache ist. Das Deutsche und das Englische sind beispielsweise rhythmisch sehr nah miteinander verwandt und zeigen ähnliche Betonungsmuster, was den Spracherwerb vereinfachen kann.

In der Sprachwissenschaft geht man von der These aus, je ähnlicher Struktur und Phonologie einer Fremdsprache der Muttersprache sind, desto leichter kann sie erlernt werden (Kontrastivhypothese). Gilt das auch für den Sprachrhythmus?

Vermutlich ja, denn es gibt im Grunde genommen viele Parallelitäten zwischen Struktur und Phonologie. Der Kontrast selbst (also Unterschiede zwischen den Sprachen) könnte aber auch einen Lernmoment generieren, weil das zu Lernende so divergiert, dass es nicht mit der Muttersprache interferiert. Hierzu gibt es unterschiedliche Sichtweisen, aber entscheidend ist: Je früher der Erwerb stattfindet, desto empfänglicher ist das Ohr für unterschiedliche rhythmische Muster in den zu erlernenden Sprachen.

In Ihrer Forschung beschäftigen Sie sich unter anderem mit dem Einfluss von Motorik auf den Spracherwerb. Spielt Bewegung beim Zweitspracherwerb eine andere Rolle als beim Erwerb der Muttersprache?

Das ist keine leicht zu beantwortende Frage. Es gibt relativ wenige direkte Vergleiche zwischen Erstsprach- und Zweitspracherwerb, denn der Zweitspracherwerb im klassischen Sinne findet ja erst viele Jahre später statt. Zu diesem Zeitpunkt ist das kognitive System weiterentwickelt und die Strukturen in der Muttersprache sind etablierter als im frühkindlichen Spracherwerb. Generell gibt es viele unterschiedliche Faktoren, die einen Vergleich schwierig machen. Aber wir haben in unserer Forschung auch Parallelen gefunden. Man muss also wahrscheinlich weiter differenzieren, wenn man die beiden Lernmodi betrachtet. Das kindliche Gehirn ist beim Lernen noch flexibel. Es nimmt alles Mögliche auf und kontrastiert und integriert beim Lernen. Im Zweitspracherwerb müssen wir potenziell etabliertes Wissen brechen und mehr Aufwand betreiben, um etwas Neues zu erlernen; also viel mehr kognitive Leistung erbringen, um so schnell zu lernen wie im Erstspracherwerb.

Wie wirkt sich Motorik auf aktives und passives Lernen aus?

Die Erfahrung zeigt beim impliziten Lernen häufig einen Vorteil für sensomotorisches Lernen. Dabei bilden Lernen und Bewegung einen Einklang und geben ein ganz natürliches Feedback an den Körper. Möglicherweise spielt hier auch die Selbstwahrnehmung eine Rolle, obwohl wir natürlich nicht bewusst beim Lernen über den Körper nachdenken. Ganz klar ist allerdings nicht, wie sich diese Dynamik verändern würde, wenn man bewusst sagt: „Jetzt mach das mal so!" Das kann funktionieren, aber dadurch macht man sich potenziell etwas bewusst, was normalerweise intuitiv geschieht. Das könnte das Lernen auch schwieriger machen.

In Ihrem Vortrag haben Sie die Bedeutung von Zeit für unser Verhalten und unsere Interaktion mit anderen angesprochen. Haben Menschen diesen „Sinn für Synchronität" von Geburt an, oder erlernen wir diesen im Laufe des Lebens?

Das ist eine spannende Frage. Ich glaube, die Schallwahrnehmung, die bereits im Mutterleib stattfindet, kann hier sehr entscheidend sein, wie einige Studien bereits gezeigt haben. Denn bereits vor der Geburt nimmt das Kind bestimmte akustische Eigenschaften der Muttersprache wahr. Mich würde brennend interessieren, ob sich das Kind im Mutterleib auch entsprechend dem Rhythmus der Muttersprache bewegt, ob und wie man das messen kann und ob die Bewegung dann schon mit dem akustischen Signal synchron erfolgt. Entweder findet eine solche Synchronisation spontan statt oder wird bereits im Mutterleib aufgrund von wiederholtem Koppeln der Bewegung mit dem akustischen Signal erlernt. Aber grundsätzlich müssen wir zu diesem Thema noch viel mehr Forschung betreiben.

Können die Erkenntnisse aus der Forschung zum Zweitspracherwerb auch für die Behandlung von Patientinnen und Patienten genutzt werden, die an neurodegenerativen Krankheiten wie z.B. Parkinson oder Demenz leiden, welche zur Beeinträchtigung von Sprache und Bewegung führen?

Ich denke die Klinik liefert sehr gute Ansätze für den Zweitspracherwerb. Im Grunde genommen geht es im Zweitspracherwerb um einen Neuerwerb von Sprache und in der Klinik um das Wiedererlernen von Sprache. In der Zwischenzeit können wir beobachten, dass ähnliche Systeme im Gehirn diesen Lernformen unterliegen. Aber beim Wiedererlernen von Sprache kommen häufig weitere Gehirnstrukturen ins Spiel, die wir jetzt als kompensatorische Systeme (z.B. Cerebellum als einfacher Taktgeber) identifizieren können. Ich habe jedoch noch nie Parkinsonpatientinnen und -patienten, die über zwei Sprachen verfügen, untersucht, das wäre spannend. Arbeitet man da dann eher mit dem Rhythmus der Erst- oder dem der Zweitsprache? Welcher Rhythmus ist dann der „bessere", um zum Beispiel die Motorik zu verbessern?

In Ihrem Vortrag und ihren Publikationen wird besonders die Bedeutung von Rhythmus und Bewegung auf das Sprachenlernen sehr deutlich. Ist es angesichts dieser Erkenntnisse sinnvoll, Sprachen fächerübergreifend, also zum Beispiel in Verbindung mit dem Musik- oder Sportunterricht, zu lehren? Und wenn ja, wie können Lehrkräfte das praktisch im Unterricht anwenden?

Das sind interessante Aspekte, die wir auch schon untersucht haben. Unter anderem haben wir Probandinnen und Probanden beim Vokabellernen auf Fahrräder gesetzt und sie in einer bestimmten Frequenz radeln lassen. Hierbei unterstützt die Motorik das Vokabellernen positiv. Im Unterricht ist das natürlich schwierig realisierbar, aber man könnte zum Beispiel Pedaltrainer unter den Tischen nutzen. Laufen per se ist auch eine Möglichkeit, aber das ist im Klassenraum sicher nicht leicht umsetzbar. Letztlich muss man hier reflektieren, was für den Klassenraum geeignet ist und was nicht.

Gibt es bestimmte Arten von Bewegung, die für bestimmte Lerninhalte besonders geeignet sind? Haben unterschiedliche Bewegungsformen einen Einfluss auf unterschiedliche Lerninhalte, je nachdem ob ich beispielsweise Vokabeln oder Grammatik lerne?

Tatsächlich scheint Motorik deutlicher erkennbare Effekte beim Erlernen sprachlicher Strukturen zu haben, wobei das Erlernen von Inhaltsworten und Vokabeln häufig ebenfalls erleichtert wird. Also gibt es zwar einen qualitativen Unterschied, aber in der Endkonsequenz wird in beiden Fällen das Lernen erleichtert.

Lässt sich abschließend sagen, dass Bewegung das Lernen universell für jeden Menschen erleichtert?

Ich denke, man kann das nicht verallgemeinern. Es gibt sicher unterschiedliche Lernende und man muss darüber nachdenken, was im Einzelfall die Bewegung beim Lernen bedeutet. Ich würde das im Schulkontext einfach ausprobieren. Wir haben beispielsweise bei Stotterern untersucht, ob Lernen und Sprechen kombiniert mit *Hip-Hop* und *Tapping* leichter wird und dabei sehr gute Erfolge feststellen können.

Amelie Groß

Interview mit Jun.-Prof. Dr. Daniela Czernochowski

**Gibt es Gründe dafür, dass Kinder in Bezug auf das Gedächtnis ande-
re Prozesse nutzen als Erwachsene? Liegt es an der Entwicklung des
Gehirns oder daran, dass Kinder noch nicht so gut gelernt haben, wie
man lernen kann?**

Das ist eine sehr, sehr spannende Frage, die wir mit unseren Daten noch
nicht komplett beantworten können. Es ist klar, dass sich Gehirnregionen
weiterentwickeln. Es ist klar, dass der Hippocampus, der für diesen episodischen Gedächtnisabruf verantwortlich ist, sich ungefähr bis zum Alter von
vier Jahren noch sehr stark weiterentwickelt. Allerdings heißt das nicht, dass
es vorher gar keine episodischen Erinnerungen gibt oder dass sich die Funktionsweise von einem Tag auf den anderen schlagartig verändert. Außerdem
übernehmen andere Hirnregionen, zum Beispiel der präfrontale Kortex, eher
unterstützende Funktionen – vor allen Dingen kognitive Kontrolle. Diese
Prozesse scheinen bei Erwachsenen besser zu funktionieren – und wahrscheinlich liegt das daran, dass sie bei Kindern anders ablaufen. Inwiefern
Kinder andere Vorstellungen von Lernen haben, ist natürlich schwierig zu
beurteilen. Wir haben unsere Probandinnen und Probanden gefragt, was sie
gemacht haben, um zu lernen. Die Älteren haben teilweise von Strategien
berichtet, aber nicht so konsistent oder so erfolgreich. Manche haben gesagt,
sie haben geahnt, dass ein zweiter Test kommt, aber die waren nicht besser
als die anderen. Also war es wahrscheinlich eher tatsächlich dieses „Naja,
ich habe mich davon nicht täuschen lassen. Ich war nicht wirklich über-
rascht."

**Es wird den Probandinnen und Probanden wahrscheinlich auch gar
nicht wirklich bewusst sein, wie sie beim Lernen von Wörtern vorgehen...**

Genau. Das kann man folglich schwer in Worte fassen, wenn man nicht
gerade eine bestimmte Merkstrategie verfolgt. Um Gedächtnisfunktionen im
Labor zu testen, sehen Probanden nacheinander viele Bilder oder Wörter
und werden gebeten, sich diese einzuprägen. Bei dem einen funktioniert
das, bei dem anderen nicht. Was machen denn Studierende, wenn sie Vokabeln lernen? Die schauen auch erst einmal nur auf die Wortpaare und dann
haben sie vielleicht noch weitere Ideen zu den Begriffen oder auch nicht.

In Ihrem Vortrag haben Sie über elektronische Lernhilfen gesprochen. Was muss die optimale elektronische Lernhilfe bieten und was darf sie nicht beinhalten?

Für Lernprozesse ist die Unmittelbarkeit der Reaktion sehr nützlich. Dass der direkte Bezug zwischen Lernen, spontaner Antwort und dann einem Feedback hergestellt wird, scheint sehr nützlich zu sein, um eine Zuordnung zu ermöglichen. Das heißt, je unmittelbarer die Reaktion kommt, desto leichter lässt sich die Verknüpfung zu den Antworten herstellen. Diese unmittelbare Verknüpfung zwischen Antwort und Feedback ist ein großer Mehrwert digitaler Lernmaterialen für den Unterricht, denn sie ist aufgrund der hohen Anzahl von Lernenden im Klassenzimmer für die Lehrkraft analog nicht herstellbar – denn jeder soll ja wiederum viele einzelne Begriffe lernen. Natürlich ist diese Art von Feedback nicht für jedes Lernmaterial gleichermaßen praktikabel – für den Mathematikunterricht muss man vielleicht eine bestimmte Formel noch einmal erklären. Aber auch dabei könnten digitale Lernhilfen eine unmittelbare Rückmeldung nach jeder Antwort geben, und anschließend einen Hinweis, dass genau dieser Schritt scheinbar noch Probleme macht.

Im Fokus Ihres Vortrags stand das Thema Feedback. Brauchen, Ihrer Meinung nach, schwache Schülerinnen und Schüler vielleicht mehr Feedback als stärkere?

Ich könnte mir vorstellen, dass es auf den Zeitpunkt ankommt – dass man vor allen Dingen am Anfang den schwächeren Schülerinnen und Schülern mehr Feedback gibt, um die Schere nicht zu weit aufgehen zu lassen. Positives Feedback kann gerade bei Unsicherheit sehr viel helfen. In Bezug auf selbstgesteuertes Lernen kommt man immer mehr dahinter, dass Menschen mit einiger Übung ihre Fehler selber erkennen und sie sich selbst Feedback geben können. Das bedeutet u.a., dass leistungsstärkere Schülerinnen und Schüler die Hilfe von außen nicht mehr im gleichen Umfang brauchen, sondern besser selbst erkennen, wo ihre Wissenslücken liegen, und sie diese dann gezielt schließen können.

Ist für die Schülerinnen und Schüler Belohnung wichtiger oder die Tatsache, dass ihre Antwort richtig war?

Es gibt ein paar Laborstudien, die tatsächliche Belohnungen verteilt haben, also meistens einen Bonusbetrag Geld, oder manchmal sogar – wie in Tierstudien – Safttropfen an durstige Probandinnen und Probanden. Man findet ein paar Studien, die sagen: „Naja, eigentlich ist das positive Feedback für viele Belohnung genug. Sie brauchen nicht noch zusätzlich Geld." Ich denke, bei der Belohnung ist es nicht so kritisch. Wenn allerdings negative Rückmeldung im sozialen Kontext gegeben wird, kann auch durch mögliche Reaktionen der Mitschülerinnen und Mitschüler das negative Selbstbild verstärkt werden. Dann erzielt Feedback genau das Gegenteil – die Aufmerksamkeit wird nicht gezielt dahin gelenkt, wo sie für Lernprozesse nötig ist, sondern durch eine peinliche Situation weg vom Lernstoff. Im schlimmsten Fall führt sie zu negativen Stereotypen: „Ich bin wohl zu blöd dazu" oder „Die anderen sind gemein zu mir". Inwiefern manche Schülerinnen und Schüler auf tatsächliches Lob einer Person besonders angewiesen sind, ist noch einmal eine ganz andere Ebene.

Sie haben festgestellt, dass für Kinder die positive Bestärkung durch Belohnung wichtiger ist, bei Jugendlichen aber eher die Vermeidung von Verlust. Welche Gründe könnte das haben?

Jugendliche scheinen stärker auf die biochemischen Prozesse bei Verlust zu reagieren, und das passt auch in den ganzen Kontext der Hirnentwicklung im Jugendalter, der Adoleszenz, weil da sehr viele Strukturen umgestellt werden. Für Kinder ist Lob vielleicht etwas leichter zu verarbeiten, denn es ist weniger komplex, man muss nur das Gleiche noch einmal machen, und zusätzliche Sicherheit kann den Prozess effizienter machen. Dabei stellt sich auch die Frage, in welcher Situation das Feedback gegeben wird und wie sich der zeitliche Rahmen verhält. Zeugnisnoten sind ja auch eine Art Feedback, ob die Anstrengung des Lernenden ausreicht oder nicht. In der Zeitspanne von Zeugnis zu Zeugnis ist das Feedback allerdings sehr abstrakt und sehr, sehr weit weg von dem Nachmittag mit dem schönen Wetter, an dem die Hausaufgaben nicht gemacht wurden, weil es im Freibad so schön war. Ebenso der Aspekt, den wir heute Morgen beim Vortrag besprochen haben – bezüglich der Fehlerverarbeitung: Negatives Feedback nützt mir dann, wenn ich weiß, was ich anders machen soll. Wenn meine Ressourcen nicht ausreichen oder ich nicht weiß, was ich hätte anders machen sollen, ist Feedback nicht wirksam, weil ich es nicht umsetzen kann. Das kennt man vielleicht aus dem Sportunterricht – wer mit letzter Kraft gerade noch eben zum Ziel gelangt, kann auch die allerbesten Tipps zum gelungenen Endspurt einfach nicht umsetzen. Das heißt, negatives Feedback nutzt da besonders viel, wo die Ressourcen vorhanden sind, aber noch nicht optimal eingesetzt werden – eben als Signal, dass hier etwas nicht optimal läuft und besser anders gemacht werden muss.

Bernhard Hübner

Interview mit Jenifer Pötzsche M.Ed. und Dr. Julia Weltgen

Meine erste Frage an Sie beide lautet: *Eye-Tracking* **ist eine Methode, die man hauptsächlich aus der Softwareentwicklung und Marktforschung kennt. Was bewegte Sie dazu, diese Methode auch in der Lernforschung einzusetzen?**

Jenifer Pötzsche: Bei mir war es die Frage, ob es unterschiedliche Lesetypen gibt, wenn Filme mit Untertiteln geschaut werden. Das schien mir die einzige Möglichkeit zu sein, um darauf eine Antwort zu bekommen, weil wir, wenn wir ausschließlich nach subjektiven Wahrnehmungen und Vermutungen fragen, an die Grenzen der Verlässlichkeit der Daten stoßen. Aber wie wir die Untertitel tatsächlich benutzen, lässt sich eben nicht wirklich evidenzbasiert belegen, so lange man keine entsprechenden Daten erhebt.

Julia Weltgen: Bei uns ist alles zustande gekommen, weil Heiner Böttger Kontakt zu Florian Riedmüller von der Technischen Hochschule in Nürnberg hatte. In der Marketingforschung funktioniert viel über Werbung. Ich kenne zum Beispiel *Eye-Tracking*-Videos, in denen die Blickbewegungen während des Einkaufens aufgezeichnet und die Kundenorientierung evaluiert wurde. Dort ist das so entstanden, dass im Kontext von wirtschaftlichen Faktoren gesagt wird: *Diese Methode ist ja übertragbar.* Ein Bedarf war da und wir konnten auch sehen, dass in der Leseforschung bereits Studien mit *Eye-Tracker* existierten und sich die Forschungslage und Methodik schnell weiterentwickelte: Zum einen gibt es spezielle Brillen, die natürlich den Vorteil haben, dass man flexibler bezüglich der Testformate ist. Außerdem auch unsere Geräte, die fest am Bildschirm angebracht sind, sodass man persönlich agiler ist, jedoch mit der Kalibrierung Herausforderungen hat.

Können Sie erläutern, wie Sie bei Ihren Forschungen vorgehen, bzw. wie setzen Sie *Eye-Tracking* **in Ihren Forschungen ein?**

Julia Weltgen: Die Auslöser waren auch andere Forschungsunterfangen, die noch mehr im Kontext von Werbung standen, z.B. auch *Hashtag-Lesen*. Und so kam das dann von einem zum anderen. Eigentlich sind das Lesen und Schriftarten in jedem Forschungsdesign zentrale Elemente. Was ist denn

jetzt, wenn Schriftarten oder Designs völlig unzugänglich für manche Teilnehmenden sind? Im Forschungsprojekt, das ich gerade an der Universität
Bremen durchführe, haben wir zwei Methoden. Einmal ein Computerprogramm, welches auch die Reaktionszeiten misst. Wir reichern diese Daten,
die wir quantitativ erfassen, über das Computerprogramm mit den *Eye-
Tracking*-Daten qualitativ an. So wie in dem Video, das ich gestern in meinem Vortrag gezeigt habe. Durch *Eye-Tracking* kann man noch einmal mehr
Einblicke in Leseprozesse erhalten. Es dürfte daher bei ganz vielen Projekten
zusätzlich eigentlich nicht fehlen.

Jenifer Pötzsche: Wir haben uns gefragt, ob der Fremdspracherwerb leichter
fällt, wenn man beim Einsatz von Filmen Untertitel ganz gezielt zum Lernen
nutzt. Ich wollte gerne herausfinden, ob es verschiedene Lesetypen gibt und
wenn ja, welche. Doch wie macht man das? Ich habe dann durch Zufall
durch eine Kommilitonin, die Biologie studiert hat, erfahren, dass in der
Biologie recht häufig Masterarbeiten mit *Eye-Trackern* gemacht werden und
dass bei uns an der FU Berlin ein *Eye-Tracker* u.a. in der Neuropsychologie
steht. Die Biologie- und Psychologiestudierenden teilen sich das Gerät. Daraufhin bin ich dort einfach hingegangen und habe gefragt, ob ich das nicht
auch machen könnte. Der damalige Leiter des Labors war ganz erstaunt und
meinte: „Was wollen Sie damit jetzt machen? Fremdsprachen? Film?" Und
er wüsste gar nicht, ob das mit der Software funktioniert – sie haben dort
bisher hauptsächlich mit Texten, auch mit Leseverfahren oder eben mit Bildern und Gesichtserkennung gearbeitet. Er war dann aber ganz offen dafür
und letzten Endes war es zwar viel *Friemelei*, aber es ging durchaus. Erst
dann hat man gesehen, welche Potenziale für die Fremdsprachendidaktik
vorhanden sind. Selbst wenn man nur Bildrezeption oder überhaupt Wahr-
nehmungsprozesse und Varianz der Aufmerksamkeit bei interindividuellen
Prozessen und Probandinnen und Probanden betrachtet, kann man mit dem
Eye-Tracker viel Interessantes entdecken. Wie sehr das auch für die Fremdsprachendidaktik nutzbar sein könnte, hat sich gezeigt, als wir schon dabei
waren, es durchzuführen. Selbst wenn ich das Phonem schon zuordnen
kann, fehlt noch die andere Repräsentationsebene im Graphem. Erst wenn
all diese Ebenen und linguistischen Aspekte zusammenkommen – dass ich
weiß, wie wird es gesprochen, wie wird es betont, wie wird es geschrieben,
was bedeutet es auf der semantischen Ebene –, ist meines Erachtens ein
Wort richtig verstanden. Und erst, wenn man es in verschiedenen Kontexten
praktisch angewandt hat, kann es als gelernt gelten. Insofern glaube ich,
dass der Leseprozess unumstößlich wichtig ist, um eine Fremdsprache
überhaupt erlernen zu können. Wenn wir in die frühkindliche Bildung
schauen, ist es dort natürlich gesprochenes Englisch, aber wenn die Kinder
dann lesen können, ist es möglich komplexere Lernprozesse anzustoßen.

Deshalb ist der Leseprozess aus meiner Sicht einer der fundamentalsten Teile des Fremdsprachenerwerbs.

Julia Weltgen: Ja, das glaube ich auch. Ich sehe das aus dem Bereich der Inklusion. Denn, genauso wie du (Jenifer Pötzsche; Anm. Hübner) sagst, habe ich im Spracherwerb zuerst das Sprechen und Hören, und dann allmählich kommt das Hör-Seh-Verstehen dazu und dann das Lesen und Schreiben – es ist also erst einmal relativ weit hintenangestellt. Ich kann Fremdsprachen in erster Form sprechen und verstehen, bevor ich tatsächlich auch schreiben kann. Ich glaube, dass gerade Lesen und Schreiben sehr anspruchsvoll sind, wie du (Jenifer Pötzsche; Anm. Hübner) gerade schon sagtest, wegen der Phonem-Graphem Korrespondenz. Es ist ja nachgewiesen, dass gerade im Englischen sehr hohe Anteile von Menschen mit Lese-Rechtschreib-Schwierigkeiten vorhanden sind – mehr als in Deutschland. Umso wichtiger ist es für uns als Fremdsprachenlehrkräfte weiter zu reflektieren. Denn wir haben, wenn wir aus einem deutschen Hintergrund kommen, Methoden und Strategien, die wir unseren Schülerinnen und Schülern weitergeben müssen, die adäquat an den Fremdsprachenunterricht angepasst werden müssen. Gute Schülerinnen und Schüler erarbeiten sich diese dann eben selbst, aber schwächere Lernende können sich das nicht selbstständig erarbeiten. Lesen ist schließlich eine Kulturtechnik. Wir lernen sprechen, hören und verstehen außerhalb der Schule, aber das Lesen und Schreiben lernen wir erst institutionalisiert. Das ist etwas, das ganz schwer und hart ist.

Jenifer Pötzsche: Es wird ja auch nicht mehr in dem Sinne gefördert. Wie du (Dr. Julia Weltgen; Anm. Hübner) sagst, wenn ich da anknüpfen darf, sind Lesestrategien theoretisch eine fachübergreifende Aufgabe aller Fachbereiche, jedoch bleibt es zunächst immer dem Deutschunterricht vorbehalten, diese zu schulen. Die Schülerinnen und Schüler werden erst einmal auf die Bildungssprache fokussiert und sollen in der Schule dazu befähigt werden, die dazu passenden Strategien anzuwenden. Dabei wird dann leider oftmals unterschätzt, wie notwendig es ist, passende Lesestrategien auch nochmals für die Fremdsprache zugänglich und bewusst zu machen. Sicherlich ist da noch Forschung nötig, aber ich glaube ganz fest, dass Schülerinnen und Schüler, die stark sind, sich diese Kompetenzen selbst aneignen und diesen Transfer in die Fremdsprache selbst leisten. Diese Schülerinnen und Schüler sind dann ganz besonders erfolgreich im Schulalltag. Letzten Endes sind das aber nicht diejenigen, die die Hilfe benötigen, sondern die Schwächeren, die man nochmals darauf hinweisen und denen man diese Strategien an die Hand geben muss, gerade weil diese Strategien bei fremdsprachlichen Prozessen auch anders funktionieren, weil es sich eben nicht so einfach erschließt. Zum Beispiel setzt das scannende Lesen voraus, dass man die Sprache bereits so gut versteht, dass man überhaupt in der Lage ist, dadurch Informationen aus einem Text herauszufiltern oder Schlüsselwörter zu finden. Das muss natürlich trainiert werden.

Kommen wir noch einmal zurück auf das Thema Inklusion. Frau Dr. Weltgen, Sie haben sich bisher eingehender mit Inklusion beschäftigt. Kann die Sichtbarmachung von Lernprozessen mittels *Eye-Tracking* auch Kindern mit Inklusionsbedarf helfen?

Julia Weltgen: Absolut! Davon bin ich überzeugt. Das war ja auch das Fazit, das ich in meinem Vortrag gezogen habe. Wir setzen das *Eye-Tracking* ein, um Daten zu erheben. Aber wir haben auch noch eine andere Seite des *Eye-Tracking*, nämlich, dass wir diese Methode verwenden können, um im Klassenraum auch für die Lernenden Prozesse sichtbar zu machen. Das ist ganz wesentlich, wie ich finde, denn es ist ein unsichtbarer Prozess, genauso wie das Lernen. Und manchmal fehlt einem doch selbst das Gefühl, dass etwas funktioniert hat. Gerade etwas sichtbar zu machen und auch den Schülerinnen und Schülern zu zeigen: *Guck mal, das hast du gemacht und das kannst du jetzt besser!* Man bezieht somit auch die einzelnen Schülerinnen und Schüler im Sinne des Erkenntnisgewinns mit ein. Wir haben ja auch über Fachwissen gesprochen – was muss vermittelt werden? Wir haben die KMK-Kompetenzen und eine davon ist – in den Naturwissenschaften – Erkenntnisgewinn. Wir müssen die Schülerinnen und Schüler doch auch in anderen Fächern zum Erkenntnisgewinn bringen. Ich muss doch auch meine Schülerinnen und Schüler mündig machen, indem ich sie dazu erziehe zu sagen: *Du musst selbst für dich* (im Sinne der Methodenkompetenz) *herausfinden, wie du Lernprozesse gestaltest, die für dich super sind*. Das ist für die Guten kein Problem, aber für die Schwächeren. Ich glaube, das könnte sehr motivierend sein, auch für sich selbst mal zu schauen und nicht diese Frustration zu haben nach dem Motto: *Kannst du ja nicht.* Durch Verfahren wie *Eye-Tracking* kann man die Schülerinnen und Schüler stärker in den Prozess des Lernens und der Gestaltung von Lernsettings miteinbeziehen. Das ist natürlich ganz hoch gegriffen. Ich träume da jetzt ein bisschen. Es ist natürlich nicht ganz so einfach umsetzbar. Aber um die Frage zu schließen: Ja, ich glaube, dass es große Potenziale hat.

Gibt es denn noch weitere Gruppen von Lernenden, die von Ihren Untersuchungen profitieren können oder sollen?

Julia Weltgen: Alle! (lacht) Das ist ja genau das Schöne. Inklusion heißt, allen gerecht zu werden und Vielfalt als Ressource zu sehen. Was bei Inklusion eigentlich immer vergessen wird – und das mache ich ja auch, ich fokussiere immer noch einmal mehr auf die, die mehr Unterstützungsbedarf oder Hilfe bräuchten – ist, dass ich im Sinne der Kinder handeln soll – was ist also das Beste für jede/n einzelne/n? Und gerade diesem Anspruch komme ich bei der Erforschung von Lesesettings und dem Potenzial der Individualisierung nach.

Jenifer Pötzsche: Differenzieren in alle Richtungen.

Julia Weltgen: Genau! Gerade wenn wir Forschungen zum Thema Lesen betreiben, geht es ja nicht darum, z.B. *die* Schriftart zu finden. Wobei empirische Studien nachweisen, dass zum Beispiel diese Schriftart *Open Dyslexic*, die ich vorgestellt habe (vgl. Weltgen in diesem Band), nicht nur einer Schülerin oder einem Schüler oder einer Schülerschaft hilft, sondern dass sie alle Lernenden beim Lesen unterstützt. Wir unterstützen also alle.

Wo sehen Sie beide die Grenzen von *Eye-Tracking* für die Lernforschung?

Jenifer Pötzsche: Man darf nicht vergessen: Ich habe bisher nur eine Studie dazu durchgeführt. Deshalb maße ich mir nicht an, die Grenzen des gesamten Bereichs einschätzen zu können. Aber es gibt natürlich Dinge, die nicht möglich waren. Wenn ich von meiner Studie aus denke, gab es zum Beispiel das Problem der Fokussierung im Bereich zwischen zwei Wörtern: Wurde da überhaupt eines von beiden gelesen? Oder ist es eher eine Aufmerksamkeitsschwankung, dass man nur runtergeschaut hat, weil überhaupt etwas eingeblendet wurde? Ist es dann parafoveales Lesen? Ist eine Fixierung tatsächlich gelesen oder ist sie nur wahrgenommen? Man geht in der Forschung davon aus, dass es dann als gelesen gilt, aber letzten Endes ist auch das weiterhin eine *Black Box*. Oder was bei Julias Vortrag gestern schön zu sehen war, ist, dass auch nicht immer bis zum Ende gelesen wird. Und selbst wenn – in wie vielen Fällen wird das Gelesene tatsächlich auch nach mehreren Tagen noch erinnert? Das ist noch einmal eine andere Frage. Das sind nur einige Schwierigkeiten in diesem Forschungsfeld. Ebenso wie die Frage, nach wie vielen Millisekunden ich etwas als fixiert oder gelesen werte. Das kann man ein bisschen einstellen, aber auch da gibt es in der Genauigkeit

Grenzen. Das Ergebnis bleibt ab einer gewissen Stelle, obwohl ich es als aussagekräftig erachte, dennoch Interpretation.

Julia Weltgen: Es gibt physische Grenzen. Dieser Punkt des schärfsten Sehens sieht auf dem Bildschirm sehr klein aus. Da sind einfach physikalische Grenzen, so würde ich sie jetzt nennen. Ein Problem, das ich in meinen Studien hatte, war unter anderem, dass die Teilnehmenden natürlich selektiert werden. Aber zum Teil konnten einige einfach nicht teilnehmen, weil sie nicht über die Kalibrierung hinausgekommen sind. Es gab zum Teil Probleme mit Kontaktlinsen und Brillen. Und gerade wenn es um das Lesen geht, kann man ja nicht sagen: „Nimm mal deine Brille ab!" Ich habe auch versucht, noch kleinere Kinder in meine Stichproben mit aufzunehmen. Da hat das *Eye-Tracking* aber auch seine Grenzen. Gerade, wenn man die Kinder dazu auffordert, möglichst lange still sitzenzubleiben. Das sind aber Dinge, bei denen man auch bei anderen Verfahren Limitationen hat, die man einfach mitdenken muss.

Jenifer Pötzsche: Mir ist, während du gesprochen hast, noch etwas eingefallen: Ich habe bei meinem gestrigen Vortrag gesagt, dass die Ausgestaltung der *captions* für den Leseprozess eine Rolle spielt – wie lang der Untertitel ist, einzeilig, zweizeilig, wie komplex die Wort-Bild-Korrelation ist, wie lange Einblendedauer ist – all diese Sachen. Die Ausgestaltung der *captions* war meine unabhängige Variable. Aber diese einzelnen Komponenten, wie Einblendedauer, Ein- und Zweizeiligkeit, Komplexität, Enge der Buchstabenreihung, Sprache der Untertitel – das sind Aspekte, die man alle noch einmal einzeln operationalisieren müsste. Ich wüsste jetzt aber gar nicht, wie man diese einzeln operationalisieren wollte, um wirklich zu sagen, dass es an der Einblendedauer, oder an der Schriftart liegt. Das ist mit dem Programm gar nicht möglich. Deshalb hat es seine Limitation. Ich glaube aber, dass man mit *Mixed Methods* auf jeden Fall weiterkommt. Wenn man eine Parallelstudie hätte, die sich ausschließlich mit Schriftarten und eine weitere, die sich nur mit der Lesegeschwindigkeit auseinandersetzt – das wäre die Wissenschaft, wie wir sie uns wünschen, im Paradies, wo alles gemeinsam in einem großen Projekt, dabei aber methodisch sauber getrennt in Teilstudien operationalisiert untersucht wird – dann käme man auch wirklich zu sehr guten Aussagen, die wirklich quantifizierbar wären und allgemein aussagekräftig.

Wo sehen Sie Potenziale für zukünftige Studien in diesem Bereich?

Julia Weltgen: Es ist einfach unkompliziert, gerade wenn man die Geräte hat. Es geht schnell. Das Setting an sich wird natürlich standardisiert, aber trotzdem ist es sehr schnell und sehr gut und unkompliziert umsetzbar. Natürlich hat man, gerade wenn man in die Schulen geht, Eltern, die sagen: „Da wird irgendwie mit Infrarot ins Auge meines Kindes … Das möchten wir nicht." Da gibt es schon einige, die sagen, dass das zu inversiv sei. Aber man kann es durchaus auch als mobil ansehen, wenn man eben nicht alles integriert hat. Das ist schon gut. Und ich glaube, dass gerade diejenigen, die mit dem Gerät und nicht mit Brillen getracked werden, schneller vergessen, dass ihre Lesebewegungen aufgezeichnet werden. Natürlich beachten wir besonders am Anfang beim Design unserer Studien, dass zu Beginn der Aufzeichnungen noch Platzhalter-Texte sind. Die Teilnehmenden sollen dann erst einmal lesen, aber nach einer gewissen Zeit wird dieses Gerät unter dem Bildschirm vergessen. Man guckt ja sowieso auf den Bildschirm, liest und konzentriert sich und möchte die Verständnisfragen beantworten. Wenn man dann nachher seine Probandinnen und Probanden befragt, sagen sie oft: „Oh ja, das hatte ich ja ganz vergessen." So ist es doch ein authentischer Leseprozess und somit hoffe ich auch, realitätsnahe Daten zu gewinnen. Deshalb glaube ich, damit einen ganz guten Ansatzpunkt zu haben und in Bezug auf das Lesen authentische und die Realität zumindest in großen Ansätzen widerspiegelnde Daten zu gewinnen. Das sehe ich auf jeden Fall als großes Potenzial.

Jenifer Pötzsche: Ja, das glaube ich auch. Ich meine, beim MRT ist man in der Röhre, da haben die meisten Leute schon Platzangst; beim EEG muss man sich ständig die Haare waschen. Da ist der *Eye-Tracker* schon wirklich das einfachste. Ich habe ja gestern in meinem Vortrag bereits dargestellt, wie viel wir eigentlich an Reizen über die Augen wahrnehmen und wie relevant das gerade für schulische Kontexte ist. Deswegen finde ich, liegt es wahnsinnig nahe, sich anzuschauen: Okay, wenn alles über das Auge aufgenommen wird, wo sind denn dann mögliche Störelemente, die wir für die Pädagogik aus dem Weg räumen können, um die Lernprozesse für die Schülerinnen und Schüler zu vereinfachen? Entsprechend ist *Eye-Tracking* nicht ohne Grund ein Verfahren, das in der Wirtschaft schon seit vielen Jahren enorm propagiert wird, wo es sowohl darum geht: Wie schaue ich mir reale Objekte an, als auch wie schaue ich mir Werbung an, als auch wie erkenne ich Gesichter, als auch wie lese ich? Ich finde es eigentlich einen Jammer, dass wir uns in der Fremdsprachendidaktik nicht schon früher damit befasst haben, denn, wie ich bereits sagte, sehr viel wird über das Auge wahrgenommen und es ist ganz egal, ob das ein visueller Text ist oder ein Hör-Seh-Verstehenstext, also ein Film. Und selbst beim Hörverstehen glaube ich, dass man Daten erheben könnte, wo die Aufmerksamkeit abgelenkt wird, während man hört. Solche Koppelungen stelle ich mir sehr interessant vor, weil sie gerade bei Bildern und Bildbeschreibungen sehr interessant sind. Vor allem auf dem Weg zum mittleren Schulabschluss ist es ja einer

der Hauptpunkte, dass die Schülerinnen und Schüler Bilder beschreiben
und darüber sprechen können. Aber dafür muss man das Bild erst einmal
vernünftig wahrgenommen haben. Entsprechend müssen von der Lehrkraft
die richtigen Bilder vorgelegt werden. Das sind Dinge, die für Lehrende
enorm relevant sind und über die man gar nicht nachdenkt.

**Welche praktischen Umsetzungen und Anwendungen erhoffen Sie
sich von Ihren Untersuchungen für den Schulunterricht?**

Julia Weltgen: Ich habe im Rahmen meiner Doktorarbeit danach gefragt,
wie Englischlehrkräfte, ihren Unterricht differenzieren. Es wurde schon von
einigen Lehrkräften angesprochen, dass zum Teil eine andere Schriftgröße
verwendet wird. Ganz selten wurde angegeben, dass eine andere Schriftart
gewählt wird. Eigentlich ist das nicht so verbreitet, dabei ist es so simpel. Ich
möchte damit nach außen transportieren, wie wesentlich das Lesen für das
Fremdsprachenlernen – eigentlich für alle Fächer – ist und dass es da viele
kleine Stellschrauben gibt, die ganz leicht zu beachten und zu berücksichtigen sind, die aber ganz viele Auswirkungen haben können. Nur um das mal
anzubringen: Ich hatte einmal einen Vortrag gehalten und dabei einige Foli-
en mit *Open Dyslexic* (eine Schriftart, die Menschen mit Lese-Rechtschreib-
Schwierigkeiten das Lesen erleichtern soll; Anm. Hübner) geschrieben. Nach
dem Vortrag kam jemand zu mir und sagte: „Ich bin mit Lese-Rechtschreib-
Schwierigkeit diagnostiziert und habe in meinem Leben noch nie so gut eine
Folie lesen können wie mit dieser Schriftart. Wie heißt die? Wo gibt es die?"
Ich will gar keine Werbung für diese Schriftart machen. Aber zumindest das
Bewusstsein dafür zu haben, dass man etwas verändern kann, das würde
ich gerne nach außen tragen. Und auch wenn diskutiert wird und wenn wir
zu dem Schluss kommen, dass das nichts bringt, dann können wir wenigstens daraus ziehen, dass wir etwas anderes finden müssen. Dennoch finde
ich, dass mehr Bewusstsein, mehr öffentlichkeitswirksame Arbeit geleistet
werden sollte, um individuellen Bedürfnissen gerecht zu werden. Das sind
Kleinigkeiten, die aber helfen können und das finde ich wichtig.

Jenifer Pötzsche: Ich hatte gestern in meinem Fazit eine Folie mit Empfehlungen für die Praxis. Diese sind allerdings zum Großteil nicht von mir generiert worden, sondern meine Studie basiert auf den Erkenntnissen der
Metastudie, die Urška Grum 2016[1] gemacht und im zweiten Band von *Focus
on Evidence* veröffentlicht hat, die ich sehr empfehlen kann. Sie hat ganz viele

---

1 Vgl. Grum, U. (2016): Metaanalyse zum Einfluss intralingualer Filmuntertitel auf das
   fremdsprachliche Hör-Sehverstehen. In: Böttger, H., Sambanis, M. (Hrsg.): *Focus on
   Evidence – Fremdsprachendidaktik trifft Neurowissenschaften*. Tübingen: Narr, 211–226.

Studien zusammengezogen und ausdifferenziert: Ab welchem Sprachniveau ist denn welche Art von Untertitel überhaupt sinnvoll? Ich habe auf dieser Studie aufgebaut und finde, solche Empfehlungen für die Praxis aus der Wissenschaft braucht es viel mehr, denn letzten Endes warten wir Lehrende händeringend auf Ergebnisse, mit denen wir arbeiten können. Was Lehrende aber nicht hören wollen ist: „Es gibt da so einen Trend. Es gibt da so eine Tendenz. Ob das jetzt wirklich so ist, wissen wir nicht." Wenn das so ist, dann werden das Lehrende nicht einsetzen. Insofern braucht es da mehr Kooperation (Was wollen wir wissen? Wie können wir Schülerinnen und Schülern helfen?). Gerade den Inklusionsgedanken halte ich für enorm wichtig, denn wenn ich mit Hör-Seh-Verstehen arbeite, aber zweizeilige Untertitel benutze, weil ich diesen Film unbedingt zeigen möchte, und ich dann aber erfahre, dass da meine Schülerinnen und Schüler mit schwacher Lesekompetenz nicht mithalten können, dann kann ich mir das eben auch sparen. Das sind Dinge, die man als Lehrkraft erst einmal wissen muss und die man in der Ausbildung oder im Referendariat nicht unbedingt mitbekommt. Schule ist einfach angewiesen auf die Erkenntnisse aus der Wissenschaft und auch auf kleine Fazits für die Praxis, die man dann anwenden kann.

Kommen wir nochmals auf das *Eye-Tracking* zurück. Wie können Sie den Lernerfolg mit Hilfe von *Eye-Tracking* messen?

Jenifer Pötzsche: Ich habe das ganz gut im Pre- und Postdesign darstellen können; da war es ja wirklich mit prozentualer Verbesserung recht eindeutig zu messen. Über langfristige Effekte – das sagte ich ja bereits gestern – kann ich dabei leider nichts aussagen. Die Vermutung liegt jedoch nahe, dass der Trend zurückgeht, aber dennoch erhalten bleibt. Das bedeutet, dass es weiterhin zu einer Verbesserung kommt, aber dass diese etwas sinken wird, weil man mit der Zeit einfach Dinge vergisst.

Julia Weltgen: Über *Eye-Tracking* kann ich Leseprozesse besser nachvollziehen, kann aber auch die Lesegeschwindigkeit ermitteln, wobei das mit dem Programm im Hintergrund wieder ganz praktisch ist, über die Reaktionszeiten. Wir begründen unsere Hypothesen mit Annahmen, wie Leseprozesse verlaufen und operationalisieren die Qualität des Leseprozesses über Lesegeschwindigkeit – je schneller, desto besser. Dadurch brauchen wir aber eben immer auch die Verständnisfragen. Deshalb geht es auch um die Lesegeschwindigkeit und die Reaktionszeit, wenn wir zum Beispiel bei unserem Testsetting mit *Homophonen* arbeiten oder fragen, ob ein Wort überhaupt bekannt ist, sei es im Pre- oder Posttesting, oder ob etwas signifikant schneller erkannt wird oder eben nicht. Deshalb sind wir an das Erheben dieser Lesezeiten immer noch gebunden. Wir brauchen daher nicht nur das *Eye-*

Tracking, also die Augenbewegung, sondern immer auch die Zeiten, also wie viele Wörter, wie viele Buchstaben wurden pro Zeiteinheit gelesen. Das ist das festere Maß oder die festere Variante, um über Daten sprechen zu können. Es reicht eben nicht aus, einfach mal einen Durchlauf zu machen und zu sagen: „Ah ja, ja jetzt hier wurde gelesen." Nein, wir brauchen da noch ein paar Zahlen (lacht).

Jenifer Pötzsche: Unser Verbundvortrag stand ja unter dem Titel *Wie Eye-Tracking Leseprozesse sichtbar macht* und ich finde, das ist auch wirklich das Potenzial, das es hat. Denn Lernen ist für uns immer noch nach all den Jahren und all den Lerntheorien, die es mittlerweile gibt, weiterhin eine *Black Box*. *Eye-Tracking* ermöglicht uns da eine kleine Taschenlampe reinzuhalten, auf eine Stelle zu leuchten und zu sagen: „Doch, doch! Hier sehen wir aber, was da gerade passiert." Daher glaube ich, dass es besonders für Schülerinnen und Schüler wahnsinnig wichtig ist, ihre eigenen Lernprozesse sichtbar zu machen. Denn ganz oft sind Schülerinnen und Schüler der Meinung, sie hätten doch... Und so kann man eben mehr zeigen und auch sagen: „Nein, du warst nahe dran, aber eben noch nicht ganz. Schau mal, so wäre es gewesen." Auf diese Art kann man wirklich mal etwas zeigen. So kann man Lern- und Leseprozesse, die vielleicht nicht erfolgreich gewesen sind, transparent machen und sichtbar machen, was da genau passiert ist und dass da ganz viel Lernpotenzial ist.

Julia Weltgen: Oft wird eben auch gesagt – um nochmal auf die Inklusion zurückzukommen – man muss Schülerinnen und Schülern zeigen, wie sie Aufgaben durchzuführen haben. Schritt 1: Was machst du? Du liest es dir durch. Schritt 2: Was sind die wesentlichen Wörter in der Aufgabenstellung, damit du verstehst, was du zu tun hast? Schritt 3: Hast du verstanden, was zu tun ist? So etwas kann man natürlich super schön überprüfen, wenn man noch einmal digital mitverfolgt, ob diese Strategien wirklich angewendet wurden. Dann kann man gemeinsam mit den Schülerinnen und Schülern reflektieren, was gut gemacht wurde. Dieses Gemeinsame ist besonders wichtig, aber ich glaube, dazu müssen wir Lernen und Schule umdenken, neu definieren und verstehen. Natürlich braucht das ganz viel Zeit und Aufwand – ohne Frage. Aber man darf auch ein bisschen weiterdenken und man muss nicht immer sofort die Endidee umsetzen, sondern sich Schritt für Schritt annähern.

Die letzte Frage geht an Jenifer Pötzsche, anknüpfend an Ihren Vortrag von gestern Abend: Können Sie sich vorstellen, *Eye-Tracking* nicht nur für die Texterfassung und das Leseverständnis einzusetzen, sondern auch für die Bildinterpretation, die wichtige Kompetenzen im Englischunterricht fördert?

Jenifer Pötzsche: Absolut. Ich glaube, dass man sehr viel damit machen kann. Ich habe mich jetzt für die Kombination Hör-Seh-Verstehen entschieden, aber ich sehe ein enormes Potenzial für sehr viele Bereiche. Selbst das Sprechen funktioniert besser, wenn ich die Mimik meines Gegenübers dechiffriere und darauf entsprechend reagiere. Entsprechend glaube ich, dass man *Eye-Tracking* für beinahe jeden Bereich der Fremdsprachendidaktik fruchtbar machen kann. Davon bin ich überzeugt.

Wiebke Mareike Platzer

Interview mit Prof. Dr. Marco Steinhauser

Wie kamen Sie dazu, Ihren Forschungsschwerpunkt insbesondere auf die Fehlerverarbeitung im Gehirn zu legen?

Ich habe zunächst im Bereich der kognitiven Kontrolle promoviert. Über Kooperationsprojekte habe ich dann festgestellt, dass die Fehlerverarbeitung ein Forschungsbereich ist, der für die kognitive Kontrolle sehr wichtig und trotzdem in manchen Aspekten noch nicht intensiv genug erforscht ist. Dadurch habe ich mich zunehmend mit diesem Thema beschäftigt.

Was fasziniert Sie an Ihrem Forschungsfeld besonders?

Mich fasziniert besonders, dass es im Gegensatz zu vielen anderen Bereichen in der kognitiven Psychologie auch um Phänomene geht, die sich im Verhalten nicht direkt messen lassen, sondern die nur anhand von neurophysiologischen Daten betrachtet werden können. Des Weiteren fasziniert mich, dass es häufig kontraintuitive Ergebnisse gibt: Beispielsweise, wenn aufgezeigt wird, wie leistungsfähig und wie schnell das Gehirn tatsächlich bei der Verarbeitung von Fehlern ist.

In Ihrem Vortrag erwähnten Sie, dass der Anwendungsbereich Ihrer Forschung zur Fehlerverarbeitung eher bei der Verkehrssicherheit, wie zum Beispiel beim autonomen Fahren, liegt. Welche Möglichkeiten sehen Sie, Ihre Forschungsergebnisse konkret für den Englischunterricht nutzbar zu machen?

Ich glaube, hier wäre es naheliegend zu fragen: Wie lassen wir im Unterricht Fehler zu? Eine weitere mögliche Frage wäre: Was unternimmt die Lehrkraft, um dem Gehirn die optimale Möglichkeit zu geben, mit Fehlern umzugehen? Es gibt auch einige Aspekte, die ich in meinem Vortrag weniger hervorgehoben habe, wie zum Beispiel die Tatsache, dass Fehler auch ablenken können. Das ist im Grunde genommen fast ein eigener Forschungsbereich: Wenn Sie einen Fehler machen und gleich darauf eine andere Aufgabe bearbeiten sollen, sind Sie zunächst einmal eher beeinträchtigt. Nur wenn Sie etwas Zeit haben, können Sie den Fehler nutzen und aus ihm lernen. Dieser *Trade-off* ist noch nicht vollständig verstanden: Was sind die optimalen Voraussetzungen, um Fehler zu verarbeiten? Ich glaube, dass unsere Laborsettings hier gar nicht so generalisierbare Aussagen machen. Diese Frage sollte viel mehr als bisher in alltagsnahen Situationen untersucht werden.

Die Fehlerverarbeitung umfasst unter anderem die Komponenten der Fehlerdetektion und der Fehlerevaluation. Die Fehlerdetektion bleibt im Entwicklungsverlauf stabil, wohingegen die Fehlerevaluation mit dem Alter zunimmt. Warum bleibt die Fehlerdetektion konstant?

Zunächst einmal muss man dazu sagen, dass es sich hier nur um das Ergebnis einer einzelnen Studie handelt! Die Kollegen von der *University of Maryland*, die diese Querschnittsstudie durchgeführt haben, arbeiten momentan auch daran, diesen Befund im Längsschnitt zu untersuchen. Generell ist es wichtig, ganz viele Befunde zu haben und dasselbe Ergebnis auch mit verschiedenen Methoden zu zeigen. Deshalb würde ich nur sagen, dass diese Studie ein erster Hinweis ist.

Warum gibt es nun unterschiedliche Zeitverläufe? Meine persönliche Auffassung ist, dass unser Gehirn nicht über eine generische Fehlerverarbeitungseinheit verfügt, sondern es implementiert bestimmte Funktionen, die dann für verschiedene Einsatzgebiete rekrutiert werden können. Die Fehlerdetektion wird unserer Auffassung nach von einem Prozess geleistet, der allgemein der Konfliktdetektion dient. Das Gleiche gilt für die Fehlerevaluation: Die involvierten Hirnareale und -module sind nicht für die Fehlerverarbeitung optimiert, sondern sie erfüllen eigentlich verschiedenste Aufgaben im Rahmen der Bewertung von Konsequenzen von Handlungen. Deshalb kann man nicht sagen, dass sich verschiedene Formen der Fehlerverarbeitung unterschiedlich entwickeln, es sind vielmehr grundlegendere Funktionen, die sich unterschiedlich entwickeln.

Es könnte sein, dass die Phase der Adoleszenz eher von explorativem Verhalten geprägt ist und es deshalb adaptiv ist, dass Handlungen nicht zu stark hinsichtlich ihres unmittelbaren Effekts bewertet werden. Ein ganz einfaches Beispiel: Es ergibt Sinn, dass Kinder in ihrem Verhalten nicht nur auf Belohnungsoptimierung hinwirken, sondern dass sie explorativ versuchen, ihre Umwelt zu erforschen; auch dann, wenn es keine unmittelbare Belohnung gibt. Es könnte sein, dass deshalb diese Mechanismen der Verhaltensbewertung vielleicht in dieser Phase ausgebremst werden. Das ist aber reine Spekulation! Das habe ich mir auch eben erst ausgedacht. (*lacht*)

Welche äußeren Faktoren könnten dazu beitragen, dass sich die Fehlerevaluation im Laufe der Zeit verbessert?

Unsere theoretischen Modelle des Evaluationsprozesses nehmen an, dass es sich um ein erlerntes Verhalten handelt. Nicht die Evaluation selbst ist erlernt, sondern bestimmte Fehler mit bestimmten Werten zu versehen. Das lernen Sie dann, wenn Sie diesen Fehlern häufiger begegnen – um genau zu sein, wenn Sie den Fehlerursachen häufiger begegnen. Deshalb ist das Förderlichste für den Evaluationsprozess, das System mit Fehlern zu trainieren und verschiedene Fehler zuzulassen. Dennoch ist das eine Implikation aus unseren Laborstudien; ob das in Anwendungskontexten genauso ist, kann ich nicht sagen. Das müsste man untersuchen.

Was sind die besten Voraussetzungen für eine positive Entwicklung der Fehlerevaluation?

Wenn man den Prozess der Fehlerevaluation genauer betrachtet, stellt man fest, dass es sich um einen Verstärkungslernprozess handelt. Das bedeutet, dass dafür all das zutrifft, was auch für das Verstärkungslernen gilt: Man trainiert das System am besten dadurch, dass man Fehler in einem bestimmten Kontext immer mit den gleichen Konsequenzen versieht. Jedoch ist es gar nicht so bedeutend, dass Fehler sich in der Stärke ihrer Konsequenzen unterscheiden; es müssen aber Konsequenzen da sein, damit das Gehirn unserer Theorie zufolge lernt, die richtigen Anpassungsleistungen zu erbringen.

Was passiert, wenn die Hirnareale, die für die Fehlerverarbeitung zuständig sind, geschädigt werden?

Es gibt Studien, die zeigen, dass die Fehlerverarbeitung beeinträchtigt ist, wenn das *Anteriore Cingulum* geschädigt wird. Außerdem gibt es zwei Studien, die zeigen, dass die Fehlerverarbeitung auch bei Läsionen im ventralen präfrontalen Cortex, also dort, wo die Entwicklungsstudie dieses zweite Aktivierungscluster gefunden hat, ähnlich beeinträchtigt ist.

Martin Maier et al.[1] haben in einer Studie herausgefunden, dass ventromediale Läsionen zu einer starken Reduktion der frühen Fehlerverarbeitung führen. Die bewusste Fehlerdetektion funktioniert jedoch weiterhin, weil diese nicht unbedingt auf früher Fehlerverarbeitung beruht. Sie können also

---

[1]   Maier, M. E., Di Gregorio, F., Muricchio, T. & Di Pellegrino, G. (2015): Impaired rapid error monitoring but intact error signaling following rostral anterior cingulate cortex lesions in humans. In: *Frontiers in Human Neuroscience* 9, 339.

bewusst darüber nachdenken, ob Sie einen Fehler gemacht haben, und Sie wissen auch, dass Sie einen Fehler gemacht haben, obwohl die frühe Fehlerverarbeitung praktisch nicht mehr existiert. Außerdem ist die Anpassung des Verhaltens beeinträchtigt. Sie wissen also, dass Sie einen Fehler gemacht haben, aber Ihr Gehirn reagiert weniger effizient darauf. All dies zeigt auch wiederholt, dass die frühe Fehlerverarbeitung im medialen Frontalhirn und die bewusste Verarbeitung unabhängig voneinander sind.

In Ihrem Vortrag erwähnten Sie, dass Fehler helfen würden, sich besser an kontextuale Umstände zu erinnern. Im Drei-Speicher-Modell von Atkinson und Shiffrin (1968)[2] spielt Aufmerksamkeit eine zentrale Rolle, wenn es um die Informationsübertragung zwischen sensorischem und Kurzzeitgedächtnis geht. Pauschal könnte man sagen: Ohne Aufmerksamkeit keine Erinnerung. Wie verändert sich denn eigentlich die Aufmerksamkeit nach einem Fehler?

Das ist noch nicht hundertprozentig geklärt. Es gibt Theorien, die annehmen, dass Sie nach einem Fehler zunächst eine starke unspezifische Orientierungsreaktion zeigen, ähnlich der nach unerwarteten Ereignissen. Das lenkt Sie zunächst vom Fehler und der Aufgabe ab. Was wir in unseren Studien aber zeigen, ist, dass es eine sofortige Fokussierung der Aufmerksamkeit auf die Aufgabe gibt, was diesen Theorien widerspricht. Wir wissen allerdings noch nicht, warum sich diese Befunde widersprechen. Das könnte an der Art der Aufgabe liegen. Es könnte aber auch sein, dass in bestimmten artifiziellen Laborsituationen die Verbesserung der selektiven Aufmerksamkeit nicht so funktioniert wie im Alltag.

Wir denken, dass sich die Aufmerksamkeit vor allem dann verbessert, wenn Fehler aufgrund von Aufmerksamkeit passieren. Man korrigiert sozusagen die Fehlerursache. Es könnte aber auch sein, dass Aufmerksamkeitsveränderungen nach Fehlern dazu dienen, episodische Gedächtnisrepräsentationen der Situation herzustellen. Sie lernen somit also, unter welchen Bedingungen Sie häufig Fehler machen, um sich hinterher daran erinnern zu können und dadurch künftig diese Fehler zu vermeiden. Es gibt aber bisher keine Studien, die das untersucht haben.

---

[2]   Atkinson, R. C. & Shiffrin, R. M. (1968): Human memory: A proposed system and its control processes. In: Spence, K. W. & Spence, J. T. (Hrsg.): *The psychology of learning and motivation: Advances in research and theory (Vol. 2)*. New York: Academic Press, 89–195.

Wie sollten Englischlehrkräfte im Unterrichtsgespräch Ihrer Meinung nach auf die Fehler der Schülerinnen und Schüler reagieren?

Ich glaube, dass Fehler dann optimal genutzt werden können, wenn Schülerinnen und Schüler über die Kompetenz verfügen, diese Fehler auch zu korrigieren. Ich denke, im Unterrichtsgespräch ist es für die Lehrkraft wichtig herauszufinden, ob diese Kompetenz bei den Schülerinnen und Schülern vorliegt oder nicht. Entweder sollte die Lehrkraft dann Fehler zulassen oder entsprechende Maßnahmen ergreifen, damit keine Fehler begangen werden. Das heißt aber nicht, dass man direkt zu Fehlern ermutigen sollte! Es muss immer klar sein, dass ein Fehler etwas Negatives ist. Wenn ein Fehler als etwas Positives oder Richtiges dargestellt wird, würden zumindest die von mir beschriebenen Prozesse der Fehlerverarbeitung kein effizientes Lernen aus Fehlern hervorbringen.

Veronika Stampfer

Interview mit Dr. Petra A. Arndt

Vielen Dank, dass Sie sich bereit erklärt haben dieses Interview mit mir zu führen. Meine erste Frage betrifft Ihren persönlichen Werdegang: Sie hatten bereits in Ihrem Vortrag erwähnt, dass Sie eigentlich aus dem Bereich der Neurowissenschaften kommen. Was hat Sie dazu bewegt, in die interdisziplinäre Forschung zu gehen? Wollten Sie dadurch einen Weg finden, Ihr Fachgebiet nachvollziehbarer zu machen?

Ich komme nicht nur aus dem neurowissenschaftlichen Bereich, sondern habe auch Psychologie studiert und empfand es an dieser Stelle zum einen als eine richtige Bereicherung, die verschiedenen Fachrichtungen zusammen zu bringen. Außerdem habe ich schnell gemerkt, dass der interdisziplinäre Transfer an sich eine wichtige Aufgabe ist und gerade die Kombination von Psychologie und Hirnforschung einen großen Praxisnutzen hat. Es passt nicht zu mir, nur im Elfenbeinturm vor mich hin zu forschen, weil für mich die Dinge, die ich tue, immer einen direkten Wert oder Nutzen haben müssen. Es werden von der Gemeinschaft, also letztlich von den Steuerzahlerinnen und Steuerzahlern, Gelder bereitgestellt und das muss in irgendeiner Weise wieder zurückgegeben werden. Bestärkt hat mich, dass die Zusammenarbeit mit Lehrkräften so bereichernd war, sowohl in der Ausbildung als auch in Fort- und Weiterbildung, sodass ich daraufhin immer stärker in diesen Bereich gegangen bin.

Wie funktioniert der Dialog zwischen den Disziplinen genau? Sie erwähnten bereits, dass es unterschiedliche Herangehensweisen und viele Konfliktfelder gibt. Worauf achten Sie besonders? Was ist wichtig, damit der Dialog funktioniert und man nutzbare Ergebnisse erhält?

Man braucht eine große Portion Neugierde und die Fähigkeit über sich und seine Beschränktheit zu lachen. Denn man muss sich an manchen Stellen eingestehen, selbst Schwierigkeiten damit zu haben, von der eigenen Denkweise einen Schritt zurückzutreten und sich auf andere einzulassen. Das muss man meiner Meinung nach aber mit Humor nehmen und darf daran nicht verzweifeln. Dabei hat mir meine Erfahrung sehr geholfen, da ich schon früh interdisziplinär gearbeitet habe, bevor ich so richtig tief in die Hirnforschung abgetaucht bin. Außerdem ist es immer gut in Teams zu arbeiten, in denen man Leute hat, die, aus verschiedenen Disziplinen, unterschiedliche Expertise einbringen neben solchen, die unterschiedliche Schwerpunkte in denselben Fächern haben. Die Leute, die sich noch nicht so tief in ein Fach eingearbeitet haben, haben oft einen besseren Zugang dazu, es anderen verständlich zu machen. Ein wichtiges Persönlichkeitsmerkmal ist auch die Offenheit und, wie gesagt, eine große Neugierde auf alles, was man noch nicht kennt.

Wie wählen Sie die Mitarbeiterinnen und Mitarbeiter am Institut aus?

Die Auswahl funktioniert auf der Grundlage unserer projektbasierten Arbeit. Wir sind ein reines Drittmittelinstitut und für unsere Projekte suchen wir jeweils gezielt Menschen. Für uns ist ganz wichtig, dass diese Menschen zwei Dinge haben: Zum einen, dass sie Generalisten sind, damit meine ich, dass sie sich für ein breites Spektrum an Methoden und Zugängen interessieren. Denn, wenn jemand hochspezialisiert ist, hat das seinen eigenen Wert, so wie es auch heute gesagt wurde: Man muss in manchen Feldern ganz tief bohren, um wirklich herauszufinden, was darin steckt. Trotzdem braucht es die Generalisten, die nah genug dran sind, um zu verstehen, was der Kern der Tiefenbohrung ist und dabei so weit extrahieren können, dass sie das in anderer Weise nutzbar machen und anderen kommunizieren können. Das heißt, wir suchen unsere Wissenschaftlerinnen und Wissenschaftler danach aus, wie stark sie Generalisten sind, wie breit deren Interessen gefächert sind, sowohl methodisch als auch inhaltlich. Der andere Aspekt ist natürlich, inwieweit die Menschen bereit sind Forschung auch für die Praxis nutzbar zu machen. Das kann die institutionelle Bildungspraxis sein, das kann aber auch irgendein anderes praktisches Feld sein, in dem Lernprozesse wichtig sind.

Da Sie gerade die Bildungspraxis erwähnen, schließt sich die Frage an, ob Sie Lehr- und Lernmethoden im Zuge Ihrer interdisziplinären Forschungen entwickeln, ob solche Methoden schon an Schulen praktiziert werden und was die Unterschiede zu den herkömmlichen Methoden sind?

Hier muss man differenzieren: Die Praxis ist immer auf einem guten Weg, wenn sie sich der Entwicklung und der Reflexion stellt. Ich glaube, dass unsere Leistung eher darin besteht, unsere Ergebnisse mit den Praxiserfahrungen abzugleichen, um dann zu schauen, wo die Praxis von weiteren Erkenntnissen profitiert. Aber es gilt auch zu schauen, wo es Diskrepanzen gibt, also Widersprüche zwischen der gelebten Praxis und den wissenschaftlichen Erkenntnissen, und wie man diese auflösen kann. Schließlich ist auch wichtig zu prüfen, was Schülerinnen und Schülern vielleicht nicht guttut, obwohl man, entweder aufgrund praktischer Arbeit oder aufgrund wissenschaftlicher Erkenntnisse, glaubt, es täte ihnen gut. Außerdem setzen wir zusätzliche Impulse, um Dinge auszuprobieren. Ein weiterer wichtiger Aspekt unserer Arbeit ist die Dissemination: Wenn wir etwas herausgefunden haben und es gemeinsam mit der Praxis überprüft, möchten wir dies dann auch für andere nutzbar machen. Was das genau ist, kann im Einzelnen ganz unterschiedlich sein, weil wir eben mit Lernprozessen von Menschen arbeiten, die im Alter zwischen einem und neunzig Jahren sind. Das heißt jede Altersgruppe hat ihre Spezifika, ihre Lern- und Entwicklungsaufgaben und Lerninhalte. Geht es beispielsweise um reines Faktenwissen, soziale Kompetenzen oder um das Erlernen emotionaler Regulation, um psychisch gesund zu bleiben? Das sind ganz unterschiedliche Ansätze.

Können Sie das an einem Beispiel genauer erläutern?

Ja, zum Beispiel der Bereich der emotionalen Selbstregulation im Kindergartenalter. Dazu hatten wir ein größeres Forschungsprojekt, in dem sich gezeigt hat, dass es zwei Anker gibt, mit denen man arbeiten kann. Der eine ist etwas, das die Praxis schon immer vermutet hat, nämlich die Interaktion mit dem Kind: Was macht die pädagogische Fachkraft mit dem Kind, wie geht sie auf das Kind ein, um es emotional zu stärken und damit auch in seinem Sozialverhalten zu fördern? Zum anderen haben wir herausgefunden, dass auch die Gestaltung von Räumlichkeiten, kleine Hinweistafeln und sogenannte *kleine Helferlein* enorm hilfreich sind, um Kinder in ihrer Selbstregulation unterstützen, sodass die Fachkraft nicht alles überwachen und steuern muss. Kleine Helferlein sind zum Beispiel Lieder beim Aufräumen oder Sanduhren, die den Kindern helfen, abwechselnd ein begehrtes Spielzeug zu nutzen. Dadurch kann ein zusätzliches Code- oder Erinnerungssystem geschaffen werden, das die Kinder sehr unterstützt. Das ist so ein Beispiel, das in der Praxis nicht naheliegend ist, denn natürlich versucht man eine anregungsreiche Umgebung zu schaffen, aber zusätzlich braucht es auch eine gezielt strukturierte Umgebung. Da haben wir schon einen Beitrag geleistet.

Können Sie uns etwas zu aktuellen Forschungsprojekten am ZNL verraten?

Wir forschen an ganz vielen Dingen! Eines unserer größten Projekte ist aus dem Bereich der musikalischen Früherziehung. Es geht darum, welche Auswirkungen diese Früherziehung im Kindergartenalter hat. Wir wollen

herausfinden, wie intensiv die Angebote sein sollten, um positive Auswirkungen auf die Entwicklung der Kinder zu haben. Wir finden schon erste
Ergebnisse im Sprachbereich. Eine weitere Frage ist aber, wie das in Relation
zu dem steht, was im sprachlichen Bereich in Sachen Lesen oder Vorlesen in
den Kitas heutzutage schon passiert. Hier sind wir mit den Ergebnissen
allerdings noch nicht so weit. Ein anderes wichtiges Projekt kommt aus einem ganz anderen Bereich, nämlich dem betrieblichen Lernen. Wir untersuchen, wie das, was wir aus unseren bisherigen Forschungen schon wissen,
nämlich dass Menschen gut lernen, wenn dies aktiv und selbstbestimmt
geschieht, mit den Interessen von Vorgesetzen in Unternehmen vereinbar
ist. Denn diese wollen oft überwachen, dass die Menschen auch wirklich die
Kompetenzen erwerben, für deren Ausbildung ihnen Zeit zugebilligt wird
und für die sie Ressourcen bekommen. Das Ergebnis unserer Überlegungen
ist *agiles Lernen*, angelehnt an die agile Programmierung in der Softwareentwicklung, bei der Menschen in Phasen selbstbestimmt und in kleinen
Teams an den Aufgaben arbeiten, die sie für die jeweilige Lernphase ausgewählt haben. Einen positiven Effekt hat hierbei auch der soziale Zusammenhalt im Team. An bestimmten Punkten wird dann wieder geprüft, ob die
Ergebnisse zu den gewählten Lernaufgaben vorliegen und es wird festgestellt, wo das Team gerade im Lernprozess steht. Hierbei gilt: Wenn einer im
Team etwas nicht versteht, hat das ganze Team „verloren", also seine Aufgabe nicht erfüllt. Daraufhin bekommt das ganze Team die Aufgabe noch
einmal zurück. Die Folge des Grundsatzes des *Teamerfolgs* ist, dass man eine
enorme gegenseitige Unterstützung in den Teams entwickelt. Das ganze
Team mitzudenken machen die Lerngruppen vielleicht ein-, zweimal nicht
so gut, aber dann haben sie ein Team, das einen sehr guten Zusammenhalt
im Miteinander-Lernen entwickelt, das Lernstrategien untereinander aus-
tauscht und sich gegenseitig hilft. Das funktioniert hervorragend.

**Sie haben über das Spannungsverhältnis zwischen den Bereichen
Schule, Politik und unterschiedlichen Forschungsfeldern gesprochen,
zusammen mit den Herausforderungen und Chancen, die sich aus
diesen Spannungsverhältnissen ergeben. Wohin entwickeln sich diese
Ihrer Meinung nach innerhalb der nächsten zehn Jahre? Was hat sich
getan, was hat sich besser entwickelt, was schlechter?**

Mir macht es viel Mut, dass wir uns untereinander vernetzen, auch hier auf
dieser Tagung. Ich glaube, dass wir gemeinschaftlich mehr erreichen können. Ich erlebe hier Menschen, die bereit sind, ihre Ergebnisse neben die
anderer Gruppen zu legen und zu diskutieren. Mir wurde auch durch die
Rückmeldungen, die ich bekommen habe, noch einmal mehr klar, dass wir,
wenn wir uns darauf berufen, dass Wissenschaft ein unpolitisches Feld ist –

so wie ich es auch gerne möchte – die Deutungshoheit über unsere Ergebnisse der Politik oder der Gesellschaft überlassen. Gewissermaßen lassen wir die Politik dann alleine mit etwas, für das die Expertise nicht bei der Politik liegt. Damit fordern wir letztlich Fehler heraus. Für mich bedeutet das, dass wir uns von dem Aspekt, dass Wissenschaft immer unpolitisch sein soll, glaube ich, verabschieden müssen.

Eine letzte, rein hypothetische Frage: Wenn Sie unbegrenzt Fördergelder hätten, was würden Sie damit tun?

Ich würde ganz viele Forschungsprojekte direkt an den Schulen durchführen, indem ich zu den Lehrkräften gehe und frage, wo die Probleme konkret liegen. Ich habe ein paar Problemfelder, die ich auf jeden Fall angehen würde: Das sind zum einen die beruflichen Schulen, denn da ist ganz viel zu tun. Wir wollen außerdem herausfinden, wie auch mit den Berufsbildungsjahren beziehungsweise Brückenjahren, die sich an Menschen richten, die ohne Bildungsabschluss von der Schule gehen, mehr erreicht werden kann. Das sind Felder, in denen man in der Politik nicht so viel gewinnen kann, aber die enorm wichtig sind. Denn wir können es uns eigentlich nicht leisten, Fachkräfte zu entbehren, die unsere Wirtschaft gerade so dringend braucht. Außerdem können wir, unter dem sozialen Aspekt betrachtet, diese jungen Menschen nicht hängen lassen. Das wäre aktuell mein Lieblingsfeld und daneben würde ich gerne in allen Schulen fragen, was das Dringendste wäre.

Teil III

Empirische Evidenz: Transferdiskussionen

Petra A. Arndt

Transferdiskussion mit Petra A. Arndt

Beim Transfer von Erkenntnissen zu Lernprozessen in die Praxis müssen auch nicht-kognitive Aspekte berücksichtigt werden.

Obwohl es natürlich sehr sinnvoll ist, Lernprozesse anhand von neurowissenschaftlichen Erkenntnissen besser verstehen und weiter optimieren zu wollen, darf auch nicht vergessen werden, dass es noch weitere Faktoren gibt, die Lernende maßgeblich beeinflussen. Dazu gehören vor allem emotionale und soziale Aspekte, die von Stressbewältigung über private Probleme bis hin zu Motivation reichen. Es ist also wichtig, neben neurowissenschaftlichen Grundsätzen die jeweilige Situation und die Einflussfaktoren im Umfeld der Lernenden in den Blick zu nehmen.

Ab welchem Punkt bzw. Erkenntnisstand sollten neu entstehende wissenschaftliche Ergebnisse Eingang in die Praxis finden? Als eine Möglichkeit, hierzu eine Antwort zu erarbeiten, schlagen wir die Entwicklung von Wirksamkeitskriterien vor. Ein interdisziplinäres Gremium sollte erörtern, ab welchem Punkt sich der Aufwand des Transfers lohnt. Wie sehen Sie das?

Der wissenschaftliche Erkenntnisgewinn basiert auf einem fortlaufenden Prozess von den ersten Hinweisen bis zu guter Evidenz für bestimmte Zusammenhänge. Es wurde thematisiert, inwieweit vor diesem Hintergrund der Transfer möglichst effizient brauchbare Ergebnisse liefern kann, von denen alle Beteiligten im Endeffekt profitieren. Wichtig erschien, dass die Entscheidung für den Transfer einer gewissen Struktur bedarf und dass es Regeln und Vorgaben braucht. Um derartige Strukturen zu erarbeiten, sollte eine Schnittstelle für Transfer zwischen den Disziplinen geschaffen werden. Das würde es ermöglichen Evidenzen gegenseitig zu prüfen sowie widersprüchliche Ergebnisse und Sichtweisen gegeneinander abzuwägen, um zu einem Gesamtbild zu kommen. Auf anderem Weg können Forschende verschiedener Disziplinen sich hinsichtlich dieses Punktes nur schwer gegenseitig helfen, da jede Disziplin andere Herangehensweisen und Schwerpunkte hat und ohne vorab festgelegte Kriterien auch durch lange Dialoge oft nicht die gewünschten Ergebnisse erzielt werden können. Für die praktische Umsetzung ist ein Gremium an Expertinnen und Experten aus mehreren Disziplinen nötig, die eruieren, zwischen welchen Bereichen, an welcher Stelle und unter welchen Bedingungen sich der Aufwand des Transfers wirklich lohnt.

Wir wünschen uns Forschung zu den Mechanismen, die einem Beitrag sensorischer und motorischer Rhythmen zu Verarbeitungsprozessen zugrunde liegen könnten.

In ihrem Vortrag beschrieb Sonja A. Kotz unter anderem, dass offensichtlich ein Zusammenhang von Metrum und Syntax besteht und sich Rhythmus positiv auf kognitive Prozesse auswirkt. Die dem zugrunde liegenden Mechanismen erscheinen jedoch noch nicht hundertprozentig klar. Es wäre möglich, dass nicht der Rhythmus von Bewegungen, sondern die Bewegung per se zu einer Veränderung in den Lernbedingungen führt, wodurch Verarbeitungsprozesse intensiviert werden können. Gegen dieses Argument spricht jedoch, dass für andere (weniger rhythmische) Formen von Bewegung entsprechende Nachweise nicht erbracht werden konnten. Interessant ist, dass die Stärke der Effekte von Rhythmus auf Verarbeitungsprozesse auch von der Leistungsstärke der Schülerinnen und Schüler abhängt. Eine Frage in diesem Kontext ist z.B., wann Musik positive Effekte auf Verarbeitungs- und Lernprozesse erzielt und wann sie hingegen eher ablenkend wirkt. Zusammenfassend ist zu sagen, dass Forschung in diesem Bereich praktisches Potenzial hat und deshalb dringend weiter geforscht und die Ergebnisse in den Transfer gebracht werden sollten.

Wir brauchen ein Repertoire an verschiedenen Lernformen, die situativ an den Lernenden und das Material angepasst werden können.

Aufgrund der Diversität der Lernerinnen und Lerner sowie des Stoffes ist es oft schwierig, den zu lernenden Stoff bestmöglich zu vermitteln. Beispielsweise ist es erwiesen, dass kleinere Kinder bestimmte Informationen anders aufnehmen als ältere und dass teilweise andere Gehirnbereiche bei der Verarbeitung aktiviert werden. Wegen der bestehenden und von außen oft nicht leicht erkennbaren Unterschiede zwischen den Lernenden ist es nötig, auf Basis bestehender wissenschaftlicher Erkenntnisse eine Sammlung an verschiedenen Lernformen und -methoden zu schaffen, mithilfe derer man individuelle Unterschiede ausgleichen und den Lernprozess für die einzelnen Lernerinnen und Lerner optimieren kann. Dadurch könnten Lehrende unterstützt werden, die sich Herausforderungen wie großen Klassen oder Zeitdruck gegenübersehen.

Der Text beruht auf einem Protokoll von Veronika Stampfer.

Petra A. Arndt wurde unterstützt von Jenifer Pötzsche.

Teilnehmerinnen und Teilnehmer:

Petra A. Arndt
Daniela Czernochowski
Jenifer Pötzsche
Jennifer Schilitz
Marco Steinhauser

Deborah Költzsch

Transferdiskussion mit Heiner Böttger

Die Diskussionsrunde, an der die Neurowissenschaftlerin und Referentin Sonja A. Kotz teilnahm, ergab die folgenden Schwerpunkte und Aspekte, die den Diskussionsstand der Teilnehmerinnen und Teilnehmer widerspiegelt:

Fehler und Fehlerkultur

Die Ergebnisse aus Studien zu Fehlern und Fehlerkultur müssen einen höheren Stellenwert im Unterricht einnehmen. Daher muss in Zukunft exploriert werden, wie die Forschungsergebnisse im Fremdsprachen- und speziell im Englischunterricht angewendet werden können. Der Konferenzbeitrag von Marco Steinhauser kann als Grundlage für Fortbildungen von großem Wert sein und für einen teilweisen Paradigmenwechsel in dieser Hinsicht dienen.

Testen und Leistungsbeurteilung

Eine der zentralen methodischen Fragen im Fremdsprachenunterricht lautet allgemein: „Wie soll der Unterricht geeigneter Weise ablaufen?" Dabei bestimmt noch immer viel zu oft die Leistungsbeurteilung, vor allem durch Noten, maßgeblich das Vorgehen der Lehrkräfte. Dies kann jedoch insbesondere dann hinderlich sein, wenn Schülerinnen und Schüler die Angst vor dem Sprechen genommen werden soll. Besser als reine Leistungsbeurteilungen wäre, stattdessen zu beschreiben, was die Schülerinnen und Schüler bereits beherrschen, und nicht das, was sie *nicht* können. Problematisch kann an dieser Stelle jedoch werden, dass sich sowohl die Schülerinnen und Schüler selbst, als auch Eltern ihre Kinder häufig über Leistung und speziell über Schulnoten definieren.

Verschiedene Möglichkeiten der Leistungserfassung und -beurteilung werden vor allem an Grundschulen bereits eruiert und erprobt, beispielsweise mit diagnostischen Beobachtungsbögen zu fremdsprachlichen Kompetenzen wie Sprechfertigkeit. Dieses evaluatorische Vorgehen sollte im Sinne einer angstfreien Beurteilung für alle Schülerinnen und Schüler auch auf alle anderen Schularten ausgeweitet werden.

Aufgabenformate

In Bezug auf Aufgabenformate im Fremdsprachenunterricht stellt sich primär die Frage „Wie können durch veränderte Aufgabenstellungen mehr
Lernbereiche abgedeckt werden als mit dem klassischen Schulbuch?". Um
die Lehrenden für die neuen Herausforderungen zu sensibilisieren muss
insbesondere bei ihrer Ausbildung angesetzt werden: Verantwortliche und
Ausbildende in Studium, Referendariat und nicht zuletzt die Berufsphase
begleitende Schulbuchverlage selbst müssen sich ihrer Verantwortung bei
der Lehrkräfteaus- und -fortbildung bewusst werden und evidenzbasierte
Aufgabenformate anbieten. Lehrkräfte, die bereits fertig ausgebildet sind
und über neurosprachendidaktische Kompetenzen verfügen, können als
Multiplikatorinnen und Multiplikatoren in schulinternen Fortbildungen
eingesetzt werden (*best practice*).

Bewegung und Rhythmus

Grundsätzlich kann festgehalten werden, dass eine Verbindung von Kon-
versation und Bewegung, und damit auch der synchronisierende Einbezug
von Rhythmus bzw. rhythmischen Elementen, zu einem wesentlichen Bestandteil des Fremdsprachenunterrichts werden muss. Solche Synchronisa-
tionen können im Sitzen, oder in Form von Bewegungen wie *Walk and Talk*,
auch an außerschulischen Lernorten geschehen. Wichtige Fragestellungen
dabei sind: „Welche Maßnahmen können ergriffen werden, um das Wissen
um die Bedeutung von Rhythmus und Motorik für den Sprachunterricht
verfügbar zu machen?" und „Was kann aus dem Wissen und den Forschungsergebnissen didaktisch gemacht werden und wie können entsprechende Lehrkompetenzen erworben oder vermittelt werden?".
    Im Unterricht stehen den Lehrkräften verschiedene Möglichkeiten zur
Integration von Bewegung zur Verfügung, angefangen beispielsweise mit
einer einfach durchzuführenden, aber hoch effizienten Verwendung von
Gesten zur Unterstützung gesprochener Sprache.
    Bei Ganzkörperbewegungen, hier genauer beim Gehen, kann vor allem
die *Walk and Talk*-Technik genutzt werden, um die Sprechbereitschaft durch
den Bewegungsrhythmus zu unterstützen. Dabei sprechen die Schülerinnen
und Schüler miteinander in der Fremdsprache, während sie eine festgelegte
Strecke gemeinsam zurücklegen. Mit der Zeit kann beobachtet werden, wie
sich die Gesprächspartner miteinander durch ein sogenanntes *Falling into
Step* synchronisieren. Dabei stimmt sich das Gehtempo der Sprechenden
automatisch aufeinander ab zu einer Art gemeinsamem Tritt. Im Unterricht
muss thematisiert und exploriert werden, wann und wie lange Gehen sinnvoll ist, wem es wie individuell positiv entgegenkommt, und wie sich die
Schülerinnen und Schüler gegenseitig bereichern können (*Leader-Follower*

Theory), indem beispielsweise verschiedene Teamkombinationen ausprobiert werden. Gehen im Unterricht kann zudem durch mobiles Lernen, also durch den Einsatz von Smartphones und Tablets, gefördert werden. So kann eine Frequenzverbindung von Hören, Sprechen und Bewegung entstehen. Der Einfluss synchronisierter Bewegung auf sprachliche Performanz muss weiter erforscht werden.

Im Forschungsfeld gibt es Studien, die das Potenzial von Radfahren für den Lernprozess bereits eruiert haben.[1] Im Gegensatz zum reinen Gehen stehen Schulen hier jedoch vor größeren Herausforderungen bei der Realisation: Die Anschaffung von *Spinning Bikes* ist ein enormer Kostenfaktor und kann aufgrund mangelnden Platzes kaum bzw. nur ungenügend in die Schulräume integriert werden. Eine Alternative können hier Pedaltrainer unter den Tischen der Schülerinnen und Schüler sein.

In Sprachateliers können beispielsweise orffsche Instrumente zur direkten Verknüpfung von Sprachlernen und Rhythmus eingesetzt werden. Hier müssen aber noch gezielter geeignete Aufgabenformate entwickelt werden.

Für die Verbindung von Musik und Bewegung eignet sich besonders das Genre der Popsongs. Durch ihre klare Beatstruktur haben sie einen hohen Transfereffekt auf das Sprachenlernen. Außerdem greifen sie aktuelle Themen auf und führen so zu einer Kombination aus Vokabellernen, Sprachpraxis, Rhythmik und Sachinhalten. Grundsätzlich sind vor allem auch *Action Songs* (z.B. *Head, Shoulders, Knees and Toes*) geeignet, die Rhythmik direkt mit Körperbewegungen zu verbinden. Rhythmisches Sprechen, z.B. durch Rap. Singen generell führt zu einer Verbesserung im Silbensprechen und ist somit nicht nur für Schülerinnen und Schüler geeignet, sondern beispielsweise auch für Menschen, die stottern, und Aphasikerinnen und Aphasiker.

Bewegung und Rhythmus können im Fremdsprachenunterricht vielfältig gefördert werden: Unterschiedliche Lernmethoden können direkt in die Schulbücher (Welche methodische Verfahren kann ich beim Lernen nutzen?) und Lehrbücher (Welche Methoden kann ich beim Lehren nutzen?) aufgenommen werden. Außerdem kann direkt in der fachdidaktischen Lehre während des Studiums ein Bewusstsein für ihre Bedeutung geschaffen werden. Des Weiteren kann die Vernetzung v.a. durch soziale Medien genutzt werden. Durch *Personal Learning Networks* ist so beispielsweise ein deutschlandweiter und internationaler Austausch zu Erfahrungen mit Bewegungseinsatz im Fremdsprachenunterricht möglich.

Den Räumen von Bewegung im Sprachunterricht sind wenig Grenzen gesetzt. Lehrkräfte müssen angehalten werden, die Möglichkeiten des Schulhauses und des ganzen Schulgeländes zu nutzen. Eventuell ist bei-

---

[1] Z.B. Schmidt-Kassow M., Kulka A., Gunter T., Rothermich K. & Kotz S. (2010): Exercising during learning improves vocabulary acquisition: Behavioral and ERP evidence. In: *Neuroscience Letters* 482, 40–44.

spielsweise sogar die Anlage von *Walk and Talk Trails* denk- und umsetzbar. Lernlandschaften unterstützen die Bewegung von Schülerinnen und Schüler im Unterricht durch Lerninseln, Stehtische, Pulte und andere Gestaltungselemente.

Letztlich spielen diverse, im Rahmen der Diskussionsrunde nicht vollumfänglich diskutierbare Faktoren eine entscheidende Rolle für den Transfer von wissenschaftlichen Erkenntnissen bezüglich Bewegung und Rhythmus in die Fachdidaktik und den Schulalltag. Nicht alle Formen von Bewegung und methodischen Vorgehensweisen sind für alle Schülerinnen und Schüler geeignet. Individualisierungs- und Differenzierungsmaßnahmen durch Lehrkräfte sind daher unabdingbar. Hier ist es zielführend, die Schülerinnen und Schüler in die Gestaltung des Sprachunterrichtes einzubeziehen und die Methodik schlussendlich an die Schülerinnen und Schüler anzupassen. Um den Kostenfaktor bei Bewegungsangeboten für Schulen möglichst gering zu halten, können bereits vorhandene Geräte (z.B. *Stepaerobic*-Bretter) und die vorhandene Architektur des Schulgebäudes (z.B. Treppen) kreativ in den Lehr- und Lernprozess integriert werden.

Die größte Problematik ist momentan jedoch, dass Bewegung und Rhythmus nur partiell und zu selten im Unterricht eingesetzt werden, da sie in der Regel nicht zum Repertoire der Lehrkräfte gehören. Daher muss der zentrale Ort der Vermittlung entsprechender Kompetenzen die Lehrkräftebildung sein. Durch die Umgestaltung der Ausbildungscurricula und Veränderungen in der Didaktik können neue Aufgabenformate geschaffen werden, die Bewegung im Sprachunterricht fördern. Bereits durch die Öffnung von Klassenräumen bieten sich Schülerinnen und Schülern mehr Bewegungsmöglichkeiten, als im äußerst begrenzten Lernraum Klassenzimmer. Ein erster Aufschlag ist mit Sonja A. Kotz' Konferenzbeitrag bei *FoE 2019* geleistet: Der Fokus muss weiterhin stärker auf einem erfolgreichen Transfer zwischen Forschung und Didaktik liegen, um eine Verknüpfung zwischen wissenschaftlicher Ebene und Anwendungsebene zu erreichen.

Kernaussagen

1. Ein harmonisiertes Gesamtlehrkräftebildungskonzept zwischen erster und zweiter Phase ist notwendig. Verantwortlich dafür sind hauptsächlich Universität, Referendariat, Fortbildungen und Verlage.

2. Für die Operationalisierung des Transfers sind Aufgabenformate nötig, die Rhythmus und Bewegung beim Lernen mit einbeziehen, z.B. *Walk and Talk*, Popsongs oder ein sogenanntes *Sprachgym* mit Steppern etc.

Der Text beruht auf einem Protokoll von Rebekka Ebert.

Heiner Böttger wurde unterstützt von Deborah Költzsch.

Teilnehmerinnen und Teilnehmer:

Carolyn Berckmüller
Eva Eckeberg
Evangelia Karagiannidou
Deborah Költzsch
Norbert Marx
Sonja A. Kotz
Andreas Reichel
Franz Schimek
Iris Seemann
Renate Sidiropoulou
Johanna Uhl

Dorothea Kunz

Transferdiskussion mit Dorothea Kunz

Anschließend an die verschiedenen Vorträge konnten die Teilnehmerinnen und Teilnehmer der Konferenz im Rahmen von Transferdiskussionen nochmals über das Gehörte reflektieren und sich unter der Diskussionsleitung von Dorothea Kunz, untereinander austauschen.

Dorothea Kunz stellte den Konferenzteilnehmerinnen und -teilnehmern anfangs zwei bis drei Minuten zur Verfügung, um ihre Gedanken zu sammeln und die wichtigsten Aspekte auf Moderationskarten festzuhalten. Daraufhin wurde ihnen die Möglichkeit geboten, ihre Gedanken mit der Runde zu teilen. Darunter waren sowohl Fragen, wie beispielsweise:

Bedeutet häufiges Testen besseres Lernen?
Wie verteilen sich der Errorless Learning-Ansatz und die Theorie des negativen Wissens auf unterschiedliche sprachliche Phänomene?

Aber auch konkrete Aussagen und Forderungen waren Bestandteil:

Die Wissenschaft ist in ihrer Welt unterwegs – mir fehlen konkrete Übergänge zur Praxis, Lernen mit Ohr, Hand & Verstand?
Multisensorik und Methodik auf dem Prüfstand!
Mehrwert der Fehler nutzen. Deshalb ist am Bleistift auch ein Radiergummi dran!

Nachdem alle Standpunkte und Ideen geteilt wurden, bildete der Vortrag von Petra A. Arndt vor allem im Hinblick auf den multidirektionalen Transfer zwischen Bildungsforschung und Schule den thematischen Einstieg für eine sehr angeregte und inspirierende Diskussion. Es wurde konstatiert, dass sowohl die Forschenden, als auch die Lehrkräfte zwar im Moment bereits voneinander profitieren würden, diese Brücke zwischen Wissenschaft und Praxis aber noch aktiver genutzt werden müsse. Dies bedeutet, dass die Institution Schule, die sich für Forschungszwecke während der Forschungen zur Verfügung stellt, auch im Anschluss über die Ergebnisse informiert werden sollte, damit die wissenschaftlichen Ergebnisse direkt in die Praxis implementiert, erprobt und durch die Lehrkräfte auf die Anwendbarkeit in der Praxis bewertet werden. Dieses verstärkte, wechselseitige Bezugnehmen würde sich durchwegs positiv auf beide Bereiche auswirken.

Im Anschluss konzentrierte sich die Diskussion schwerpunktmäßig auf die Vorträge von Marco Steinhauser (Lernen durch Fehler) und Daniela

Czernochowski (Feedback). Da diese Themen von den Teilnehmerinnen und Teilnehmern als eng miteinander verbunden betrachtet wurden, wurde über sie vor allem gegen Ende des Themenblocks fast durchgängig im Zusammenhang miteinander debattiert. Es bestand Konsens, dass Feedback vor allem eins sein sollte: konstruktiv und überlegt. Da Fehler den Lernprozess unterstützen können, stimmten ebenfalls alle darin überein, Schülerinnen und Schüler deshalb auch auf ihre Fehler aufmerksam zu machen. In keinem Fall darf es zu einer Defizitorientierung hinsichtlich des Feedbacks kommen. Dies entfachte eine größere Diskussion in Bezug auf die Diversität der Schülerinnen und Schüler. Einige Teilnehmerinnen und Teilnehmer merkten an, dass es durch eben diese Verschiedenheit und durch die extreme Heterogenität bei der Lernausgangslagenerhebung generell zu größeren Problemen und Schwierigkeiten kommen könne. Einigkeit bestand weiter darin, dass der emotionale Druck seitens der Schülerinnen und Schüler bei Beurteilungen dringend verringert werden müsse. Die Beteiligten kamen zu dem Schluss, dass das von der Lehrkraft gegebene Feedback durch eine Selbstevaluation der Schülerinnen und Schüler erweitert werden sollte.

Gegen Ende der Diskussionsrunde wurde sich unter anderem auf den Vortrag von Sonja A. Kotz berufen, und somit bildete das Thema multisensorisches Lernen den finalen Punkt. Es wurde angebracht, dass sich Musik, Schauspiel und Bewegung positiv auf die Gedächtnisleistung auswirken. Kurzzeitig war sich die Gruppe uneinig, da ein Teil sich wünschte das sensorische Lernen bereits in die Ausbildung als obligatorisches Modul einzubeziehen. Einige Teilnehmerinnen und Teilnehmer wiesen jedoch darauf hin, dass es persönlichkeitsabhängig sei, wie man seinen Unterricht gestalte und regten Wahlmodule an.

Die Teilnehmerinnen und Teilnehmer kamen letztlich noch auf stressreduziertes Lernen zu sprechen und hielten fest, dass es von hoher Dringlichkeit wäre, Entspannungs- und Achtsamkeitsübungen in den Unterricht einzubauen.

Die Diskussionsrunde wurde abschließend durch das Festhalten dreier Kernaussagen, die alle Aspekte des Gesagten zusammenfassend darstellten, von Dorothea Kunz geschlossen. Die Aussagen lauteten wie folgt:

„Die Wissenschaft hat die Aufgabe, aus einem *unknown-known* ein *known-known* zu machen."

„Wertschätzung des impliziten Erfahrungswissens der Lehrkräfte bei wissenschaftlichen Untersuchungen (*Pre-While-Post*)."

„Lehr-Lernszenarien sollen so gestaltet werden, dass ein lernförderlicher Umgang mit Fehlern und Feedback ermöglicht wird (sensomotorische/dramapädagogische Lernsituationen)."

Der Text beruht auf einem Protokoll von Laura Ickinger.

Dorothea Kunz wurde unterstützt von Laura Ickinger.

Teilnehmerinnen und Teilnehmer:

Dorthe Hutz
Matthias Hutz
Laura Ickinger
Markus Kötter
Margitta Kuty
Josef Meier
Carola Surkamp
Tina Weber
Christa Weck
Julia Weltgen

Michaela Sambanis

Transferdiskussion mit Michaela Sambanis

Im Anschluss an die Vorträge hatten die Konferenzteilnehmerinnen und -teilnehmer die Möglichkeit, sich in kleineren Gruppen auszutauschen, Schwerpunkte aus den Vorträgen herauszuarbeiten und erste Gedanken zum Transfer in Lehr- und Lernkontexte zu formulieren.

Michaela Sambanis eröffnete die von ihr geleitete Diskussionsrunde mit einer Aufgabe: Die Diskutierenden sollten ihr persönliches Highlight der Tagungsinhalte als Schlagzeile formulieren. Folgende Vorschläge wurden gemacht: „Stapeln hilft bei Stottern", „Komplexere Verarbeitungsprozesse – (wie) kommen wir da empirisch ran?", „Mit zwei Hertz durch den Klassenraum – die Neurowissenschaft gibt Lehrpersonen Rückendeckung", „Unbewusstes Lernen ist kinderleicht", „Rotstift beiseite: Lehrkräfte stellen die richtigen Fragen – die Forschung antwortet", „Marsch ist besser als Walzer", „Kinder lernen mit und ohne Aufforderung", „Der Ton macht die Musik", „Gehen und Hören schwingen gleich" sowie „Spar dir: Merk dir das!'".

Danach wurde in allgemeiner Übereinstimmung festgehalten, dass sich viele Lehrkräfte von den Neurowissenschaften ein Richtig oder ein Falsch sowie „fertige Rezepte" erhoffen. Das aber ist nicht Aufgabe der Wissenschaft und liegt auch nicht in ihrem Kompetenzbereich. Für eine Übertragung in die Praxis müssen sich Wissenschaft und Praxis begegnen und zusammenarbeiten. Allerdings sollte das Ziel auch dann nicht ein starres Rezept sein, sondern Entscheidungshilfen, ein besseres Verstehen und Handlungsoptionen.

In diesem Zusammenhang stellte die Diskussionsleiterin die Frage, inwiefern fertige Rezepte Lehrkräfte bei der Unterrichtsgestaltung vielleicht sogar behindern könnten. Die Konferenzteilnehmerinnen und -teilnehmer stimmten darin überein, dass ein fertiges Rezept mitunter sogar eine Einschränkung bedeuten könne, weil allzu Starres sogar die Kreativität und Spontaneität der Lehrkräfte beeinträchtigen könne. Sehr nachvollziehbar und sinnvoll sei aber, dass sich Lehrkräfte Leitlinien und Entscheidungsgrundlagen sowie Impulse wünschten, die sie nutzen und modifizieren könnten. Ein Konferenzteilnehmer schlug vor, dass nicht das Rezept, sondern die einzelnen Zutaten im Fokus der Betrachtung stehen sollten. Dies könne für eine bewusste Unterrichtsplanung förderlich sein.

Die an der Diskussion Teilnehmenden kamen zu dem Schluss, dass einerseits die Komplexität der Unterrichtsrealität anerkannt und andererseits ein gewisses Maß an Praktikabilität erreicht werden müsse. Außerdem erscheine es wünschenswert, der Generierung und Berücksichtigung empirisch fundierter Unterrichtselemente noch mehr Beachtung zu schenken. Die Diskutierenden betonten ferner, dass Lehrkräfte häufig intuitiv passende und gute Verfahren einsetzten und nach einer theoretischen Verortung sowie empirischen Begründung für ihr Unterrichtshandeln suchten. Es gelte, das Erfahrungswissen von Fremdsprachendidaktikerinnen und -didaktikern wert zu schätzen! Zudem sei es wichtig, auch bei Unstimmigkeiten zwischen den Disziplinen bzw. zwischen Wissenschaft und Praxis stets auf Augenhöhe zu diskutieren.

Im weiteren Verlauf der Diskussion rief Michaela Sambanis die zu Beginn entworfenen Schlagzeilen in Erinnerung und fragte, warum ausgerechnet „zwei Hertz" im Gedächtnis geblieben sei. Hierzu wurde ausgeführt, dass Bewegung und Lernen zusammengehörten: Bewegung und Lernen seien eng miteinander verbunden. Dies sei in gewisser Weise eine Konstante, die auch durch aktuelle Forschungen aus dem Bereich der *Embodied Cognition* weitere Bestätigung findet. Anschließend wurden die Diskutierenden dazu angeregt, sich über neue Erkenntnisse auszutauschen, die vielleicht sogar zu Verhaltensänderungen im Berufsalltag führen könnten. Zunächst stand für die Teilnehmerinnen und Teilnehmer außer Frage, dass die verschiedenen wissenschaftlichen Disziplinen und die Praxis in der Tat noch enger zusammenarbeiten müssten, um eine bessere Verbindung zwischen Forschung und Anwendung herzustellen. In diesem Zusammenhang wurde vorgeschlagen, dass Schülerinnen und Schüler an wissenschaftliche Arbeitsweisen herangeführt werden könnten, u.a. indem altersgemäß aus der Forschung berichtet wird, z.B. zu *Wie lernt das Gehirn?*. Als besonders elementar empfanden die Diskutierenden zum einen ein weiteres Ausleuchten der Thematik *Differenzierung im Unterricht* und zum anderen grundsätzlich die Einbindung von empirischen Befunden u.a. aus der Psychologie, Didaktik, Hirnforschung in die Lehrkräftebildung.

Ein weiterer Diskussionsschwerpunkt führte zu der Frage, wie komplexere Verarbeitungsprozesse im Gehirn empirisch erforschbar seien. Im Allgemeinen wurde kritisch angemerkt, dass in der Fremdsprachendidaktik mitunter ein konsequent systematisches Vorgehen bei Forschungsprojekten fehle. Michaela Sambanis schlug vor, sich in der Forschung noch stärker und strategisch gezielter zu vernetzen, um in einem überschaubaren Zeitfenster zu einer Forschungsfrage eine solide Datenmenge generieren zu können: Dabei würde zunächst von mehreren Forschenden gemeinsam eine Forschungsfrage formuliert, ein Studiendesign ausgearbeitet und Erhebungsinstrumente ausgewählt bzw. entwickelt. An den Standorten, an denen die beteiligten Forschenden tätig sind, würden sodann in einem vereinbarten Zeitfenster Daten erhoben. Die Datensätze ließen sich zusammenführen, sodass die erreichte Power der gemeinsam durchgeführten Studie deutlich größer wäre als es bei Individualprojekten üblicherweise der Fall ist. Die

Aussagekraft wäre entsprechend größer, Ergebnisse ließen sich zusammenführen sowie gemeinsam publizieren und trotzdem bliebe es jedem Forschenden unbenommen, die in das Verbundprojekt eingespeisten Daten auch gesondert zu analysieren und zu veröffentlichen.

Abschließend wurde das in mehreren Bundesländern veranlasste Rückverlagern des Fremdsprachenunterrichts in der Grundschule von Klasse 1 auf Klasse 3 kritisch diskutiert. Unter den Teilnehmerinnen und Teilnehmern herrschte diesbezüglich „nachhaltiges Unverständnis". Es wurde thematisiert, dass sich nach wie vor bei beachtlichen Teilen der Elternschaft die Sorge halte, Kinder würden in jungen Jahren durch das Erlernen mehrerer Sprachen verwirrt. Es scheint, als herrschten diesbezüglich Ängste und Fehleinschätzungen vor. Es müsse gelingen, hier noch bessere Informationsarbeit zu leisten und von der Bildungspolitik tatsächlich gehört zu werden.

Als Abschluss der Diskussionsrunde wurden zwei Kernaussagen festgehalten, die als kurze und prägnante Zusammenfassung der in dieser Gruppe geführten Transferdiskussion danach ins Plenum mitgebracht wurden. Sie lauteten:

„Postfaktische Zeiten brauchen verständliche und öffentlichkeitswirksame Wissenschaften."

„Mut zum Fehler machen – *Oops, just do it again!*".

Der Text beruht auf einem Protokoll von Wiebke Mareike Platzer.

Michaela Sambanis wurde unterstützt von Oriana Uhl.

Teilnehmerinnen und Teilnehmer:

Erika Broschek
Martin Eckeberg
Andrea Haake
Nikolaos Katsaounis
Ewa Ostazweska
Andreas von Reppert
Helga Rolletschek
Carola Surkamp
Oriana Uhl
Maik Walter
Hubertus Wiegand

Teil IV

Beiträge zum Transfer der empirischen Evidenz

Carolyn Berckmüller

Practicing Sense and Sensitivity in Correcting Speaking Errors in the Foreign Language Classroom

1 Introduction

"It's not how we make mistakes, but how we correct them that defines us"[1]

Speaking is probably the most revealing of the four language skills in the foreign language classroom, the other skills being reading, listening and writing, in the sense that the moment an utterance is made in a language that is not the speaker's mother tongue, the sum of language acquired from the hours of practice is laid bare. Speaking, by its nature being a spontaneous, face-to-face interaction that takes place in real time (Bailey 2003; Thornbury 2005), allows the speaker barely seconds to reflect and absolutely no time to study, prepare or google-check before producing an utterance. Every spoken word has its listener and every error is exposed once it is uttered, leaving the speaker feeling small and embarrassed. Hence, while language learners have no qualms about reading, listening and writing, they are often deterred from speaking to avoid the embarrassment of making errors. Teachers, on the other hand are given the role of correcting errors and mistakes but they are well aware of the affective barriers hindering learners from speaking.[2] How can their role be fulfilled without demoralizing learners? Are the inhibitions real or are they merely imagined? When errors and mistakes are made in speaking tasks, a process of quick decision making would unfold in the teacher's mind as to how, when, and if at all, they should be corrected without curtailing the contributer's enthusiasm. In that split second of decision making before corrective action is taken, it is often the dire wish of teachers to have a glimpse of their learners' minds to assimilate the outcome of being corrected in the presence of others – in other

---

[1] Rachel Wolchin
[2] Although the terms *error* and *mistake* essentially share the same meaning they are said to differ in use, depending on the context. Errors are made because of a lack of knowledge. They cannot be self-corrected as the correct answers are not known to the speaker. Mistakes are made because of a lack of automaticity and can be self-corrected as the correct answer is usually known to the speaker (Ellis 2009: 6; Khansir & Pakdel 2018: 194).

words, to know how sensitive a learner is to receiving negative feedback in public. Lacking the ability to visually penetrate the human brain, the talk by Prof. Marco Steinhauser, *Upps...oder die Kunst, einen Fehler zu entdecken – Wie unser Gehirn aus Fehlern lernt*, gives teachers some graphical answers to what happens in the brain when errors are made. Steinhauser presents his studies on activities recorded in the brain at the moment when learners mentally register and become aware of having made errors or mistakes and discusses how the brain learns from them.

With the increasing importance placed on the acquisition of practical speaking skills in schools and by adult learners in Germany, this essay poses three questions that teachers frequently ask about error correction during speaking lessons in the light of evidences presented by Steinhauser.[3]

2   Does error correction in speaking demotivate learners?

The answer is yes and no, according to Steinhauser. In a study on how age affects learners' sensitivity to error correction, he reports that concern about making mistakes is more highly rated by adult learners than by children and that the rating increases with age. The result suggests that adults are more affected by errors and mistakes than children and that they are therefore more likely to be demotivated when the errors and mistakes they make are not sensitively corrected. This is the age group that will most likely give up on speaking a foreign language due to the lack of sensitivity in error correction and to negative experiences when errors are made. They do not want to be placed in the spotlight by having teachers correcting them in public.

The factor of age in the study suggests that teachers can target error correction strategies according to learners' age. Clearly more sensitive approaches need to be practiced with adolescents and adults while younger children are likely to playfully laugh their errors and mistakes away. However, it raises several questions in teaching: Should teachers be sensitive only when correcting teenagers and adults? Would a sensitive error correction approach be ineffective with younger children? Wouldn't children with lower self-confidence require sensitive approaches as well? Should there be a universal approach toward all children alike for the sake of equality and inclusion? How would a sensitive approach to error correction look like?

---

[3]   A new curriculum of education for primary and secondary schools across every subject was put into force by the Ministry of Culture and Education in the German state of Bavaria called the *LehrplanPLUS* in 2017. The curriculum for English has been amended to emphasise the practical use of the language and raises the importance of the speaking component to equal that of the written one. (Staatsinstitut für Schulqualität und Bildungsforschung   München   (ISB):   *LehrplanPLUS*.   Available   on: http://www.lehrplanplus.bayern.de) (07.03.2020)

Many techniques and approaches have been tried and tested in classrooms to motivate learners to speak. An approach often practiced at beginner level English classrooms is similar to one suggested by Puchta (2010). In giving tips for a sensitive approach to error correction with teenagers in the classroom, Puchta (2010) suggests pasting a coloured sheet of paper stating a grammatical rule on the wall. Whenever a learner forgets the rule while speaking, the teacher points to the paper, waits a few seconds and smiles – with emphasis on waiting and smiling. The smile should silently convey a positive attitude towards the student even though there is a mistake to be corrected. Puchta (2010) claims the approach especially helps students who have low self-esteem as they are frequently in danger of losing their confidence when they get corrected. Is that how a sensitive approach should look like? A smiling and silent response to mistakes by the teacher may indeed act as a gentle reminder and avoid putting the learner in an unwanted limelight. A glance into classrooms that teach beginner level English will likely reveal colourful English vocabulary pictures and grammar rules pasted on the walls. It indicates their popularity with teachers as a silent visual reminder of lexic and syntactic rules. However, how many pictures and rules can be pasted on the walls? How is the teacher going to hop from one rule on the wall to another, for example, when a student makes multiple grammar mistakes while immersed in talking about an eventful weekend? Learners who have low self-esteem usually feel self-conscious when speaking aloud in class as they feel that all eyes and attention are focused on them. In that flustered moment of being in the centre of attention, they are likely to forget the rules and repeat mistakes despite getting frequent reminders. It would certainly be very frustrating and demotivating for them to get smiled at and have the same paper pointed out to them whenever they attempt a verbal contribution in class. Moreover, interrupting learners in mid-speech would be counterproductive to improving speaking skills as it distracts the speaker and disrupts fluency (Bailey 2003, Ur 2012, Thornbury 2015)

Doubtlessly, building up learners' motivation and confidence in speaking is essential to help them make progress in learning a foreign language and being sensitive to learners' feelings is a priority that should be given to every learner, regardless of age. Even though young learners are at an age that absorbs new impressions with curiosity and interest, they can be demotivated if they are frequently and insensitively corrected for every error or mistake they make. On the other hand, if mistakes are sensitively corrected by teachers, it has the potential to build up confidence and break down any speaking barriers and inhibitions. Acceptance and showing a keen interest in the learners are the keys to motivating and building confidence. If teachers are able to find ways to demonstrate acceptance of learners' failures and imperfections and listen to the issues that move them, it will certainly contribute to helping learners to let go of their fears and inhibitions in speaking a foreign language. Error correction can, for example, be in the form of a discrete raise of the eyebrow by the teacher to indicate a lack of clarity in the spoken language as they are listening and showing interest in what the speaker is saying. It will help the speaker feel accepted and he is not being put under the spotlight for his imperfections in speaking. The teacher may also allow peer-corrections because peers are part of the group and their corrections may be less embarrassing for the speaker.

Finding the right approach to error correction is indeed a challenge to teachers and their task is further complicated by the fact that not one human being is identical to another. There is no universal method or approach to error correction for any particular age at any particular circumstance. Furthermore, knowledge about teaching methods and approaches alone is not sufficient to meet learners' needs in the classroom. Teachers have to be able to adapt teaching methods and approaches they have learned and be able to apply them in their lessons according to learners' individual personalities and learning capacities. It requires not only experience and skill to integrate various pedagogical techniques to correcting errors but it also requires the teacher's ability to sense the affective need and mood of every learner at every age group during the lesson and be prepared to gesticulate and even perform pantomines in order to sensitively correct errors without extinguishing their learners' fire for learning.

Interestingly, although it might be assumed that adults are less likely to voluntarily subject themselves to situations where they could make mistakes in speaking, statistics in Germany have shown that the contrary is true when it comes to making mistakes in the classroom. According to results of a survey by the *Deutsche Institut für Erwachsenbildung* (DIE), there is a nationwide growth in demand for foreign language courses by adults at the *Volkshochschule*, which are vocational schools for adults that can be found in every German town and city (Reichart et al. 2018).[4] The interest by adults in learning foreign languages suggests that they are willing to learn from mistakes when they are made in a controlled classroom environment and when there is an informed person on hand to correct and guide them out of their inhibitions. As the learners are adults, who, according to Steinhauser's findings, are more wary of making mistakes, the success of these courses would consequently reflect the teachers' skills in being sensitive to error correction and in gently coaxing their adult participants to open up and not be afraid of making mistakes in public.

In the light of Steinhauser's findings, even though error correction can be discouraging to learners with lower self-esteem, it can also be motivating

---

[4]   Reichart et al. (2018) reports that language courses offered at the *Volkshochschule* are the second most popular courses, making up 95.7% of the total number of courses offered in 2017. They occupied the third place the year before in 2016.

when it is practiced with sensitivity. The evidence encourages teachers to continue exploring error correction techniques with purpose in order to help learners overcome their inhibitions to speak. While the learners' age may provide a clue to taking the first steps towards finding appropriate approaches to error correction in the classroom, it does not universally define learners' sensitivities to being at the receiving end of corrective feedback.

3   Should every speaking error and mistake be corrected?

Although teachers seldom hesitate to correct every error and mistake in written grammar and text production exercises, they tend to ponder over the sense of correcting every spoken error and mistake. Is it really necessary to do so? Would it not disrupt the communicative flow if speakers are constantly interrupted? Steinhauser points out that mistakes can be allowed if the learners have studied well and are able to correct the mistakes themselves but if learners are not able to self-correct, they would benefit from an error-free learning approach in the classroom. This premise sets the priority for teachers to know their learners ididvidually before they can decide if every speaking error and mistake is to be corrected or not and also to determine whose mistake needs correction and whose mistake can be ignored. As classes, regardless of whether they are for adults or for school children, are usually made up of learners with differing levels of aptitude, diligence and motivation, it can be problematic for the teachers as learners who get corrected at every mistake are likely to feel victimised, while those, whose mistakes are allowed, inevitably become the teachers' pets. As a possible counter measure, teachers may opt to correct mistakes at the end of a speaking activity without naming the pepetrators but even that approach is not free of criticism due to the fact that delayed corrective measures can lose its relevance as learners may have forgotten when and what they had said before. If some mistakes are allowed, there is concern that they will be repeated and fossilized by the speaker after a period of time (Amara 2015). In view of this, teachers need to weigh the necessity of error correction as oral productions are taking place on an individual basis, thus prioritizing performance above diligence.

The spoken discourse is often laden with errors and mistakes regardless of who the speaker is. Unlike the written form, the spoken discourse is made up of more clauses than complete sentences and is filled with ellipsis, backtracking, corrective measures, pauses and hesitations (Thornbury 2005, Hughes & Szczepek Reed 2017) whereby mistakes may naturally occur as a slip of the tongue even when spoken by native speakers. Consequently, in the foreign language classroom, as long as meaning has been successfully conveyed, occasional non-intrusive mistakes made in the course of communicative oral production tasks should be accepted so that fluency can be practised. However, language classes do not only target their activities at communicative proficiency alone but they are also targeted at training aspects of linguistic structures in which error correction plays a vital role. According to Harmer (2015) most learners want and expect teachers to give them feedback on their performance in "non-communicative" tasks to ensure correctness. There is clearly a place for both correcting errors, as well as for ignoring them in speaking lessons – so how should teachers decide when to do what? For teachers to determine the answer to that question, it would help to have clear aims for the speaking tasks that they assign. For example, in a task that aims to promote interactive communication and confidence in speaking, mistakes that neither interfere with the transfer of meaning and intention nor do they cause a breakdown in communication are generally acceptable while tasks aimed at accuracy such as introducing new grammatical forms, teaching and revising specific syntactic structures are better achieved when mistakes are immediately corrected (Harmer 2015). As learners are unlikely to be able to self-correct their own errors at the point when new linguistic structures are introduced, it corresponds with Steinhauser's argument for an error-free learning approach.

Besides having classroom speaking activities to train accuracy and communicative fluency, there is another category of speaking activities where errors and mistakes may judiciously be allowed – and that is the category of games played in a group or in multiple groups. An example can be taken from a word-colour coordination experiment that Steinhauser demonstrates during his talk, involving the conference participants' performance as a group. The group has to shout out words that are flashed on the screen as quickly as possible. The words spell the names of colours which are initially written in the same colour as the word they spell but surprises await the unsuspecting participants. The surprise catch in the game shall not be revealed in this essay but participants of the experiment who are caught unaware will shout out a word that differs from the one on the screen but they realise their mistake as soon as it is shouted out and inevitably break into laughter and amusement. Activities where errors are jointly made as a group can be humourous and the errors are best left uncorrected. In this particular experiment, the participants are able to self-correct their mistake and from the perspective of language acquisition, it serves the purposes of encouraging speaking and reading combined with fun and laughter. The experiment can be adapted and transferred to the language classroom in the form of a vocabulary game using pictures. For example, a series of pictures of wild animals can be flashed on the screen and the class has to shout out the names in unison as quickly as possible. The catch in the game is to add non-animal pictures to the series that resemble animals, such as a black and white striped handbag and see if the learners notice the catch in time.

4 Is there too much emphasis on negative feedback?

In his talk, Steinhauser reports on studying how the brain reacts towards errors and non-errors. By analysing activities in the brain when test subjects are confronted with their written production, the experiment shows a drop in the level of activity when the answers are correct but the level rises in the area where errors are made. Steinhauser concludes that the test subjects are more aware of the errors than of the correct answers and that learners subsequently pay more attention when errors are detected but attention slackens when there is no failure. The findings are thought provoking as, on the one hand, it is heartening to find evidences that suggest that learners are eager to learn from their errors and mistakes after being satisfied with the correct answers but, on the other hand, the heightened brain activities in the area when they see their errors may depict the turmoil in the test subjects' minds because they fear facing embarrassing repercussions and "punishments" brought on by their failure. In any case, the results have exposed an apparently natural human instinct, and that is the seemingly magnetic pull that errors and negative feedbacks have in the human mind. It is an attraction which has immense consequences in the teaching of speaking in the foreign language classroom because any form of feedback given in speaking tasks has to be made spontaneously and in real time, whereby teachers are forced to rely on their instincts to evaluate learners' oral performances instantaneously. So if, according to Steinhauser, the human mind instinctively takes more notice of errors than of non-errors in writing, can it be assumed that in the context of speaking, teachers, too, are likely to instinctively take more notice of errors than of correct answers when placed under the pressure of making split second decisions as it is required in speaking tasks?

Take the scenario of a hypothetical and yet typical speaking task in the classroom, whereby a teacher asks a learner a grammar-based question to practise an aspect of the structure during a 45-minute lesson. The teacher has an expected answer in mind. Should an erroneous answer be given instead, the error will be corrected as is expected of the teacher but if the answer is correct, the teacher will most likely move on to the next question or turn to the next learner without further comments in order to get on with the task as time is running. In this scenario, negative feedback has garnered more attention than positive feedback. Indeed, spotting errors has become such an instinctive task of teachers that it actually takes effort to focus on non-errors. Notably, the Council of Europe has acknowledged this conflict when it published the Common European Framework of Reference for Languages

(CEFR) in 2001 to describe language learners' ability in terms of speaking, reading, listening and writing at six reference levels from A1 to C2. The framework places strong emphasis on what learners *can do* at each level and functions as an international standard for language placement and assessment.[5] They serve as guidelines so that credits are given to learners' achievements rather than failures. Similarly, the new curriculum for primary and secondary schools introduced in the state of Bavaria in Germany, the *LehrplanPLUS*, echoes the positive tone by emphasising learners' abilities in describing the syllabuses for English and hooks on to the CEFR framework. Nonetheless, in practice, teachers still stand in conflict between the guidelines and their instinctive reactions when called upon to give feedbacks and grade learners in real time. In the case of speaking tests, unlike written tests where there is time to reflect on the answers, teachers are required to judge and grade candidates on the spot and the quickest gut-feeling approach is to note down the number of mistakes the candidates make. One way that may counteract the apparent magnetic draw towards error spotting may be for teachers to make correct answers visible to themselves by having a written list of the expected correct answers in front of them when performing oral examinations. Once a correct answer on the list is uttered, it is noted and appropriate points are awarded. By doing so, the teacher literally sees what the candidates can do and credits can be appropriately appointed.

Steinhauser's study provides neurological evidences that show the human tendency to be more excited about errors than of good work and serves as a reminder of the need to consciously keep a balance between giving corrective feedback and acknowledging achievements in pedagogy. From the pedagogical perspective, Ellis (2009: 3) underscores his findings by adding that positive feedback provides affective support to the learners and motivates continued learning. However, he points out that while the common response to learners' achievements are words of praise such as "Good" or "Yes", discourse analytical studies of classroom interaction have shown that those words are ambiguous as they do not necessarily mean that the learner is correct. They often precede the word "but" which signifies subsequent correction. So, what would contribute to effective positive feedback in the classroom?

A key aspect of giving feedback is positive affirmation. Teachers can use words of affirmation by echoing the correct utterance and telling the learner why it was good. The teacher may say, for example: "I like what you said because you used the past tense appropriately." Or: "You put the right stress on the word *I* to show that you mean it is you and not someone else." This

---

5   *Using the CEFR: Principles of Good Practice.* (2011): University of Cambridge Esol Examinations. Available on: https://www.cambridgeenglish.org/Images/126011-using-cefr-principles-of-good-practice.pdf (01.03.2020)

approach of giving feedback not only tells leaners exactly what they have done correctly, but it also enables learners to develop their strengths and encourages creativity as they become more confident in speaking. However, it may not be practical for the teacher to give such lengthy feedback at every speaking activity to every learner in the classroom due to time constraints and the impracticality of jotting down every utterance made by learners, especially if the classes are large. One way to get around the problem is to combine a variety of feedback techniques at each activity, such as giving longer detailed feedback to a few learners at a time as appropriate, and giving shorter feedback such as showing the thumbs up sign or smiling to others. The teacher, in this case, needs to ensure that every learner gets a turn at receiving detailed feedback in other speaking activities.

Likewise, erroneous utterances can be echoed during feedback but this time the teacher gives the learner the opportunity to self-correct first, and if the learner is not able to do so, peer-correction can be encouraged. Only when the correct answer is not forthcoming will the teacher intervene.

5   Conclusion

The results presented by Steinhauser on how the human brain reacts when errors are detected have raised many controversial questions in the minds of language teachers, whose job it is to correct and guide learners towards a progressive foreign language learning experience. Although all of their questions may not have been answered in Steinhauser's talk, it is nevertheless gratifying for teachers to have some of their beliefs and seemingly "common knowledge" about learner motivation being transformed to knowledge supported by neurological evidences reported by Steinhauser. Making errors and mistakes is inevitable in language acquisition and teachers have the unenviable task of delivering corrective feedback that may potentially discourage learners' efforts in speaking. Being sensitive to learners' feelings is vital when giving negative feedback and teachers are encouraged by the findings to continue applying gentle correction techniques based on the individual characteristics of their learners. As diverse and complex as human beings are, so too, is the need for teachers to explore, research and adapt ways to practise sense and sensitivity in error correction in speaking.

References

Amara, N. (2015): Error Correction in Foreign Language Teaching. In: *The Online Journal of New Horizons in Education – July 2015, 5(3)*. Available on: https://www.researchgate.net/publication/318249645 (28.02.2020)

Bailey, K.M. (2003): Speaking. In: Nunan, D. (Ed.): *Practical English Language Teaching*. New York: McGraw-Hill Education.

Ellis, R. (2009): Corrective Feedback and Teacher Development. In: *L2 Journal*, Vol 1, 3–18.

EnglishProfile: The CEFR for English (2015): *What is CEFR?* Available on: https://www.englishprofile.org/the-cefr (01.03.2020)

Harmer, J. (2015): *The Practice of English Language Teaching, 5th Edition*. Pearson Longman.

Hughes, R & Szczepek Reed, B. (2017): *Teaching and Researching Speaking*. New York: Routledge.

Khansir, A. A. & Pakdel, F. (2018): Place of Error Correction in English Language Teaching. In: *Educational Process: International Journal*, 7(3), 189–199.

Puchta, H. (2010): *Error Correction in Speaking – The Fun Way: Herbert Puchta*. Available on: https://www.youtube.com/watch?v=znswuO4goYg (28.12.2019)

Reichart, E., Lux, T. & Huntemann, H. (2018): *Volkshochschul-Statistik – 56. Folge, Arbeitsjahr 2017*.In: Jung, T. (Hrsg): DIE Survey, Daten und Berichte zur Weiterbildung. Bielefeld: wbv Media.

Staatsinstitut für Schulqualität und Bildungsforschung München (ISB): *LehrplanPLUS*. Available on: https://www.lehrplanplus.bayern.de (07.03.2020)

Thornbury, S. (2005): *How to teach speaking*. Essex: Pearson Education Limited.

Ur, P. (2012): *A Course in Language Teaching, 2nd Edition*. Cambridge: Cambridge University Press.

Using the CEFR: Principles of Good Practice. (2011): University of Cambridge Esol Examinations. Available on: https://www.cambridgeenglish.org/Images/126011-using-cefr-principles-of-good-practice.pdf (01.03.2020)

Matthias Hutz

Zum Miteinander von Neurowissenschaften und Fremdsprachendidaktik: Ein Plädoyer für eine verstärkte Zusammenarbeit

Einleitung

In den letzten Jahrzehnten hat sich unser Wissen um die Funktionsweise des Gehirns exponentiell erweitert. Neurowissenschaftliche Studien liefern fortwährend neue Impulse für viele Disziplinen – darunter auch die Fremdsprachendidaktik – und ermöglichen es, wertvolle Schlussfolgerungen hinsichtlich der Verarbeitung und Speicherung sprachlicher Informationen zu ziehen. Dies zeigte sich auch auf der *Focus on Evidence*-Tagung in Nei Pori 2019. Die verschiedenen Vorträge deckten eine große Themenvielfalt im Spannungsfeld zwischen Neurowissenschaft und Fremdsprachendidaktik ab, sei es im Bereich Wortschatzlernen (vgl. Czernochowski in diesem Band), Fehleranalyse (vgl. Steinhauser in diesem Band) oder bezüglich der Rolle des Rhythmus beim Zweitspracherwerb (vgl. Kotz in diesem Band).

Trotz der enormen Fortschritte in den vergangenen Jahren scheint das Potenzial, das hinsichtlich der Kooperation zwischen beiden Disziplinen vorhanden ist, bei weitem noch nicht ausgeschöpft zu sein. Petra A. Arndt konnte in ihrem Eingangsvortrag aufzeigen, welche immensen Herausforderungen beim multidirektionalen Transfer zwischen den Neurowissenschaften, der Bildungsforschung und den Bildungseinrichtungen sowie der Politik bestehen. Hierzu können beispielsweise unterschiedliche zeitliche Vorstellungen zählen hinsichtlich der Umsetzbarkeit wissenschaftlicher Erkenntnisse: Auf der einen Seite steht die langfristig angelegte Grundlagenforschung in den Neurowissenschaften, auf der anderen Seite eine an Legislaturperioden gebundene Bildungspolitik, die sich kurzfristige Umsetzungsmöglichkeiten erhofft. Eine besondere Herausforderung stellt es auch dar, die komplexen Ergebnisse der Neurowissenschaften in einer für Bildungseinrichtungen angemessenen und verständlichen Weise zu vermitteln, ohne dabei leicht verfängliche Simplifizierungen und „Neuromythen" (vgl. Gerlach 2018) zu produzieren (z.B. „Wir nutzen nur 10% unseres Gehirns" oder „Lernende lassen sich in visuelle, auditive oder kinästhetische Lerntypen einteilen").

Im Folgenden soll mit Blick auf die Gestaltung der Zusammenarbeit zwischen Neurowissenschaften und Fremdsprachendidaktik in einigen Thesen schlaglichtartig vorgestellt werden, wie diese Kooperationsmöglichkeiten zukünftig noch mehr ausgebaut werden könnten. Um jedoch das Potenzial der vielfältigen Formen der Zusammenarbeit tatsächlich in vollem Umfang nutzen zu können, dürfen auch bestehende Probleme und Herausforderungen nicht ausgeblendet werden.

These 1: Es ist erforderlich, gemeinsame Forschungsprojekte zu entwickeln.

Betrachtet man rückblickend die bisherigen Studien, die im Spannungsfeld von Neurowissenschaft und Fremdsprachendidaktik entstanden sind, so fällt auf, dass beide Disziplinen noch immer relativ isoliert voneinander ihre jeweiligen Forschungsprojekte initiieren und durchführen. In den Neurowissenschaften wurden in den zurückliegenden Jahren zahlreiche Studien durchgeführt, die Prozesse beim Sprachenlernen erforschen. Wenn diese Studien jedoch weitgehend unabhängig von den relevanten Erkenntnissen der Fremdsprachendidaktik durchgeführt werden, besteht das Risiko, dass bestimmte Vorannahmen hinsichtlich des Lernens von Fremdsprachen getroffen werden, die nicht unbedingt einem zeitgemäßen Lernverständnis entsprechen, sondern möglicherweise eigenen schulischen Erfahrungen. Ein Beispiel hierfür wäre z.B. die Vorstellung, dass Wortschatz in zweisprachigen Wortgleichungen (z.B. deutsch-englische Wortpaare) gelernt werden sollte oder dass das Einüben von Grammatik notwendigerweise mittels monotoner Einsetzübungen erfolgen muss. Unter Umständen kann es dann dazu kommen, dass bestimmte Forschungsergebnisse an der Realität des Fremdsprachenunterrichts vorbeigehen und somit auch das Transferpotenzial verpufft.

Um das Risiko zu vermeiden, in aufwändigen Verfahren Erkenntnisse zu gewinnen, die nicht unbedingt die tatsächliche Unterrichtspraxis widerspiegeln, ist es von entscheidender Bedeutung, dass die jeweiligen Fragestellungen möglichst gemeinsam entwickelt werden und der Praxisbezug von Beginn an eine bedeutsame Rolle spielt. Dies macht eine Beteiligung von Vertreterinnen und Vertretern der Fremdsprachendidaktik bereits in einer frühen Phase erforderlich, was aber auch dazu beitragen kann, dass der Transfer neurowissenschaftlicher Erkenntnisse in letzter Konsequenz (noch) besser gelingen kann. Im Idealfall sollte es daher zukünftig in verstärktem Maße zu interdisziplinären Projektanträgen kommen.

These 2: Es ist erforderlich, <u>gemeinsame</u> Fragestellungen zu entwickeln.

Auf der *Focus on Evidence*-Tagung 2019 wurden diverse Fragestellungen in den Vordergrund gerückt, die von großer Relevanz für die Fremdsprachendidaktik sind, z.B. welche Gehirnprozesse für das Entdecken eigener sprachlicher Fehler verantwortlich sind (vgl. Steinhauser in diesem Band), welche Formen des Feedbacks beim klassischen Vokabellernen mit zweisprachigen Wortgleichungen förderlich sind (vgl. Czernochowski in diesem Band) oder aber die Frage, inwiefern rhythmisches Lernen die Satzverarbeitung erleichtern kann (vgl. Kotz in diesem Band).

Um der latent vorhandenen Gefahr zu begegnen, dass bestimmte Forschungsfragen ohne explizite Rücksprache mit Pädagoginnen und Pädagogen oder Fremdsprachendidaktikerinnen und -didaktikern gestellt werden, sollten die jeweiligen Fragestellungen nach Möglichkeit immer wieder auch gemeinsam entwickelt werden, denn sowohl die Fremdsprachendidaktik als auch die Neurowissenschaften können hiervon profitieren. Die Fremdsprachendidaktik erhofft sich beispielsweise Erkenntnisse hinsichtlich der Wirksamkeit bestimmter Ansätze und Methoden des Spracherwerbs. Für die Neurowissenschaften bietet andererseits eine klare Verortung der Fragestellung in der Praxis vor allem die Möglichkeit, eine bestmögliche Transferierbarkeit der Ergebnisse zu erreichen und dadurch bedingt auch zusätzliche Optionen hinsichtlich der Generierung von Drittmitteln.

Die Entwicklung gemeinsamer Fragestellungen könnte sich auf sehr unterschiedliche Bereiche erstrecken. Hierzu zählt z.B. die Frage, wie Begriffe in den Sinnessystemen bzw. den motorischen Systemen unseres Gehirns verankert sind bzw. welche Rolle Sinnes- bzw. Handlungserfahrungen bei der Speicherung lexikalischer Einheiten spielen. Hieraus könnten wesentliche Schlussfolgerungen hinsichtlich der Wortschatzarbeit gezogen werden. Auch die Untersuchung des Erwerbs prosodischer Elemente oder der Verknüpfung von Sprache und Musik im Rahmen des Fremdspracherwerbs stellen vielversprechende Untersuchungsbereiche dar.

These 3: Reale Lernbedingungen sollten in der neurowissenschaftlichen Forschung eine stärkere Rolle spielen.

Das Lernen von Fremdsprachen ist ein äußerst komplexer Prozess, bei dem sehr viele Faktoren eine wichtige Rolle spielen, darunter sprachliche Vorkenntnisse, die Persönlichkeit der Lernenden, die Verwendung von Lernstrategien, bestimmte didaktische Grundprinzipien, die Verwendung authentischer Materialien, die Lehrkraft-Lernenden-Interaktion usw.). Es liegt in der Natur der Sache, dass eine evidenzbasiert ausgerichtete Wissenschaft auf eine solche Vielzahl möglicher Einflussfaktoren nicht dezidiert eingehen

kann und daher eher bemüht ist, bestimmte Phänomene quasi unter Laborbedingungen zu untersuchen. Dieses Vorgehen birgt jedoch auch immer das
Risiko, dass u.U. andere Ursachen für bestimmte Ergebnisse ausgeblendet
werden, z.B. Unterrichtsstörungen, Verständnisprobleme oder Missverständnisse aufgrund der Handlungsanweisungen usw. Insofern sollte die
präzise Klärung des Untersuchungssettings immer eine zentrale Rolle spielen, sodass bei der Diskussion der Ergebnisse auch immer die realen Lernbedingungen berücksichtigt werden.

**These 4: Quantitative und qualitative Forschungsansätze müssen
miteinander kombiniert werden.**

Aufgrund der in den ersten drei Thesen genannten Herausforderungen und
Risiken hinsichtlich des Wissenstransfers erscheint es angebracht, auch in
methodischer Hinsicht neue Überlegungen anzustellen. Konkret könnte dies
bedeuten, neben der unerlässlichen quantitativ orientierten neurowissenschaftlichen Forschung auch Elemente der qualitativen Forschung miteinzu-
beziehen, die in der Fremdsprachendidaktik häufig eingesetzt werden, z.B.
in Fallstudien. Mittels eines solchen *Mixed Methods*-Ansatzes könnte es gelingen, empirische Erkenntnisse in einem eng begrenzten Setting zu überprüfen.

Fallstudien bieten die Möglichkeit, die individuellen Lernvoraussetzun-
gen (z.B. beim Grammatik- oder Wortschatzerwerb) zu erforschen. Hilfreich
für die Ermittlung von Ursachen für bestimmte Phänomene ist dabei insbesondere eine Perspektiventriangulation, z.B. in Form einer Befragung von
Schülerinnen und Schülern (mittels Fragebogen oder Einzel- oder Gruppen-
interviews) und einer Befragung der Lehrkraft (mit Hilfe eines Interviews
oder mittels der Erstellung eigener systematischer Beobachtungsraster). Die
qualitativen Untersuchungsmethoden können somit eine wichtige Ergänzung hinsichtlich des Untersuchungsinstrumentariums darstellen, beispielsweise hinsichtlich der Erforschung der Wirksamkeit multisensorischer
Ansätze beim Wortschatzerwerb.

**These 5: Es ist zu vermuten, dass die Schnittmenge zwischen den
„subjektiven" Einschätzungen der Lehrkräfte und den „objektiven"
Ergebnissen neurowissenschaftlicher Forschung sehr groß ist.**

Viele Lehrkräfte haben sich im Laufe ihrer Karriere ein großes Erfahrungswissen angeeignet: Sie *wissen* intuitiv, dass bestimmte Dinge im Unterricht
im Normalfall sehr gut funktionieren (z.B. *Action Songs* im Fremdsprachenunterricht in der Grundschule oder bestimmte Semantisierungs-techniken
bei der Vermittlung von Wortschatz, beispielsweise mittels Visualierungen

oder Realia). Aufgrund der bisherigen Forschungsergebnisse liegt die Vermutung nahe, dass diese intuitiven methodisch-didaktischen Überzeugungen eine Bestätigung seitens der Neurowissenschaften erfahren – umso wichtiger erscheint die Dringlichkeit einer engen Verzahnung von Unterrichtspraxis und Neurowissenschaft.

Fazit

Wenn es gelingen könnte, konkrete Forschungsprojekte nicht nur gemeinsam zu initiieren, sondern auch gemeinsam durchzuführen und die Ergebnisse aus der Gedächtnisforschung in realistische Lehr- und Lernsituationen zu übertragen, hätte dies weitreichende Konsequenzen für den Fremdsprachenunterricht – nicht unbedingt im Sinne eines kompletten methodischen Paradigmenwechsels, denn vermutlich müsste Vieles, das sich bislang in der Unterrichtspraxis bewährt hat, gar nicht völlig neu gedacht werden. Mit einiger Sicherheit müssten aber bestimmte Prinzipien und Ansätze der Fremdsprachendidaktik wesentlich konsequenter als bisher im Fremdsprachenunterricht umgesetzt werden. Mögliche erste Ansatzpunkte hierfür wären z.B. die verstärkte Berücksichtigung multisensorischer Ansätze und die enge Verknüpfung von Sprache und Motorik (*Embodied Cognition*).

Auch die Neurowissenschaften werden von einer verstärkten Kooperation profitieren, denn die Fremdsprachendidaktik kann nicht nur interessante Fragestellungen und potenzielle Betätigungsfelder liefern, sondern durchaus auch in methodischer Hinsicht wertvolle Unterstützung bei Forschungsprojekten leisten. Eine engere Kooperation zwischen Neurowissenschaften und Fremdsprachendidaktik wäre insofern eine klassische *Win-Win-Situation* – und am meisten würden wohl am Ende die Fremdsprachenlernenden selbst dabei gewinnen.

Literatur
Gerlach, D. (2018): Debunking neuromyths: Lehr- und Lernmythen im Englischunterricht. In: *Grundschulmagazin Englisch* 3, 31–34.

Markus Kötter

Aus Fehlern lernen im Fremdsprachenunterricht

1   Einleitung

Marco Steinhauser berichtet in seinem Text von zwei Polen, zwischen denen sich die allgemeine Diskussion über den Umgang mit Fehlern bewege, nämlich dem u.a. von Baddeley und Wilson (1994) vertretenen Konzept des *Errorless learning* und der u.a. von Oser und Spychiger (2005) propagierten *Theorie des negativen Wissens*. Die Fremdsprachendidaktik verfügt mit Ansätzen wie der *Direkten Methode* und der *Audio-lingualen Methode* einerseits und mit auf die Entwicklung von Sprachbewusstheit bzw. *language (learning) awareness* zielenden Konzepten andererseits über immerhin auf den ersten Blick vergleichbare Versuche, Fehlern konzeptgeleitet zu begegnen. Weder der einen noch der anderen Schule, noch den darüber hinaus existierenden dritten Wegen, ist es aber bislang gelungen, eine Lösung für den Umgang mit Fehlern im Spracherwerb zu finden, die stärkeren *und* schwächeren Schülerinnen und Schülern gleichermaßen gerecht wird. Ich möchte mit diesem Beitrag aufzeigen, warum es so schwierig ist, hier eine *one-approach-fits-all* Lösung zu finden, was nach aktuellem Wissenstand für wen am vielversprechendsten ist und welche Fragen die Fachdidaktik angesichts einer immer heterogeneren Schülerschaft an die Neurowissenschaften hat. Nicht eingegangen werden kann dabei aus Platzgründen auf im Unterricht *direkt* gegebenes korrektives Feedback. Exzellente diesbezügliche Zusammenfassungen bieten aber sowohl Schoormann und Schlak (2011) als auch erst jüngst Sepherina und Mehdizadeh (2018).

2   Fehler in der Geschichte des Fremdsprachenunterrichts

2.1   Phase 1: Fehler als vermeidbares und daher zu vermeidendes Übel

Bis in die frühen 1970er Jahre, und damit über den weitaus längsten Zeitraum in der Geschichte des Fremdsprachenunterrichts (FU), galten „Fehler", und damit meine ich zunächst einmal jeglichen Verstoß gegen die Normen der zu erlernenden Sprache, als ein prinzipiell vermeidbares und daher auch zu vermeidendes Übel. Zur Begründung dieser Sichtweise wurde zumeist auf eines oder mehrere der folgenden Axiome verwiesen:

Sprachen sind vollständig durch Regeln beschreibbare Entitäten.
Fehler sind das Resultat der Nichtbefolgung dieser Regeln.
Das einzig wirksame Mittel zur Vermeidung von Fehlern ist das (ggf. auch mehrfache) Einüben der Befolgung dieser Regeln.

Das Befolgen dieser Regeln lässt sich entweder durch das von positiver Verstärkung begleitete Einschleifen von Routinen (in behavioristisch geprägten Konzepten wie der *Direkten Methode*) oder durch die explizite Bezugnahme auf Regeln (etwa in der *Grammatik-Übersetzungs-Methode*) oder durch eine Kombination beider Verfahren verfestigen.[1]

Eines der bekanntesten Beispiele für dieses Denken, zugleich jedoch der vielleicht eindrucksvollste Beleg für die Unmöglichkeit, den Spracherwerb komplett aus der Linguistik herauszuhalten, ist der letztlich krachend gescheiterte Versuch Chomskys, Sprachen einzig durch Rekurs auf eine universelle Grammatik und einzelsprachliche Zusatzregeln erklären zu wollen. Zwar gab Chomsky der Linguistik besonders mit seinen Monografien von 1957 und 1965 wichtige Impulse, während er es zugleich schaffte zu zeigen, wie aberwitzig mancher Versuch Skinners und anderen Behavioristen war, Lehren aus der Tierwelt praktisch 1:1 auf menschliches Handeln zu übertragen. Doch führten erstens die Beschränkung seines Gegenstandes auf sog. *„ideal speaker-listener"* (1965: 3) und zweitens seine Idee, *sämtliche* potenziellen Unzulänglichkeiten des Systems allein der fehleranfälligen Performanz individueller Sprecher zuschreiben, unvermeidlich in eine Sackgasse.

2.2   Phase 2: Fehler als natürlicher, in manchen Ausprägungen sogar wünschenswerter Bestandteil der Aneignung von Sprache(n)

Nicht zuletzt dank jener Einwände, die Dell Hymes (1971) gegen Chomskys zu eindimensionale Sicht der Dinge vorbrachte, setzte sich ab Anfang der 1970er Jahre zunehmend die Auffassung durch, dass Sprachgebrauch so komplex ist, dass er sich nicht, wie dies die Strukturalisten und Strukturalistinnen sowie die Kognitivistinnen und Kognitivisten gehofft hatten, im quasi luftleeren Raum ohne Einbezug der Sprachnutzer erforschen lässt. Dies führte zu teils hitzigen Debatten über mögliche Grenzziehungen zwischen expliziten und impliziten Wissensbeständen und über die verschiedenen Erklärungen dazu, wie Menschen darauf zurückgreifen. Zugleich belegte die

---

[1]   So hieß es etwa im Vorwort des 1973 erschienen Lehrwerkes *English G 1* auf Seite VII, hier zitiert nach Schmid-Schönbein (1988: 93): "Der Schüler braucht in der Tat ein Strukturbewußtsein, um den Mechanismus der Übungen zu durchschauen und die erworbenen Strukturen sinnvoll transferieren zu können. Er braucht aber ebenso eine Fülle von Übungen, zu denen auch 'pattern drills' gehören, um die erworbenen Strukturen zu habitualisieren. Kognitive Erhellung und Übungen zur Automatisierung verhalten sich also durchaus komplementär."

wachsende Zahl an Erkenntnissen über Phänomene wie das Transferieren sprachlicher Mittel und Strukturen aus einer Sprache in eine andere, über Interferenzen zwischen diesen sowie durch Lernende vorgenommene Übergeneralisierungen, Regularisierungen oder Simplifizierungen bis hin zu möglichen Fossilisierungen, dass sprachliche Regeln oft anders wirken als gedacht. Denn sie sind teils bewusst, teils unbewusst von Lernenden selbst unternommene Versuche des Aufdeckens und Systematisierens von (vermeintlichen) Regularitäten von Sprache(n).

Ansätze wie die kontrastive Analyse und die Fehleranalyse sowie Arbeiten rund um jenes Phänomen, für das sich in Anlehnung an Selinker (1972) schließlich der Begriff *Interimsprache* (englisch: *interlanguage*) etablierte, führten zu einer radikal neuen „Signifikanz von Lernerfehlern", wie es im Titel eines Textes von Corder (1967) heißt (vgl. auch Corder 1972). Denn ihnen wurde nun erstmals nicht nur eine Relevanz für die Forschung zugebilligt, sondern auch eine sowohl für Lernende wie für Lehrende nützliche Funktion als Diagnoseinstrument attestiert.

Ausgehend von der für viele noch neuen Erkenntnis, dass Lernfortschritte sich in der Regel graduell und individuell vollziehen, wobei Prozesse wie die schon angesprochene Übergeneralisierung, aber auch z.B. das temporäre scheinbare Zurückfallen hinter einen bereits erreichten Entwicklungsstand (sog. *backsliding*), natürliche Begleiterscheinungen darstellen, brach sich eine Interpretation von Fehlern Bahn, die ihnen erheblich toleranter und teils fast schon euphorisch begegnete. Bohnensteffen (2011: 268) etwa bilanzierte im Fazit seiner Promotionsschrift über „Fehler-Korrektur", „eine schülerorientierte Fehlerdidaktik" könne sich „nur dann entwickeln, wenn die Englischlehrer den Fehler [sic] als etwas Positives [sic] anerkennen". Doch auch viele andere sprachen und sprechen sich, wie in Kapitel 3 noch deutlicher werden wird, für eine ultimativ radikale Umdeutung (lerner)sprachlicher Fehler aus.

2.3 Fehler als entwicklungsbedingte Notwendigkeiten, die sich von selbst wieder auswachsen

Ein dritter, seinen Impetus ebenfalls aus den späten 1960er und den frühen 1970er Jahren beziehender Strang im Umgang mit sprachlichen Fehlern basiert auf Forschungen zum sog. ungesteuerten Erwerb von Zweitsprachen u.a. von Dulay und Burt (1974) und von Clahsen, Meisel und Pienemann (1983). Denn diese legen den Schluss nahe, dass für die erfolgreiche Aneignung einer fremden Sprache zwingend bestimmte Erwerbsstufen durchlaufen und abgeschlossen sein müssen, bevor auch Phänomene aus der nächsthöheren Stufe gelernt werden können. In dieser sich auf die federführend von Pienemann entwickelte *Processability Theory* (PT) und der eng mit ihr verbundenen *Teachability* bzw. *Learnability Hypothesis* stützenden Sicht auf Spracherwerb gelten Fehler in der Produktion einer fremden Sprache zwar ebenso wie etwa bei Interaktionistinnen und Interaktionisten (z.B. Long 1983) und bei Konstruktivistinnen und Konstruktivisten (z.B. Wolff 2002) als unvermeidbare Begleiter bei deren Aneignung. Im Gegensatz zu diesen Ansätzen können Lernende gemäß der PT aber erstens nur aus jeweils sehr wenigen vorab bestimmbaren Fehlern lernen, weil sie stets auch nur für mit diesen in Beziehung stehende neue sprachliche Phänomene „bereit" sind. Zweitens spielen daher auch nur außerhalb der PT Aspekte wie die Entwicklung von Sprach(lern)bewusstheit und Ambiguitätstoleranz sowie die lernerseitige Aneignung von Kommunikationsstrategien eine größere Rolle für erfolgreichen Fremdsprachenerwerb. Drittens haben auch die Lehrenden eine jeweils unterschiedliche Aufgabe: Während es im Rahmen der PT vor allem darauf ankommt, Lernenden ähnlich wie im Kontext des Krashen'schen *Monitor Modells* einen möglichst eng auf ihr aktuelles Kompetenzniveau abgestimmten Input darzubieten (Stichwort i+1), damit sie möglichst rasch alle einer Entwicklungsstufe zugehörigen Phänomene meistern, um mit dem Erreichen auf der nächsten Stufe fortfahren zu können, geht es bei interaktionistischen und konstruktivistischen Konzepten von Fremdsprachenlernen neben dem bereits Ausgeführten überdies darum, individuelle Lernpräferenzen zu ermitteln und zu bedienen sowie auch außerhalb des engen Rahmens vordefinierter Erwerbsstufen möglichst gut auf Einzelbedürfnisse zugeschnittenes *Scaffolding* anzubieten.

3   Sich wandelnde „Fehlerkulturen" und deren Auswirkungen auf den Fremdsprachenunterricht

3.1   Umgedeutete „Performanz" und das „Lernersprachensystem"

Beim Gebrauch einer Fremdsprache begangene Fehler wurden lange Zeit entweder der mangelnden Kompetenz oder suboptimaler Performanz der oder des sie Verursachenden zugeschrieben. Diese ebenfalls auf Chomsky zurückgehende Unterscheidung schien es nämlich zu erlauben, nicht nur analytisch, sondern auch in der resultierenden didaktischen Praxis eindeutig zwischen kompetenzbedingten Verstößen einerseits und gleichsam nur ungünstigen Umständen geschuldeten Normverletzungen andererseits differenzieren zu können. Zwar zeigte sich schon bald, dass dies außerhalb der Theorie alles andere als einfach ist, weil es ausgefeilter Instrumente und Verfahren bedarf, um den Schleier der Performanz, dem *jede* Manifestation von Kompetenz einer Einzelperson unterliegt, immerhin soweit zu lüften, dass ihr Einfluss auf konkret produzierte Sprachdaten wenigstens mit einer gewissen Wahrscheinlichkeit kontrollierbar wird. Denn: Wie misst man verlässlich, welcher Normverstoß wirklich nur ein Flüchtigkeitsfehler ist? Wie stellt man verifizierbar fest, welchen Einfluss störende Umwelteinflüsse oder Müdigkeit auf eine *bestimmte* Minderleistung hatten?

Statt diese Problematik offen zu benennen, subsummierte man seit etwa der Jahrtausendwende Performanz aber lieber unter einen neuartigen Kompetenzbegriff. Statt auch weiterhin anzuerkennen, dass Performanz und Kompetenz *zwei* komplementäre Seiten einer Medaille sind, vermählte man sie lieber konzeptuell miteinander, indem nicht nur im Gemeinsamen Europäischen Referenzrahmen für Sprachen (GER) (Europarat 2001), sondern auch in Erwartungshorizonten schulischer Leistungsmessung immer häufiger sog. *Can-do*-Beschreibungen zum Einsatz kamen (vgl. etwa Vogt & Quetz 2018). Mit anderen Worten: Als zentral zu bewertende Instanz diente fortan nicht mehr die einer Handlung zugrundeliegende Kompetenz, sondern einzig ihre jeweils aktuelle performierte Manifestation.

Den Dreh- und Angelpunkt dieser neuen Sicht auf (fremd)sprachliche Leistung und damit auch auf dabei produzierte Fehler bildet im Gefolge der in Abschnitt 2.2 erwähnten Forschungen zur *Interlanguage* jetzt eine Entität, die u.a. Bohnensteffen (2011: 51) als „Lernersprachensystem" bezeichnet. Zur konkreten „Fehlerklärung" (ebd.) kann für ihn darin auf die Zuschreibungsoptionen (a) mutterspracheninduzierte Fehler, (b) entwicklungsinduzierte Fehler und (c) unterrichtsinduzierte Fehler zurückgegriffen werden (vgl. ebd.): Die Mutter- bzw. Erstsprache (L1) bildet als bereits vertrautes System quasi unübergehbar die Matrix für durch Sprachvergleiche initiierte Hypothesen über die Struktur und den Gebrauch der weiteren Sprache. Unter anderem deshalb bilanzierte auch z.B. Hermes (2016: 53), dass das Prinzip der Einsprachigkeit im Englischunterricht „im Laufe der Jahre immer kritischer gesehen" wurde; und auch darum ermuntern viele Lehrpläne für den FU auf der Primarstufe die Lehrkräfte dazu, mit den Schülerinnen und Schüler regelmäßig Sprachvergleiche zwischen der L1 bzw. den verschiedenen Herkunftssprachen der Schülerinnen und Schüler und der Fremdsprache anzustellen (vgl. z.B. MSW 2008: 22). Bohnensteffens zweite Option, entwicklungsinduzierte Fehler,

> beruhen auf der Tatsache, dass Lerner, je nach L2-sprachlichem Entwicklungsstand, aus dem vorhandenen Lernmaterial bestimmte L2-Elemente herausgreifen (d.h. Hypothesen bilden über die Fremdsprache) und in ihr Sprachsystem einordnen. [...] Später als falsch verworfene Hypothesen (= Fehler) sind auf Generalisierungsprozesse bei der Hypothesenbildung zurückzuführen und markieren Lernfortschritte beim Erwerb der Fremdsprache. (Bohnensteffen 2011: 50 f.)

Als unterrichtsinduzierte Fehler gelten für Bohnensteffen schließlich Verstöße, die entweder auf einen verfrühten oder permanenten „Zwang zur Sprachproduktion" (ebd.) zurückzuführen sind, obwohl die Schüler und Schülerinnen die dafür zu nutzenden Strukturen noch gar nicht ausreichend beherrschen, oder die „durch unvollständige, simplifizierte oder fehlerhafte

Lehrererklärungen oder durch eine zu schnelle Vorgehensweise entstehen können" (ebd.).

3.2   Fehler im Grammatikunterricht

Besonders lernschwächere Schüler und Schülerinnen benötigen als „eine entscheidende Variable", um nicht ins Hintertreffen zu geraten, mehr Lernzeit zum Verstehen neuer sprachlicher Phänomene als stärkere (Schmid-Schönbein 1988: 37). Doch obwohl inzwischen stärker differenziert und individualisiert wird (oder zumindest werden kann, wenn man sich die jüngeren Lehrwerkgenerationen vor Augen führt), haben noch immer nur wenige Lehrwerkautorinnen und -autoren auch den zweiten (Teil-)Schritt gewagt, nämlich schulformabhängig konsequent mehr oder weniger Lernzeit einzuplanen, bevor es mit dem nächsten Gegenstand weitergeht. Vergleicht man exemplarisch die Flaggschiffe der auflagenstärksten Verlage, so führen etwa bei Klett die 2005 bzw. 2006 nahezu parallel erschienenen Ausgaben von *Green Line 1* (Horner et al. 2006), *Red Line 1* (Haß 2006a) und *Orange Line 1* (Haß 2005) lehrwerksübergreifend exakt die gleichen grammatischen Strukturen in den genau gleichen Units ein. Erst die 2014er Auflagen lassen ein leichtes Umdenken erkennen, auch weil mit *Blue Line* (Haß 2014) nun ein speziell für Hauptschülerinnen und Hauptschüler konzipierter Strang dazu gekommen ist, dessen Geschwindigkeit bei der grammatischen Progression gegenüber anderen Lehrwerken tatsächlich reduziert wurde. Bei Cornelsen übernimmt wiederum das neu eingeführte Lehrwerk *Lighthouse* (Abbey, Biederstädt & Donoghue 2012) diesen Part. Während *Access* (Rademacher 2014) Grammatik an Gymnasien wie seine Vorgänger einführt, wurde *Lighthouse* in dieser Hinsicht nicht nur stark entschlackt, sondern auch mit Blick auf den Zeitpunkt der Einführung neuer Strukturen merklich gestreckt.

In den Handreichungen für die Arbeit mit *Lighthouse* 1 ist hierzu zu lesen, es stünden „sogenannte Hauptstrukturen (*main structures*) im Mittelpunkt einer Unit. Daneben [gebe] es weniger zentrale Strukturen (*minor structures*) sowie Aspekte, die nur lexikalisch behandelt werden." (Bondzio-Abbit et al. 2012: 9). Zudem wird ausdrücklich hervorgehoben, dass „[b]ei der Vermittlung wichtiger Strukturen [...] darauf geachtet [werde], dass es nicht zu einer Häufung von Schwierigkeiten komm[e]" (ebd.). Damit setzen die Autorinnen und Autoren von *Lighthouse* eine Praxis fort, die bereits im ab 2005 verfügbaren *Let's go* für den Unterricht an Hauptschulen anzutreffen war:

> Die Grammatik ist in *Let's go 1* gemäß den Vorgaben der aktuellen Bildungspläne (*form follows function*) als Beispielgrammatik, nicht als Regelgrammatik angelegt. Das heißt, es wird mehr Wert auf die Beschreibung von Sprachfunktionen gelegt als auf vollständige, regelhafte Sprachbetrachtung anhand meta-

sprachlicher Terminologie. Die Schülerinnen und Schüler sollen **implizites Wissen** über Grammatik erwerben, das sich aus dem Repertoire der Sprachfunktionen individuell entwickelt. Ganz konkret heißt das beispielsweise, dass es wichtiger ist, zu wissen (und als lexikalischen *chunk* gelernt zu haben), wie man sagt, dass man etwas gerade eben tut (implizites Sprachwissen). Weniger wichtig ist es hingegen zu wissen, dass das *present progressive* aus einer Form von *to be* und dem *present participle* gebildet wird (explizites Sprachwissen) (Büse-Dallmann et al. 2005; sämtliche Hervorhebungen im Original)

Zwar wird im folgenden Absatz ergänzend ausgeführt, man räume auch der „nach wie vor richtigen Einsicht in Regelhaftigkeit und einem Grundinventar an metasprachlicher Terminologie gebührend Platz ein [...]" (ebd.), und es gebe „spezielle *Grammar*-Kopiervorlage(n), aus denen sich die Schülerinnen und Schüler im Lauf des Schuljahres ein übersichtliches und hilfreiches Grammatikheft zusammenstellen können" (ebd.). Fakt bleibt jedoch, dass damit – nicht nur hier – erstens vieles, das bis in die 1990er-Jahre noch als grammatische Struktur behandelt wurde, nun in den Bereich der Lexik ausgelagert wird, dass zweitens die korrekte Bildung vieler dieser Strukturen höchstens noch fakultativ im Lehrwerk nachgeschlagen werden kann, dass ihre Bildung oft aber bis einschließlich zum Abschlussband gar nicht mehr nachgeschlagen werden kann. Drittens ist zu beobachten, dass zugleich immer stärker auf sog. implizites Lernen gesetzt wird, d.h. dass lehrwerkseitig darauf vertraut wird, dass selbst schwache Schüler und Schülerinnen ausreichend dazu in der Lage sind, sich neue Grammatik schon selbst mithilfe des ihnen dargebotenen Input anzueignen – zumindest dann (wobei dies meist nur mitgedacht wird), wenn genügend derartiger Input verfügbar ist.

Diese Auffassung steht, darum wurde sie hier so ausführlich gewürdigt, jedoch in krassem Widerspruch nicht nur zur zweiten zentralen Erkenntnis Schmid-Schönbeins, sondern auch anderer Forschender: Schwächere Schüler und Schülerinnen benötigen nämlich nicht nur relativ mehr Lernzeit, sondern sie sind auch weit mehr als stärkere Lernende auf ihnen frühzeitig Orientierung bietende Regeln angewiesen. Schmid-Schönbein (1988: 49 f.) zumindest bilanziert:

Die Fremdsprachenvermittlung in Lehrwerk und Unterrichtspraxis, wie sie uns [...] zugänglich war, verzichtet weitgehend auf bewußte Grammatikvermittlung. [...] Dieser Ansatz wird verwirklicht im einsprachig fremdsprachigen Unterricht, der einen möglichst breiten ‚input' bietet, aus dem der Schüler seinen ‚intake' strukturierend aufnehmen soll. [...] Der gleiche Unterricht, in bester Absicht für alle angeboten, benachteiligt jedoch, wie unsere Untersuchungen zeigen, denjenigen Schüler, bei dem [...] z.B. die Fähigkeit, ‚akkurat' aus angebotenem Sprachmaterial Regularitäten zu ‚erraten', nicht besonders ausgeprägt sind.

„Auch diese Lerner", so fährt Schmid-Schönbein (ebd.) fort, wobei ihre Forschung sich speziell mit Gymnasiastinnen und Gymnastiasten beschäftigte, die bereits nach einem Jahr Englischunterricht zumindest im Spiegel ihrer erzielten Noten in Klasse 5 den Anschluss zu verlieren drohten, weil ihre Noten maximal „ausreichend waren", „sind offenbar auf der Suche nach Regularitäten. Allerdings subsummieren sie inkohärente Merkmale zu inakkuraten Hypothesen und übersehen im immer komplexer werdenden Sprachgefüge nicht mehr, welcher ,Fehler' welche Hypothese falsifiziert." (ebd.)

Der Ansatz, mit welchem Lehrwerke wie *Lighthouse* oder *Let's go* in Bezug auf die Grammatik des Englischen verfahren, nämlich Lernenden nur noch einen reduzierten Kernbestand an Syntax explizit zu vermitteln und dies in zeitlich gestreckter Form zu tun, kommt unbestreitbar Schmid-Schönbeins erster Forderung nach. Ob der zugleich vollzogene Schritt, gegenüber den Gymnasial-Lehrwerken getilgte grammatische Strukturen in Haupt-, Real- und Gesamtschule nun als lexikalische bzw. lexikalisierte Phänomene zu lehren, wirklich lernerfreundlicher und vor allem lernförderlich ist, erscheint allerdings zumindest diskussionswürdig. Was tatsächlich besser ist, wurde meines Wissens noch nicht empirisch nachgewiesen. Meine Vermutung ist aber, dass der völlige Verzicht auf die Thematisierung z.B. des Genitivs, aber auch etwa der Möglichkeiten der Verneinung im Gegensatz etwa zu *Access* 1 zwar die Lehrkräfte entlastet und wohl auch nicht wenige Schülerinnen und Schüler vor Frustrationserlebnissen bewahrt. Dass jedoch bis einschließlich Band 6 der Arbeit mit *Lighthouse* nicht einmal im kumulativen *Grammar File* nachschlagbar ist, wie die genannten – und weitere – Phänomene korrekt gebildet werden, was immerhin ein denkbarer Kompromiss gewesen wäre, d.h. dass man die Phänomene zwar nicht explizit lehrt, es Schülerinnen und Schülern aber zumindest ermöglicht, ihren Gebrauch irgendwo im Lehrwerk nachzuschlagen, lässt zumindest Zweifel daran aufkommen, dass den Lernenden hier auch im Sinne der zweiten Forderung von Schmid-Schönbein ausreichend Unterstützung widerfährt.

3.3   Der Status von Fehlern in den Rahmendokumenten

Studiert man nach den Lehrwerken die Rahmentexte und Vorgaben, auf deren Basis erstere entwickelt werden sollen, im Hinblick auf den Status und die Empfehlungen zum pädagogischen Umgang mit Fehlern im FU, so fallen zunächst einmal zwei Aspekte ins Auge. Erstens bestätigt sich, was nach der Durchsicht der Lehrwerke und der Fachliteratur zum Thema bereits zu vermuten war, nämlich dass Fehlern nicht nur eine gewandelte Funktion zugeschrieben wird, sondern auch, dass sie als Begriff zunehmend marginalisiert werden. Selbst da, wo man eigentlich eine intensive Auseinandersetzung mit ihnen erwartet hätte, tauchen sie schon kaum noch auf. Kleppin und Mehlhorn (2008: 17) verweisen z.b. darauf, dass der Begriff *Fehler* im GER nur noch auf drei Niveaus, C1, B2 und A2, überhaupt vorkommt.

Doch auch die nationalen Bildungsstandards marginalisierten Fehler gleichsam, indem sie sämtliche sog. *sprachliche Mittel* konzeptuell auf die Ebene der Aspekte von Sprache mit „dienender Funktion" (KMK 2004: 14 sowie KMK 2013: 13) herabstuften. Es kommt hinzu, dass nicht nur die Regierung des bevölkerungsreichsten Bundeslandes NRW – ebenfalls in den Nullerjahren – verfügte, dass ab 2009 der sog. *Fehlerquotient* im schriftlichen Abitur durch neu vorzunehmende skalenbasierte Bewertungen in den Bereichen Wortschatz, Grammatik und Orthografie zu ersetzen sei, nachdem sich zuvor bereits diverse Fachleute, unter ihnen Nieweler (2006: 282) und Haß (2006b: 277), gegen die fortgeführte Nutzung dieses Instruments ausgesprochen hatten (vgl. auch Bohnensteffen 2011: 65). Auch andere Länder wandten sich nicht zuletzt wegen seines globalen und in keinster Weise differenzierenden Formats zunehmend vom Fehlerquotienten ab.

Damit entstand allerdings gewissermaßen ein Vakuum. Einerseits galt spätestens von da an, was Vogt & Quetz (2018: 131) wie folgt auf den Punkt bringen: „Fehler sind ein so kompliziertes Feld, dass man sie nicht ins Zentrum von Beurteilungen stellte sollte. Vor allem, weil sie oft den Blick auf das Positive an einer Schülerleistung verstellen." Andererseits gab – und gibt (!) – es aber auch keinerlei auch nur rudimentär ausgearbeiteten Neuansatz dafür, wie denn dann mit sprachlichen Fehlern von Schülerinnen und Schülern zu verfahren sei.

3.4 Rolle der praxisorientierten Zeitschriften?

Dass ein solcher Neuansatz noch aussteht, zeigt auch ein Blick in die sich direkt an Lehrkräfte wendenden praxisorientierten Blätter für den Englischunterricht. Überprüft man, was sie in den letzten 10 Jahren zum Umgang mit Fehlern im FU publiziert haben, so stößt man auf knapp eine Handvoll diesbezüglicher Beiträge. Doch um es gleich vorab festzuhalten: Erhellend oder auch nur hilfreich ist weniger als die Hälfte dieser Texte; und das nicht nur deshalb, weil keiner mehr als vier Seiten umfasst. Wie Kleppin und Mehlhorn (2008) in *Praxis Fremdsprachenunterricht*, so betonen auch Tesch und Bohnensteffen (2011) in ihrem „Pro" und „Contra"-Beitrag zu *FLuL* zur Frage, ob Fehler für die Bewertung „out" seien, dass insbesondere der GER ein Umdenken angestoßen haben sollte, im Zuge dessen sprachliche Normverletzungen nicht mehr isoliert behandelt und vor allem auch bewertet werden sollten, sondern stets im Kontext der Mitteilungsabsicht ihrer Verursacher und deren (Nicht-)Erreichen gesehen werden müssten. Die noch etwas zugespitztere Kernbotschaft von Rohdes im selben Jahr im *Grundschulmagazin Englisch* erschienenem Beitrag lautet, „dass Entwicklungsfehler (*errors*) in mündlichen und schriftlichen Schüleräußerungen nicht geahndet

werden dürf[t]en" (2011: 38; Hervorhebung im Original), denn „[s]o lange
[sic] die Fehler nicht dazu führen, dass eine Äußerung unverständlich wird,
gibt es keinen Grund für die Lehrkraft, sich bewusst auf eine formal-
grammatische Ebene zu begeben." (ebd.) Damit verlangen aber alle drei
Texte ihrer Leserschaft eine spontan im Unterricht abrufbare Kompetenz ab,
über die selbst Wissenschaftlerinnen und Wissenschaftler kaum verfügen
dürften.

Thaler (2015) macht sich in seinem in *Praxis Fremdsprachenunterricht* veröffentlichten Einseiter primär über den Blog einer Amerikanerin über lexikalische Fehler deutscher Englischlernender lustig. Dabei empfiehlt er als zwei
von insgesamt acht Optionen, „aus dieser interlingualen Anklage unter-
richtspraktischen Nutzen [zu] ziehen" und seinerseits „Error spotting" zu
betreiben, denn „[I]m Orignal (Internetseiten) steck[t]en viele sprachliche
Fehler der Bloggerin" sowie das Verfassen eines eigenen Blogeintrags „über
die sprachbegabten Amerikaner". Mendez (2013) wiederum versucht, Lehrkräften vor Augen zu führen, dass auch ihre Arbeit und besonders die Klassenarbeiten, die sie ihre Schülerinnen und Schüler schreiben lassen, durchaus nicht fehlerfrei sind – und ihnen darum zu zeigen, wie sich zumindest
die gröbsten Schnitzer vermeiden lassen; und ebenfalls wirklich Wissens-
wertes erfährt man in Kleppins Beitrag „‚Fehler' und ‚Fehlerkorrektur'" zum
sog. Didaktischen Lexikon der Zeitschrift *Praxis Fremdsprachenunterricht* von
2009. Dies liegt daran, dass Kleppin erstens in mehr als einem Nebensatz
darauf eingeht, dass Fehler unterschiedliche Ursachen wie auch unterschiedliche Folgen haben können, und dass sie zweitens bereits in ihrer Einleitung
darauf verweist, dass schon die Definition davon, was „Fehler" sind, „vom
jeweiligen Erkenntnisinteresse oder z.B. auch von ihrem Stellenwert in der
Bewertung von Schülerleistungen" abhängen (ebd.: 60) – und somit eben
nicht *per se* entweder Teil notwendiger Entwicklungen oder (teils auch deswegen) von korrigierenden Rückmeldungen auszunehmen sind.

3.5   Fremdsprachliche Kompetenz und fremdsprachliche Fehler in der Lehrkräfteausbildung

Wer ein Englischstudium aufnehmen will, muss typischer Weise zumindest
nominell über Englischkenntnisse mindestens auf B2-Niveau des GER verfügen. Da dies jedoch so gut wie nie überprüft wird, weil die Bundesländer
Sprachentests vor der Zulassung zum Studium meist verbieten, schließlich
seien die Kenntnisse ja bereits durch das Ablegen des Abiturs nachgewiesen,
und weil auch im Verlauf des Studiums zu absolvierende Auslandsaufent-
halte letztlich Papiertiger sind, da niemand nachprüfen kann und darf, wie
sie wirklich verbracht wurden, ist die Englischkompetenz, die künftige Lehrende an die Schulen mitbringen, häufig von schwankender Güte. Ich habe
darum erst kürzlich in einem anderen Beitrag (vgl. Kötter 2019) gefordert,

dass deshalb zumindest die Studienseminare von angehenden Referenda-
rinnen und Referendaren zwingend einen C1-Nachweis verlangen müssten.
Warum das so wichtig wäre? Erstens kann nur ein gutes Sprachvorbild
abgeben, wer Englisch auch selbst „sicher in Wort und Schrift" beherrscht,
wie es vor dem GER hieß. Zweitens, und das ist für den Umgang mit Fehlern besonders wichtig, dürften nur diejenigen auch nur einen Bruchteil der
von Schülerinnen und Schülern produzierten Fehler überhaupt erkennen,
die eine Fremdsprache tatsächlich mindestens auf C1-Niveau beherrschen.
Ob/Dass sie dann auch lernförderlich mit ihnen umgehen können, ist ein
unverzichtbarer zweiter Schritt – der aber zwingend den ersten voraussetzt!
Doch dies scheint nicht nur ein Thema zu sein, an das sich die Kultus- und
Schulministerien wohl auch deshalb nicht herantrauen, damit die Zahl möglicher künftiger Lehrkräfte zur Behebung des Lehrermangels nicht noch
weiter sinkt. Fast schon ironischer Weise wurde sehr lange ausgerechnet
und einzig von künftigen Englischlehrkräften *im Primarbereich* der Nachweis
einer Englischkompetenz mindestens auf der Niveaustufe C1 des GER verlangt. In NRW etwa wurde diese Praxis erst zum 2. Februar 2013 mit dem
Einstellungserlass vom 21.12.2012 (MSW 2013) und damit fast exakt 10 Jahre
nach Einführung von FU in der Grundschule im Jahre 2003 abgeschafft.

Natürlich lässt sich dagegen einwenden, dass mit der Umdeutung der
Rolle von Fehlern und der Herabstufung ihrer Bedeutung für die Leistungs-
bewertung auch die Fähigkeit Lehrender an Wichtigkeit verloren hat, sie
überhaupt erst erkennen zu können. Selbstverständlich gilt *aus pädagogischer
Sicht* immer, dass das Hauptaugenmerk auf vorhandenem Können und
nicht auf noch bestehenden Defiziten liegen muss. Und natürlich lässt sich
ebenfalls ins Feld führen, mit der stetig steigenden Qualität digitaler Über-
setzungsprogramme werde es immer weniger wichtig, über ausreichende
eigene Fremdsprachenkenntnisse zu verfügen.

Problematisch wird es jedoch, wenn Forschungsergebnisse und pädagogische Praxis einander derart deutlich widersprechen, wie dies exemplarisch
in Abschnitt 3.2 dargelegt wurde. Mindestens unglücklich ist zudem, dass
vielen Schülerinnen und Schülern inzwischen offenbar bewusst die Möglichkeit genommen wird, im Lehrwerk nachzuschlagen, wie sich in Bezug
auf nur implizit eingeführte Phänomene Fehler vermeiden lassen, d.h. nach
welchen Regeln bestimmte Strukturen korrekt gebildet werden. Aber am
schlimmsten ist, dass seit nun fast zwei Dekaden vielerorts so getan zu werden scheint, als würde die aktuelle Praxis im Umgang mit Fehlern der Weis-
heit letzter Schluss sein, obwohl Lernende, wie auch Czernochowski (in
diesem Band) ausführt, vielfach gar nicht dazu in der Lage sind, Fehler
selbst zu identifizieren und daher auf externes Feedback angewiesen sind.
Das ist fahrlässig. Doch statt zu beforschen, wie lernfördernd das verstärkte
Nicht-(Mehr)-Sprechen über immerhin manche Fehler ist, scheint man eher
darauf zu vertrauen, dass schon trotzdem alles gut werden wird.

4   Fragen an die Neurowissenschaften

Damit zurück zum Ausgangspunkt des Beitrags und den von Steinhauser
benannten Polen bezüglich des Umgangs mit Fehlern außerhalb der Sprach-
didaktik: In einem jüngeren Beitrag schreibt Oser (2014: 204), „Fehlerwissen,
das wir als ‚Negatives' Wissen bezeichnen, [sei] einerseits ein ganzheitliches
Erinnern an die Umstände, in denen ein Fehler zustande gekommen ist,
[werde] aber zu einer metakognitiven Strategie, die als mehr oder weniger
ausgeprägtes Warnsystem fungiert, also das Verhalten in der neuen Situation warnend begleitet". „Das Mit-herum-Tragen solcher Episoden, in denen
jemand einem Irrtum zum Opfer fiel oder etwas Falsches machte, schützt
also", so fährt er (ebd.) fort, „vor ähnlichen Fehltritten, Irrtümern oder falschen Gegebenheiten." Dies mag oft stimmen. Doch merkt Oser selbst nur
zwei Seiten später an:

> In Bezug auf das Negative Wissen könnte somit [z.B.] die Frage formuliert
> werden, unter welchen Bedingungen es denn tatsächlich, weil es durch Fehler
> zustande kommt, ins episodische Gedächtnis eingeführt wird und wann dies
> nicht der Fall ist (ebd.: 206).

In der Tat kann – und muss – man gerade angesichts der offenkundigen
Vagheit nicht nur dieser Ausführungen noch erheblich weiter fragen:

Lässt sich Osers „episodisches Negatives Wissen" mit ja erheblich stärker
   ausdifferenziertem sprachlichem bzw. konkret sprachbezogenem Wissen
   konzeptuell so sinnvoll in Beziehung setzen, dass die Analogien mehr als
   metaphorisch sind?
Wie ließe sich Osers „Hypothese, die noch genauerer Überprüfung bedarf"
   [sic], dass „[e]pisodisches Negatives Wissen [...] vermutlich [...] einen
   entwicklungspsychologischen Rahmen [hat], der je nach Stadium eine
   andere Erfahrungsform und -dichte erhält" (ebd.), auch über die Pienemann'schen Stufen hinaus bzw. selbst nur hinsichtlich dieser Phänomene
   im Hinblick auf potenzielle Quellen sprachlicher Fehler empirisch zuverlässig verifizieren oder falsifizieren?
Wissen wir auch jenseits der von Baddeley und Wilson (1994) untersuchten
   Amnesie-Patienten etwas darüber, wie die episodische Erinnerung, auf
   die auch Oser rekurriert, konkret dabei hilft, Fehler zu vermeiden? Denn
   wir haben ja schon öfter erlebt, dass die verallgemeinernde Übertragung
   von Befunden aus der klinischen Linguistik später relativiert werden
   musste. Erinnert sei nur exemplarisch daran, was Lenneberg (1971: 176)
   über „language learning locks" und „the cerebral organization for language learning as such" sowie „age limitations" schrieb, und was davon
   z.B. bei Singleton (1989: 266) noch übrig blieb, nämlich: „the notion that

L2 age effects are exclusively neurologically based, that they are associated with absolute, well-defined chronological limits, and that they are particular to language, looks less and less plausible."

Studien von Nozari et al. (2011) mit Aphasikern legen nahe, dass bei dieser Klientel die Wahrnehmung eigener Fehler beim Sprechen produkt- bzw. produktionsorientiert erfolgt, dass jedoch keine signifikante Korrelation zwischen „error detection and comprehension measures" (ebd.: 1) feststellbar war. Lässt sich diese Erkenntnis auch auf gesunde Probandinnen und Probanden übertragen? Gilt sie auch außerhalb von Laborbedingungen? Gilt sie auch für den Gebrauch von Fremdsprachen?

Was genau folgt daraus, dass Sprecherinnen und Sprecher ihre Fehler erst am Ende einer Phrase korrigieren und nicht bereits direkt nach der Produktion eines Fehlers, selbst wenn es wahrscheinlich ist, dass sie ihn bemerkt haben? Welche Schlüsse lassen sich aus dieser Beobachtung über die Planung / Produktion / Kontrolle von Sprachhandlungen ziehen?

Weiß „das Gehirn" eigentlich, dass bestimmte entwicklungsbedingte Fehler im Verlaufe des Spracherwerbs unvermeidlich sind? Wie geht es damit um? Gibt es einen Unterschied beim Umgang mit diesen Fehlern und mit vermeidbaren Fehlern?

Welche neurowissenschaftlichen Erkenntnisse gibt es über die sog. *Fossilisierung*, d.h. das Erreichen eines Zustandes, in dem es (m.o.w.) unmöglich ist, fehlerhaft abgespeicherte sprachliche Hypothesen noch einmal so zu revidieren und dann auch so verfügbar zu haben, dass daraus fußende Fehler nicht mehr begangen werden?

Hat jedes Feedback neuronal gesehen die gleiche Wirkung, oder spielen zumindest bis zu einem gewissen Grad unterschiedliche Faktoren eine Rolle und, wenn dies, welche Faktoren sind das, wie operationalisiert man sie, wie misst man sie und wie wirken sie sich auf die künftige Vermeidung der Fehler aus?

Wie kann, ja wie muss man darüber hinaus das aktuelle Kompetenzniveau der Lernenden mitberücksichtigen?

5   Schluss

Laut Steinhauser interagieren Vorwissen und die (Fähigkeit zur) Fehlerkorrektur dergestalt miteinander, dass letztere umso besser funktioniert, je größer ersteres ist. So unbestreitbar dies intuitiv zu sein scheint, da schnell einleuchtet, dass mehr Vorwissen das Vermeiden von Fehlern ebenso wahrscheinlicher macht, wie es zu ihrer erfolgreichen Korrektur beitragen sollte, weil damit auch die Datenbasis zur Fehleranalyse und das Arsenal an Reaktionsmöglichkeiten steigen, so problematisch ist es, diesen Befund 1:1 in die Domäne des Sprachenlernens übertragen zu wollen. Erstens blendet dies nämlich die Differenz zwischen Kompetenz und Performanz aus, also dass die Existenz von Wissen *über* etwas nie mit der Fähigkeit gleichgesetzt werden darf, dieses auch fehlerfrei anwenden zu können (siehe auch weiter oben). Zweitens verkomplizieren neben im agierenden Subjekt zu verortenden Faktoren als weitere intervenierende Variablen u.a. die Komplexität der Situation und die in ihr zu erbringende Leistung das Bild. Drittens ist keineswegs abschließend geklärt, wie domänen- bzw. prozessspezifisch aus dem Lehren und Lernen von (Fremd)Sprachen bekannte Phänomene wie die *Übergeneralisierung* von erst teilweise erworbenen Strukturen, das *backsliding* zurück hinter einen (scheinbar) bereits erreichten Stand oder auch die sog. *Fossilisierung* sind. Auch hier gilt somit, dass trotz der Existenz von Wissen, das zumindest dazu beitragen sollte, ihn zu verhindern, nicht linear von der Menge an Wissen über Fehler auf die Wahrscheinlichkeit ihrer Vermeidung bzw. ihrer erfolgreichen Korrektur geschlossen werden darf. Viertens besteht, wie sich nicht nur an diesen Phänomenen, sondern exemplarisch auch am immer wieder beobachtbaren Scheitern von Lernenden trotz intensivstem sog. *remedial teaching* zeigt, offenbar eine zumindest bislang unüberbrückbare Differenz zwischen der Bewältigung eng abgesteckter kognitiver Probleme im Labor und der anscheinend wesentlich komplexeren Produktion bzw. Rezeption von Daten in einer (fremden) Sprache.

Literatur

Abbey, S., Biederstädt, W. & Donoghue, F. (Hrsg.) (2012): *English G Lighthouse 1. Schülerbuch.* Berlin: Cornelsen.

Baddeley, A. & Wilson, B.A. (1994): When implicit learning fails: Amnesia and the problem of error elimination. In: *Neuropsychologia 32* (1), 53–68.

Bondzio-Abbit, A. Bondzio, H., Brändel, P., Biederstädt, W., Chormann, U., Rother, I., Schroeder, M. & Wagner, U. (2012): *English G Lighthouse. Band 1. Handreichungen für den Unterricht.* Berlin: Cornelsen.

Bohnensteffen, M. (2011): *Fehler-Korrektur. Lehrer- und lernerbezogene Untersuchungen zur Fehlerdidaktik im Englischunterricht der Sekundarstufe II.* Frankfurt/Main: Peter Lang.

Büse-Dallmann, M., Daymond, E., Hamm, W. & Wiedmann, T. (2005): *Let's go 1. Begleitbuch für den Unterricht/Kontrollaufgaben.* Stuttgart: Klett.

Clahsen, H., Meisel, J. M. & Pienemann, M. (1983): *Deutsch als Zweitsprache: Der Spracherwerb ausländischer Arbeiter.* Tübingen: Narr.

Corder, S. P. (1967): The significance of learners' errors. *IRAL 5.* Repr. in Corder, S. P. (1981): *Error Analysis and Interlanguage.* Oxford: OUP, 5–13.

Corder, S. P. (1972): Die Rolle der Interpretation bei der Untersuchung von Schulfehlern. In: Nickel, G. (Hrsg.): *Fehlerkunde.* Berlin: Cornelsen – Velhagen & Klasing, 38–50.

Chomsky, N. (1957): *Syntactic structures.* The Hague: Mouton.

Chomsky, N. (1965): *Aspects of the theory of syntax.* Cambridge/Mass.: MIT Press.

Dulay, H. C. & Burt, M. K. (1974): Natural sequences in child second language acquisition. In: *Language Learning* 24 (1), 37–53.

Europarat (2001): *Gemeinsamer europäischer Referenzrahmen für Sprachen. Lernen, lehren, beurteilen.* Berlin: Langenscheidt.

Haß, F. (Hrsg.) (2005): *Orange Line 1. Schülerbuch.* Stuttgart: Klett.

Haß, F. (Hrsg.) (2006a): *Red Line 1. Schülerbuch.* Stuttgart: Klett.

Haß, F. (2006b): *Fachdidaktik Englisch.* Stuttgart: Klett.

Haß, F. (Hrsg.) (2014): *Blue Line 1. Schülerbuch.* Stuttgart: Klett.

Hermes, L. (2016): Gab's das nicht schon mal? – Zur Diskussion des ‚Englischunterricht für alle' in den 1960er und 1970er Jahren. In: Doff, S. (Hrsg.): *Heterogenität im Fremdsprachenunterricht.* Tübingen: Narr\Francke\Attempto, 47–60.

Horner, M, Baer-Engel, J & Daymond, E. (2006): *Green Line 1. Schülerbuch.* Stuttgart: Klett.

Hymes, D. (1971): *On communicative competence.* Philadelphia: University of Pennsylvania Press.

Jansen, P. (2012): Entwicklung einer Fehlerkultur in der Schule. Einige praktische Schritte. In: *Schulmagazin* 1, 51–54.

Kleppin, K. (2009): Fehler und Fehlerkorrektur. In: *Praxis Fremdsprachenunterricht* 1, 60–61.

Kleppin, K. & Mehlhorn, G. (2008): Zum Stellenwert von Fehlern. Am Beispiel des Französischen und Russischen. In: *Praxis Fremdsprachenunterricht* 4, 17–20.

(KMK) Sekretariat der ständigen Konferenz der Kultusminister der Länder in der BRD (2004): Bildungsstandards für die erste Fremdsprache (Englisch/Französisch) für den Mittleren Schulabschluss. Beschluss vom 4.12.2003. München: Wolters Kluwer.

(KMK) Sekretariat der ständigen Konferenz der Kultusminister der Länder in der BRD (2013): Bildungsstandards für die fortgeführte Fremdsprache (Englisch/Franzö¬sisch) für die Allgemeine Hochschulreife. Beschluss vom 18.10.2012 Köln: Wolters Kluwer.

Kötter, M. (2019): Fremdsprachliche Fehler in Schule und Hochschule am Beispiel des Englischen. In: Hoch, G. et al. (Hrsg.): *Diagonal. Zum Thema: Fehler.* Göttingen: v&r unipress, 125–142.

Lenneberg, E. (1967): *Biological foundations of language.* New York: Wiley.

Long, M. (1983): Native speaker/non-native speaker conversation and the negotiation of comprehensible input. In: *Applied Linguistics* 4, 126–141.

Mendez, C. (2013): Fehlkonstruierte Aufgaben. Häufige Fehler bei der Erstellung von Klassenarbeiten. In: *Praxis Fremdsprachenunterricht* 4, 13–17.

(MSW NRW) Ministerium für Schule und Weiterbildung des Landes NRW (2008): *Lehrplan Englisch für die Grundschulen des Landes Nordrhein-Westfalen.* Frechen: Ritterbach.

(MSW NRW) Ministerium für Schule und Weiterbildung des Landes NRW (2013): *Einstellung von Lehrerinnen und Lehrern in der Zeit vom 2. Februar 2013 bis einschließlich 1. Februar 2014.* Düsseldorf: MSW.

Nieweler, A. (2006): *Fachdidaktik Französisch.* Stuttgart: Klett.

Nozari, N., Dell, G.S. & Schwartz, M.F. (2011): Is comprehension necessary for error detection? A conflict-based account of monitoring in speech production. In: *Cognitive Psychology* 63 (1), 1–33.

Ohser, F. & Spychiger, M. (2005): *Lernen ist schmerzhaft. Zur Theorie des Negativen Wissens und zur Praxis der Fehlerkultur.* Weinheim: Beltz.

Ohser, F. (2014): Aus Fehlern lernen. In: Göhlich, M., Wulf, C. & Zirfas, J. (Hrsg.): *Pädagogische Theorien des Lernens.* 2. Al. Weinheim: Beltz Juventa, 203–212.

Rademacher, J. (Hrsg.) (2014): *English G Access 1. Schülerbuch.* Berlin: Cornelsen.

Rohde, A. (2011): Mein Freund, der Fehler. In: *Grundschulmagazin Englisch* 5, 37–38.

Schmid-Schönbein, G. (1988): *Für Englisch unbegabt? Förderstrategien bei versagenden Englischlernern. Ergebnisse empirischer Untersuchungen.* Bochum: AKS.

Schoormann, M. & Schlak, T. (2011): Hilfreich oder ohne praktischen Nutzen? Die Forschung zur mündlichen Fehlerkorrektur im Zweit- und Fremdsprachenunterricht. In: *Zeitschrift für Fremdsprachenforschung* 22 (1), 43–84.

Selinker, L. (1972): Interlanguage. *IRAL* 10, 209–231.

Sepherina, S. & Mehdizadeh, M. (2018): Oral Corrective Feedback: Teachers' Concerns and Researchers' Orientation. In: *Language Learning Journal* 46 (4), 483–500.

Singleton, D. (1989): *Language acquisition: The age factor.* Clevedon: Multilinigual Matters.

Tesch, B. & Bohnensteffen, M. (2011): Sind Fehler für die Bewertung out? In: *FluL* 40 (2), 34–35.

Thaler, E. (2015): Typisch deutsche Fehler. In: *Praxis Fremdsprachenunterricht – Englisch* 6, 18.

Vogt, K. & Quetz, J. (2018): *Assessment im Unterricht.* Innsbruck: Helbling.

Wolff, D. (2002): *Fremdsprachenlernen als Konstruktion: Grundlagen für eine konstruktivistische Fremdsprachendidaktik.* Frankfurt/Main: Peter Lang.

Norbert Marx

Die „Allgegenwertige" des Fehlers – Arten, Geschichte und Perspektive

1   Es waren Fehler, die uns einten

Am Fuße des Olymps bewies uns Marco Steinhauser mit einem Miniexperiment, dass lediglich die Götter stetig fehlerfrei agieren. Uns Irdischen jedoch, obschon fast göttlich wie mit Ambrosia vom Frühstückstisch gestärkt, gelang das hingegen nicht. Dabei hatte der Vortragstitel *Fehler & Feedback* doch bereits erahnen lassen, dass der Referierende versuchen würde, uns zu einem Fehler zu verführen. Als wir aber versuchten, makellos, wie angewiesen, zu agieren, scheiterten wir kläglich. Zu gelungen war die Falle, der niemand zu entgehen wusste. Perfektion blieb somit einmal mehr nur Utopie und es galt zu akzeptieren, dass uns dieser Makel anhaftet, solange wir in diesem Leben streben.

2   Die Fehler der Vortragenden

In Thessaloniki vor dem Göttergipfel war das Konzept des Makels, Fehlers oder Irrtums implizit bis explizit in allen Vorträgen präsent: So hatte Petra A. Arndt in ihrer Präsentation auch bildungssystemische Makel adressiert, welche u.a. den Transfer von der wissenschaftlichen Theorie zur Implementation erschweren. Dies können Fremdsprachendidaktikerinnen und -didaktiker nur nachhaltig bestätigen. Exemplarisch illustrieren dies die bisher unzureichenden bilingualen Schulangebote wie auch die langatmige Implementation von Englisch an den Grundschulen (vgl. Hütter & Dalton-Puffer 2013, Weidemeyer 2014: 92). Schließlich induzierten Untersuchungen in Kanada bereits in den 60er-Jahren des 20. Jahrhunderts immense Potenziale früher Immersion (vgl. Wode et al. 1999). Bis heute aber wird bilingualer Unterricht, die *European application* des kanadischen Konzepts, an deutschen Schulen weder für alle noch flächendeckend offeriert (Nikula et al. 2013: 71, Böttger 2017: 1). Dabei sind die in Kanada gewonnen Erkenntnisse sicherlich nicht vorbehaltlos interkulturell verallgemeinerbar. Grundlegend jedoch sind kindliche Neuronen überall viel plastischer als postadoleszente und somit auch erwerbsaffiner. Wer das aber nicht glauben mag, kann sich in Chinesisch mit den *Early-Birds* der Edith Stein Kita in Wolfsburg messen (Hahn 2016).

Dennoch aber existierten bis 2014 in Deutschland lediglich 287 bilinguale Grundschulen, welche dem kanadischen Konzept nacheifern und „mindestens ein Sachfach in einer anderen Unterrichtssprache [...] unterrichten" (FMKS 2014: 1). Bei einer Gesamtheit von ca. 15.400 Grundschulen entspricht dies nicht einmal 2% (Statista 2017). Diese Relation untermauert, dass im Schnittpunkt von Schule, Politik, Bildungsforschung und Neurowissenschaften die Umsetzung fundierter Forschungserkenntnisse zuweilen nicht gelingt. Dabei wird von nationalen Wirtschaftsvertreterinnen und -vertretern, von der überwiegenden Mehrheit europäischer Politikerinnen und Politiker wie auch von Bürgerinnen und Bürgern Fremdsprachkompetenz sehr nachhaltig geschätzt (Europarat 2002, Europäische Kommission 2012, Hahn 2016). So überwiegt gesellschaftlich ein Konsens und die naturwissenschaftliche Neurologie zeigt Wege auf, wie Mehrsprachigkeit effizient realisierbar wäre. Diese kann wegen moderner Technik heute evidenzbasiert beweisen, dass Kinder, die „zweisprachig aufwachsen, [...] nur ein einziges neuronales Netz für die Sprachen aus[bilden]", was kognitive Mühe minimiert (Hoppenstedt & Widlok 2011: 10).

Schon Anno Domini, zu Anbeginn der Zeitrechnung, noch ohne CT oder fMRT, musste bereits „jeder gebildete Römer Griechisch können, und viele verstanden beide Sprachen gleich gut" (Ussing 2012: 123). Dennoch fand sich Fremdsprachenkompetenz im 20. Jahrhundert, insbesondere zur Zeit des Nationalsozialismus bis zum Hamburger Abkommen 1957, nicht akzentuiert auf der bildungspolitischen Agenda. Seit dem 16. März 2002 jedoch gilt kommunikative Kompetenz in zwei Fremdsprachen als sprachpolitisches Desiderat Europas. So sind wir 2000 Jahre später wieder da, wo einst auch schon die Römer waren (vgl. Europarat 2002). Es bleibt aber zu hoffen, dass die Geschichte in Zukunft nicht mehr zyklisch, sondern progressiv verläuft, weil eine Partei derzeit ganz vehement gegen frühen Fremdsprachunterricht agitiert (Rößner 2018). Sie propagiert erneut und auch polemisch die Mär glorreicher Monolingualität, die allen zusagt, die schon im Jahr des Herrn in Rom sehr wenig Sprache beizutragen hatten.

Der Realisierung des sprachpolitischen Desiderats sind die anhaltenden Zweifel am Frühstart, wie auch das unzureichende Angebot bilingualen Unterrichts, abträglich (dpa 2017). Dabei induzieren Empirie wie auch aktuelle, interdisziplinäre Forschungserkenntnisse „einen bereits lange geforderten Paradigmenwechsel [des (Fremd-) Sprachenunterrichts]" (Böttger 2016: 199). Das deutsche Bildungssystem ist jedoch träge, Frau Petra A. Arndt ist mit ihrer Kritik nicht alleine und „immer wieder plädieren die Wissenschaftler und Wissenschaftlerinnen für die Umsetzung der modernen Entwicklungen der Fremdsprachenerwerbsforschung in die Praxis" (Chobotar 2009: 113). Ihr Vortrag war somit fast zeitlos, da „die Fremdsprachendidaktik [...] wohl [immer] noch nicht das Stadium erreicht, in dem empirisch beantwortbare Fragen auch durch empirische Studien für alle überzeugend gelöst werden" (Butzkamm 2003: 192).

Im Anschluss an den Vortrag über bildungssystemische Unzulänglichkeiten thematisierte Sonja A. Kotz dann einen weiteren Makel. Sie adressierte implizit den Fehler, dass Musik und Bewegung von Sprachlehrerinnen und -lehrern beim institutionellen Fremdsprachenlernen nur sehr bedingt genutzt werden. Dabei sind z.b. die Potenziale von *Total-Physical-Response* seit 1969 gut bekannt (vgl. Asher 1969). Seitdem werden die didaktischen Möglichkeiten von Musik und Bewegung nachhaltig akzentuiert und eine phylogenetische Nähe von Sprache und Musik bzw. Rhythmus wird postuliert (vgl. Kostka 2017: 73). Auch werden der Synergie aus beidem, dem Tanz, interdisziplinär diverse Potentiale attestiert. Dies betrifft die Geriatrie (vgl. Albert & Knoefel 2011: 289), die psychomotorische Sprachförderung (vgl. Birk & Mirbek 2017) wie auch die Kognitionswissenschaften (vgl. Minton & Faber 2016).

Im letzten Vortrag von Daniela Czernochowski war der Irrtum implizit bereits im Vortragtitel *Episodisches Gedächtnis & Motivation* enthalten. Schließlich ist das menschliche Gedächtnis sehr fehlerhaft, wie auch Jenifer Pötzsche uns später dann erneut vor Augen führte (Spitzer 2004). Das episodische erinnert Geschehnisse gehäuft sehr subjektiv, oft auch selektiv und färbt sie durchgehend sehr gerne selbstwertdienlich (vgl. Reischies 2007: 33 ff.). Auch das Verankern von Vokabeln im Langzeitgedächtnis bedarf viel Mühe. Damit eine Vokabel überdauernd und stabil erinnert wird, braucht es bis zu 50 explizite Wiederholungen und wenn Angst den Lernerfolg behindert mehr (Böttger 2016: 107).

3   Der Stroop-Farb-Wort-Interferenzfehler

Ob unsere Nachbarn Jupiter, Neptun oder auch Apollo Herr Steinhausers *Farb-Wort-Interferenz-Stimuli* besser bewältigt hätten, bleibt offen. Über Erkenntnisse zur kognitiven Flexibilität, Automatismen und Habituation von irdischen Probanden liefert das *Stroop-Design*, dem die Stimuli entsprachen, seit 1935 aber zahlreiche und vielfältige Erkenntnisse (Stroop 1935). Vor Ort mit einem Warm-Up angereichert, gestaltet sich der klassische Ablauf wie folgt: Zuerst erfolgt dir Instruktion, eine dargebotene Bezeichnung einer Farbe in der Schriftform – z.B. weiß – nicht vorzulesen, sondern die Druckfarbe, in welcher das jeweilige Farbwort – i.e. hier schwarz – zu sehen ist, laut zu benennen. Dieses originäre Design wurde in der Folge für diverse Zwecke adaptiert, gehäuft modifiziert und des Öfteren erweitert. So kommen auf *Stroop* basierende Designs u.a. in der klinischen Diagnostik (vgl. Williams et al. 1996), in der Arbeits- und Organisationspsychologie (vgl. Schinkmann 2012), in der Sozialpsychologie (vgl. Adam & Galinsky 2012), in der Schlafforschung (vgl. Murkar et al. 2014), in salutogenetisch motivierten Untersuchungen (vgl. Puschmann & Sommer 2011) wie auch in Thessaloniki (vgl. Steinhauser in diesem Band) zur Anwendung. Dort instruierte uns Herr Steinhauser zu Anbeginn des Vortrags entsprechend. Danach präsentierte er in seiner Adaption einige Silben unterschiedlicher Couleur und vermied dabei kognitiv stark fordernde, inkongruente Stimuli. Das sind Farbworte, die in einer anderen Farbe abgebildet sind, z.b. das Farbwort *weiß* in schwarzer Farbe, und im Original ausschließlich genutzt werden. Durch die anfängliche Adaption jedoch wurde die Aufgabe ungemein erleichtert und wir sammelten so Zuversicht, die Herausforderung mit Leichtigkeit zu meistern. Als aber das Wort *grün* in gelber Farbe abgelichtet wurde, scheiterten wir alle kläglich. Wir alle antworteten mit Nachdruck *grün* und wussten nahezu im gleichen Augenblick, dass *gelb* korrekt gewesen wäre. Wir lasen allesamt das Farbwort, *grün*, und benannten nicht, wie angewiesen, die Schriftfarbe mit *gelb*.

Unser Scheitern hatte jedoch sehr plausible Gründe. Das Lesen eines kurzen Wortes vollzieht sich aufgrund alltäglicher Gewöhnung fast losgelöst von Volition. Die hörbare Benennung einer Farbe aber ist ein bewusster Akt. Schließlich liest ein jeder von uns täglich *Taxi*, *Stopp* und *Exit* stimmlos mit. Keiner aber, höchstens Kinder, formuliert *grün*, *gelb*, *blau* und *rot*, beim Anblick einer Packung Smarties. So ist der Aufforderungscharakter singulärer Worte zum Verlesen nachhaltiger als das Benennen einer Farbe. Unter Handlungsdruck der gewohnten Reaktion des Verlesens zu widerstehen, d.h. die Farbe zu benennen und nicht das Farbwort zu verlesen, bedarf daher viel Anstrengung. Ob diese ausreicht, um den ursprünglichen Impuls zu unterdrücken, bedingt die *Exekutivfunktion* (vgl. Coderre & van Heuven 2014). Diese Disposition wird beim *Stroop*, wie auch in Herrn Steinhausers Version, ausgereizt und überlastet. So war unser Scheitern ganz gewöhnlich und analog zum Drehbuch zu agieren kann keine „Sünde" sein. Dass wir jedoch geschlossen irrten, induziert eventuell, dass wahrhaft Bilinguale im engsten Sinne (i.e. bilingual Aufgewachsene) unter uns sehr spärlich waren.

3.1   Vom Umgang mit den Fehlern

Die Annahme, dass wahrhaft Bilinguale eine ausgeprägtere *Exekutivfunktion* besitzen, beruht darauf, dass bei ihnen durchgehend zwei Sprachcodes aktiviert sind (Poarch & Bialystok 2015). Ein Sprachcode wird situativ gehemmt und das *Switchen*, d.h. ein spontaner Übergang, selbst inmitten einer Sinneinheit, gelingt gewöhnlich mühelos (vgl. Banaz 2002). Das bilinguale Hirn leistet so kontinuierlich mehr und durch adaptive Reaktionen auf diese Mehrbelastung wird der *bilingual advantage* bzw. eine deutlichere *Exekutivfunktion* begründet (vgl. Coderre & van Heuven 2014). Daher können echte Bilinguale, laut dieser Annahme, besser zwischen *mobile* oder *handy*, zwischen *me* und *mir* wie auch zwischen *grün* und *gelb* volitional entscheiden. Wir im Auditorium wussten aber ohnehin, dass der „schlimmste aller Fehler der [ist], sich keines solchen bewusst zu sein" (Thomas Carlyle, 1795–1881). So sah es der schottische Historiker Carlyle bereits zu Zeiten Queen Victorias und Fremdsprachendidaktikerinnen und -didaktiker halten bis heute daran fest. So begegnen wir dem Fehler ohne Scham, oft sogar mit viel Humor, nutzen ihn für Diagnosen und geben Fehlern differenzierte Namen:

Versäumt es eine Lernende oder ein Lernender z.B. die dritte Person Singular im Präsens mit -s zu markieren, so mangelt es an Kompetenz. Folglich sprechen wir bei *He go to school and learn English* von zwei *Kompetenzfehlern*. Ein derartiger Verstoß unterläuft jedoch auch Muttersprachlern im Erwerbsverlauf und in diesem Kontext nennt man den Verstoß *natürlich*. Der Malus *She likes him but he don´t like her* hingen ist einer anderen Natur. Hier ist der Irrtum bei der zweiten Verbform offenbar nur Flüchtigkeit geschuldet. Schließlich ist die erste Form vollkommen korrekt, Kompetenz somit vorhanden und so wird von einem *Performanzfehler* gesprochen.

Je nach dem postulierten Ursprung werden sprachliche Verstöße auch als *inter*- oder *intralingual* bezeichnet. Beispiele für letzteren sind *mans, *childs oder *foots, bei denen analog zur Pluralbildung das produktive Pluralsuffix -s herangezogen wird. Überträgt der Lernende hingegen fehlerhaft syntaktische Muster, Begriffe oder Phoneme aus der Muttersprache, stellt dies *interlinguale* Fehler dar. So ist die deutsche Muttersprachlerin und der Muttersprachler geneigt, im Englischen *„I read often books" zu formulieren. Auch fragt er zuweilen oder sie nach dem *handy* statt dem *mobile*. Auch eine Aussprachekorrektur des englischen „th" ist häufig und öfters irritierend. Ich zumindest war als Kind beim nächsten Treffen mit der Logopädin bei „Susi sag mal süße Sahne" arg gehemmt.

Direkt und barsch, unmittelbar vor Anderen, kann auch die Korrektur selbst falsch sein und manche Fehler sind auch gute. Beim Fußball ist ein Fehlpass immer schlecht und 2x3 ist niemals vier, egal wie beschwingt die These auch besungen wird. Lexikalische wie auch morphologische Analogieverstöße hingegen, sowohl inter- (z.B. *pencilkiller) als auch intralinguale (z.B. *unpossible), können aber auch „als Zeichen von aktiv konstruierten sprachlichen Regularitäten" wertgeschätzt werden (vgl. Schmid-Schönbein 2004: 72 f.). Sprachliche Risikobereitschaft ist schließlich unumgänglich, um aus einer bedingten Anzahl sprachlicher Mittel unbegrenzt viel mehr zu bilden (vgl. Chomsky 1957: 11 ff.). Wer aber Angst vor Fehlern hat, der sagt nicht mehr als *Hey* und *Bye* und wird wohl nie spontan so recht interagieren können. Ohnehin gefährden manche Fehler den kommunikativen Erfolg nur wenig: Falsch gebrauchte, produktive Affixe, wie z.B. *unpossible, *hateness oder *drived, werden kontextualisiert in der Regel wohlwollend verstanden. Auch viele Grammatikfehler, die Englischlehrerinnen und -lehrer immer rot markieren müssen, sind im Dialog verzeihbar. Amerikaner und Kanadier, so illustrieren es auch Popgrößen wie Justin Bieber, sind da auch oft sehr viel entspannter als so manche Lehrkraft, doch dazu später mehr. Mit der Klassifikation von Fehlern, dem Apell zu Sanftmut bzw. Fehlertoleranz, ist das Thema aber immer noch nicht abgehandelt. Ergänzend gilt es auch zu klären, wann im mündlichen Diskurs die Korrektur durch Lehrende und wann durch Mitschülerinnen oder Mitschüler erfolgen sollte. Bei Performanzfehlern gilt es die Autokorrektur zu fördern. Bei Kompetenzfehler hingegen kann selbst im konzeptionell „diskursiv-kompetenzorientierten Unterricht" während einer Grammatikphase die direkte Korrektur durch die Lehrerin oder den Lehrer vollkommen richtig sein (vgl. Jäkel 2016). In einer solchen Phase liegt der Fokus auf der Form, nicht auf dem Inhalt, und reproduktive Fehler sollten unmittelbar verbessert werden (Dausend 2014: 171). Nur barsch sollte die Korrektur weder dann noch in inhaltsorientierten Phasen sein. Dann erfolgt eine Verbesserung am besten implizit, durch Wiederholung, Nachfragen oder Reformulierung, insbesondere bei Kindern (Long 1996). Ist der kommunikative Erfolg jedoch gefährdet, kann die explizite Korrektur auch in inhaltsorientierten Phasen richtig sein. Der Unterschied zwischen *We have been friends for many years* und *We were friends for many years* ist z.B. bei der Wahl des rechten Sitzplatzes sinntragend.

Diese Aspekte allesamt spontan und umfassend zu beherzigen, den Fehlertyp, die Unterrichtsphase wie auch additiv Persönlichkeit und individuellen Leistungsstand, ist fast ebenso unmöglich, wie das Eingangsexperiment von Marco Steinhauser makellos zu meistern. Da waren die Testitems aber zumindest dichotom und *richtig* oder *falsch* sehr einfach zu bestimmen (vgl. Baddeley & Wilson 1994). Testspezifisch erstellten Klassifizierungsaufgaben ist eine Eindeutigkeit gegeben, die Philologen bei der Korrektur sehr häufig vermeiden. Ob z.B. *the team is winning*, oder *the team are winning* korrekter ist, kann ganze Fachschaften ausgiebig beschäftigen. In der Forschung jedoch sind eindeutige Kategorien für valide Untersuchungen Voraussetzung. Erkenntnisse, die so zu *Fehler & Feedback* aktuell erbracht wurden, referierte Marco Steinhauser dann im Anschluss an das Eingangsexperiment.

So erfuhren wir, dass in einem experimentellen Laborsetting bei falscher Reaktion auf dichotome Items, zwei sukzessiv verlaufende, neuronale Aktivierungsmuster festgestellt werden konnten. Das Wissen um den Fehler, die sogenannte *Fehlernegativierung*, i.e. *grün*, und das Bewusstwerden bzw. die *Positivierung*, i.e. *gelb*, sind separate Vorgänge, die auch bei uns so abgelaufen waren. Lediglich die These, dass „die bewusste Fehlerverarbeitung erst deutlich später einzutreten [scheint]" verwunderte, nicht nur weil die Phase der *Fehlernegativierung* aus *Fehlerdetektion* und *-evaluation* besteht (Carbonet al. 2012: 18). Wir Zuhörer, vielleicht uns selbst überschätzend, meinten im Moment des Fehlers, als wir *grün* statt *gelb* gerufen hatten, uns auch schon lautstark korrigiert zu haben. Synapsen funken jedoch recht rapide, Erinnerungen sind oft selbstwertdienlich und Millisekunden sind selbst mit Stoppuhr schwer zu fassen. Auch waren die von Marco Steinhauser nach *Stroop* gewählten Items einfach und die Schwierigkeit vermag die Reaktionsgeschwindigkeiten zu mediieren.

4   Von Fehlern im Fremdsprachenunterricht

In der Diskussion im Anschluss an den Vortrag von Herrn Steinhauser suchten engagierte Praktikerinnen und Praktiker dann nach konkreten Handlungskonsequenzen. Es wurde sodann sehr schnell klar, dass die experimentell evozierten Irrtümer *Performanzfehlern* entsprechen (s.o.). Im anglophonen Sprachgebrauch hat sich für diese der Begriff *slips* (Edge 1989) oder *lapses* (James 1998) durchgesetzt. Ein *Kompetenzfehler* hingegen, der nicht autonom erkennbar ist, wird im anglophonen Sprachgebrauch als *attempt* (Edge 1989) oder als *error* (James 1998) bezeichnet.

Folglich lassen sich die Fachdidaktik und neurophysiologische Forschung grundlegend zusammenführen: Wenn z.B. eine im mentalen Lexikon verankerte Vokabel oder grammatische Konstruktion fehlerhaft gebraucht wird, ist dies ein *klassifizierungsanaloger Performanzfehler*. Im Idealfall ist ein Konstrukt, das wir im fachdidaktischen Diskurs *Monitor* nennen und das aus *„consciously learned grammar"* gespeist wird, beim Lerner hinreichend ausgeprägt, um darauf autokorrektiv zu reagieren (Krashen 1986, 2009). Ein dem *Monitor* entsprechendes Konstrukt kann aber auch im Spracherwerbsverlauf entstehen und leistet dann ebenso, neurophysiologisch abbildbar, die Fehlernegativierung wie auch die -positivierung (Butzkamm & Butzkamm 1999, Friederici 2011). Unterrichtliche Erfahrung wie auch das referierte Wissen um die Fehlerpositivierung induzieren folglich Ähnliches: Für eine autonome Selbstkorrektur ist ausreichend Zeit von Nöten (vgl. Böttger 2016: 204). Schließlich setzen Schülerinnen und Schüler die didaktisch wertvollen Autokorrekturen erst am Ende einer Sinneinheit. Dies gilt es intensiv zu fördern, um produktives Sprachbewusstsein zu entwickeln (vgl. Bohnensteffen 2010: 5).

Ein weiterer Rückschluss für die Praxis war, wie heiter und gelassen wir unseren Fehler reflektierten. Frei von Scham und Angst war, analog zu Krashens *affective filter* (Krashen 1986), der maximale Lernerfolg gegeben. Das packten wir mit in unsere Koffer auf den Heimweg, wohl wissend, dass die Atmosphäre eines jeden Lernsettings primär uns Lehrenden obliegt.

5   Von allgegenwärtigen Fehlern

Nach dem Vortrag von Sonja A. Kotz zu *Rhythmus, sensomotorischer Kopplung und Potenzialen für den Fremdsprachunterricht* reflektierte sicherlich so mancher, dass Rhythmik, aber auch sehr viele Fehler in moderner Popmusik im

Überfluss vorhanden sind. Darüber hinaus offeriert dies affektive Potenziale, entstammt der Lebenswelt der Lernenden und nährt die Hoffnung der
Lehrenden, den Sprachinput zu maximieren. Jedoch muss sich der Lehrende
beim Einsatz aktueller Popmusik im „Spannungsfeld zwischen Fehlertoleranz und Fehlerkorrektur" positionieren (Sambanis 2013: 61). Wenn eine
Popgröße und Muttersprachler, wie z.b. Justin Bieber, singt *She don't like the*
flash oder die Band One Direction *No, nothing can come between you & I*, kann
eine Fossilisierung inkorrekter Strukturen befürchtet werden. Diese Angst
teilen Lehrkräfte, die eine deskriptive Grammatik präferieren, nicht. Diese
beschränken sich darauf, die englische Sprache lediglich zu beschreiben. Sie
akzeptieren folglich als korrekt was Muttersprachlerinnen und -sprachler
formulieren.

Versöhnend zwischen der präskriptiven und der deskriptiven Position
wäre es möglich, pragmatische Aspekte zu beherzigen und kommunikativen Erfolg zu priorisieren. Dann könnte man, wie Justin Bieber es uns vor-
lebt, das Mantra *he, she, it – das -s muss mit* in Zukunft auch vergessen.
Schließlich fühlt sich manche Lehrerin und mancher Lehrer bei Wiederholung dieser Eselsbrücke zuweilen wie eine Personifikation des grauen Tieres
selbst. Zur Zeit des Fehlerkoeffizienten mussten Lehrende einen derartigen
Verstoß im Schriftlichen nicht nur markieren, sondern auch gewichten.
Wurde das dritte Person -s in einer Klausur an einer anderen Stelle mindestens einmal korrekt gebraucht, werteten viele den Verstoß als Rechtschreib-
fehler. Somit sahen sie auch lediglich ein Performanzproblem und gaben
einen halben Fehlerpunkt. Andere hingegen gewichteten jedes fehlende
Suffix -s bei der dritten Person Singular mit einem vollen Fehlerpunkt. Diese
sahen implizit ein grammatisches Kompetenzproblem und Justin Bieber
hätte bei ihnen in Englisch" wohl kein Abitur geschafft. Meine Schulzeit ist
jedoch schon länger her. Das war zu einer Zeit, als es in Griechenland noch
Drachmen gab und Rehakles noch Otto hieß.

Ich kann mich gut erinnern, dass mein Englischlehrer damals des Mah-
nens mit dem Mantra bei der dritten Person Singular so mürbe war, dass er
meine Klasse in Klausuren mit einem Doppelfehler dafür strafte. Das würde
ihm heute kein Kind, keiner im Kollegium und auch kein gesetzlicher Vor-
mund mehr gestatten. Damals aber waren Lehrkräfte so etwas wie Götter,
Zeus und Schuldirektorin oder -direktor fast das gleiche und nur ihr Kos-
mos variierte. (Schulze 2005). Lehrkräfte konnte Kriterien auch modellieren
und keiner wagte dann zu motzen oder gar juristisch zu agieren. Dabei galt
schon damals, dass Fehler demnach zu gewichten sind „wie verständlich
und wie für den Zweck der Kommunikation bedeutsam die jeweilige Äußerung ist" (Piepho 1979: 20). Mein Lehrer damals stand jedoch schon kurz vor
seiner Rente, war nicht reformfreudig und offenbar behavioristischen
Konzepten zugetan. Er ging aber auch oft mit uns ins *Sprachlabor*, das während meiner Schulzeit dann doch abgerissen wurde (vgl. Oesterreicher

2016). Lernkonzepte von Lehrenden sind aber nicht an Raum gebunden und überdauern oft ein ganzes Leben. So schrieben Finkenstaedt & Schröder noch im Jahre 1990, dass selbst die noch ältere „Grammatik-Übersetzungsmethode des 19. Jahrhunderts den Fremdsprachenunterricht nach wie vor wesentlich mitbestimmt" (ebd.: 38).

So erscheint in Relation auch eine Verzögerung bis zur allumfassenden Realisation der Kommunikationsorientierung nachvollziehbar. Paradigmenwechsel vollziehen sich auf Mikroebene, d.h. in der Praxis und im Unterricht, nur langsam. Hätte mein Lehrer damals schon kommunikative Ideale priorisiert, hätte er schon akzeptiert, dass das -s der dritten Person „im modernen Englisch im Grunde ein (kommunikativ) redundanter, morphologischer Marker [ist]" (Habjan 2018: 172). Auch die Gefahr einer Stigmatisierung der Sprecherin oder des Sprechers, da „the third person singular -s is frequently deleted by lower class black speakers" (Schneider 1983: 99), erscheint mit Blick auf Justin Bieber unzutreffend. Ebenso ist diachron betrachtet die Atrophie markierender Suffixe bei der Verbkonjugation offenbar natürlich. Das weiß jeder und auch jede, die und der an Shakespearezeilen wie „thou lovest the flesh" zu knabbern hatte (in Henry VI Part 1).

Ohnehin tritt bei der dritten Person Präsens der Fehler auch beim natürlichen Erwerb mehrheitlich auf. Er repräsentiert somit einen Fehlertyp, welcher der Mathematik, Physik oder der Musik vollkommen fremd ist. Natürlich gilt es, zuerst die Regel *Infinitv + zero suffix* und erst später dann die Ausnahmen zu lernen. Ob man eine derartige, natürliche Chronologie auch curricular beachten sollte, wird kontrovers rezipiert (vgl. Haberzettl 2017). Die klare Unterscheidung der Personalpronomen hingegen – vgl. *No, nothing can come between you & I* – erscheint auch soziolektübergreifend angeraten. Schließlich ist der Unterschied zwischen *I harmed* und *me harmed* immens.

6   Ein Fehlerparadigmenwechsel

Die Vergangenheit zeigt, wie sich die Rezeption des Fehlers während der zahlreichen Paradigmenwechsel von Schule, Politik, Bildungsforschung und Neurowissenschaften gewandelt hat. Behavioristisch inspiriert herrschte in den 50er- und 60er-Jahren folgende Konzeption des sprachlichen Fehlers vor:

> Ein einmal gemachter Fehler lebt weiter. Auch die sofortige Korrektur durch den Lehrer kann seine Wirkung nicht ganz rückgängig machen. Es kommt also darauf an, von vornherein zu verhindern, daß die Schüler überhaupt Fehler begehen (Heuer 1968: 64).

Nach einem Paradigmenwechsel ab den 60er-Jahren zur nativistischen, audiolingualen Methode und dem Aufblühen der Sprachlabore betrachtete man den Fehler bereits wohlwollender:

> [Errors] are indispensable to the learner himself, because we can regard the making of errors as a device the learner uses in order to learn. It is a way the learner has of testing his hypotheses about the nature of the language he is learning. The making of errors then is a strategy employed both by children acquiring their mother tongue and by those learning a second language (Corder 1967).

Danach erfolgte die kommunikative Wende und was dann falsch genannt wurde, war primär durch die Gefährdung des kommunikativen Erfolgs bestimmt. In einer idealen, schulischen Zukunft, mit hinreichendem Input aus bilingualen Angeboten und früh einsetzendem Fremdsprachunterricht, wäre für das institutionalisierte Sprachenlernen erneut ein Paradigmenwechsel angesagt. Orientiert am natürlichen *Motherese* wäre es dann viel ergiebiger, nicht Defizite zu betonen, sondern lobend zu beschreiben, was beherrscht wird. Es wäre angeraten „entsprechend den Spielregeln der Evolution [zu] agieren" und auf die Kraft des natürlichen Erwerbs zu bauen (Spitzer 2014: 15).

Dann würden wir temporäre Makel akzeptieren, mehr Toleranz gegen (natürliche) Fehler leben, auf vermehrten Input setzen und Irrtümer gelassener verzeihen. Ist der (frühe) Input aber weiterhin so knapp wie heute, wird diese Diskussion noch länger anhalten. Dann wird das dritte Person Präsens -*s* noch viele Schülerinnen und Schüler, Lehrkräfte und auch Eltern schwer frustrieren. Frust aber gilt es tunlichst zu vermeiden. Schließlich bilden „Emotionen die Schleuse für den Weg von Wissen ins Gehirn" (Böttger 2016: 11). Freude am Fremdsprachenlernen, oder auch -erwerben, ist daher eine Conditio-sine-qua-non. Auch das wussten schon die Römer, als sie Griechisch lernten.

Literatur
Adam, H. & Galinsky, A. D. (2012): Enclothed cognition. In: *Journal of Experimental Social Psychology 48*, 918–925.
Albert, M. L. & Knoefel, J. E. (2011): *Clinical Neurology of Aging*. New York: Oxford University Press.
Asher, J. J. (1969): The Total Physical Response Approach to Second Language Learning*. In: *The Modern Language Journal 53(1)*, 3–17.
Banaz, H. (2002): *Bilingualismus und Code-switching bei der zweiten türkischen Generation in der Bundesrepublik Deutschland. Sprachverhalten und Identitätsentwicklung*. Abrufbar unter: https://www.ew.uni-hamburg.de/forschung/europahandreichung/files/code-switching.doc (Stand: 19.02.2020)
Birk, F. F. & Mirbek, S. (2017): Eine unbekannte Sprache in Bewegung erfahren: psychomotorische Sprachförderung und Begleitung von Kindern mit Flüchtlingshintergrund. In: *Praxis der Psychomotorik 42(2)*, 108–113.

Bohnensteffen, M. (2010): *Fehler-Korrektur: Lehrer- und lernerbezogene Untersuchungen zur Fehlerdidaktik im Englischunterricht der Sekundarstufe II.* Abrufbar unter: https://books.google.de/books?id=NcQWdAf6yFgC (Stand: 19.02.2020)

Böttger, H. (2016): *Neurodidaktik des frühen Sprachenlernens. Wo die Sprache zuhause ist.* Stuttgart: UTB.

Butzkamm, W. (2003): Die Muttersprache als Sprachmutter. Ein Gegenentwurf zur herrschenden Theorie. In: *Französisch heute 34(2)*, 174–192.

Butzkamm, W. & Butzkamm, J. (1999): *Wie Kinder sprechen lernen. Kindliche Entwicklung und die Sprachlichkeit des Menschen.* Tübingen: Francke.

Carbon, C.-C., Dörner, D., Gross, T., Raab, M., Rüsseler, J., Schlieder, C., Schmid, U. & Siebers, M. (2012): *Proceedings of KogWis 2012. 11th biannual conference of the German Cognitive Science Society.* Bamberg: Univ. of Bamberg Press.

Chobotar, T. (2009): Output enhancement beim Erwerb grammatisch richtigen Sprechens: Design einer empirischen Untersuchung. In: Lütge, C., Kollenrott, A. I., Ziegenmeyer, B. & Fellmann, G. (Hrsg.): *Empirische Fremdsprachenforschung. Konzepte und Perspektiven.* Frankfurt/Berlin/Bern/Bruxelles/New York, NY/Oxford/Wien, 113–120.

Chomsky, N. (1957): *Syntactic structures.* The Hague. Abrufbar unter: http://worldcatlibraries.org/wcpa/oclc/308125 (Stand: 19.02.2020)

Coderre, E. L. & van Heuven, W. J. (2014): Electrophysiological explorations of the bilingual advantage: evidence from a Stroop task. In: *PLoS ONE 9(7)*, 1–15

Dausend, H. (2014): *Fremdsprachen transcurricular lehren und lernen. Ein methodischer Ansatz für die Grundschule.* Tübingen: Narr.

dpa (2017): *Englisch für Erstklässler steht auf der Kippe.* Abrufbar unter: https://www.spiegel.de/lebenundlernen/schule/baden-wuerttemberg-englisch-fuer-erstklaessler-auf-der-kippe-wegen-lehrermangel-a-1144019.html (Stand: 19.02.2020)

Edge, J. (1989): *Mistakes and correction.* London/New York. Abrufbar unter: http://worldcatlibraries.org/wcpa/oclc/19398086 (Stand: 19.02.2020)

Europäische Kommission (2012): *Special Eurobarometer 386. EUROPEANS AND THEIR LANGUAGES.* Abrufbar unter: www.goethe.de/resources/files/pdf13/pk10574 423.pdf (Stand: 19.02.2020)

Europarat (2002): *Europäischer Rat, 15. und 16. März 2002 Barcelona, Schlussfolgerungen des Vorsitzes.* Abrufbar unter: http://www.europarl.europa.eu/bulletins/pdf/ 01s2002bis_de.pdf (Stand: 19.02.2020)

Finkenstaedt, T. & Schröder, K. (1990): *Sprachschranken statt Zollschranken? Grundlegung einer Fremdsprachenpolitik für das Europa von morgen.* Abrufbar unter: http://books.google.de/books?id=A8iXPgAACAAJ (Stand: 19.02.2020)

FMKS (2014): *Bilinguale Grundschulen in Deutschland 2014.* Abrufbar unter: https://www.google.com/url?sa=t&rct=j&q=&esrc=s&source=web&cd=2&cad= rja&uact=8&ved=2ahUKEwjam8is0svnAhXxlFwKHaPTAp8QFjABegQIBBAB&ur l=https%3A%2F%2Fwww.fmks.eu%2F_wd_showdoc.php%3Fpic%3D1118&usg= AOvVaw3WzzRo6Aenjs3uAcqnJymg (Stand: 19.02.2020)

Friederici, A. D. (2011): The brain basis of language processing: from structure to function. In: *Physiological Reviews* 91(4), 1357–1392.

Haberzettl, S. (2017): Sprache als Aufgabe für alle Fächer. Interview mit Prof. Dr. Stefanie Haberzettl, Inhaberin des Lehrstuhls für Deutsch als Fremd- und Zweitsprache an der Universität des Saarlandes. In: *EuWiS – Erziehung und Wissenschaft im Saarland 11*, 4–7.

Habjan, A. M. (2018): *Regel, Fehler, Korrektur. Der non-native discourse in Linguistik und Sprachphilosophie.* Göttingen: V&R Unipress.

Hahn, C. H. (2016): Eine Bildungspolitik für die Welt von morgen. In: Böttger, H. & Sambanis, M. (Hrsg.): *Focus on Evidence. Fremdsprachendidaktik trifft Neurowissenschaften.* Tübingen: Narr, 19–27.

Hommel, B. (1993): Inverting the Simon effect by intention. In: *Psychological Research,* Bd. 55, Nr. 4, 270–279.

Hoppenstedt, G. & Widlok, B. (2011): *Mit Sinnen experimentieren – Sprache begreifen. Frühes Fremdsprachenlernen mit dem CLIL-Ansatz.* München: Goethe-Institut München.

Hütter, J. & Dalton-Puffer, C.: Der Einfluss subjektiver Sprachlerntheorien auf den Erfolg der Implementierung von CLIL-Programmen. In: Breidbach, S. (Hrsg.): *Content and language integrated learning (CLIL) in Europe.* Frankfurt am Main: Peter Land Edition, 129–144.

Jäkel, O. (2016): Wie geht guter Englischunterricht in der Grundschule? Empirische Erkenntnisse aus dem Flensburg English Classroom Corpus (FLECC). In: Böttger, H. & Schlüter, N. (Hrsg.): *FFF – Fortschritte im frühen Fremdsprachenlernen. Tagungsband zur 4. FFF-Konferenz 2014 in Leipzig.* Braunschweig: Westermann, 45–55.

James, C. (1998): *Errors in language learning and use. Exploring error analysis.* London/New York: Longman.

Kostka, A. (2017): *Neurodidaktik für den Musikunterricht.* Marburg: Tectum Verlag.

Krashen, S. d. (1986): *Principles and practice in second language acquisition.* Oxford: Pergamon.

Krashen, S. D. (2009): The Comprehension Hypothesis Extended. In: Piske, T., & Young-Scholten, M. (Hrsg.): *Input matters in SLA,* 81–94.

Krumm, H.-J. (2009): Die Bedeutung der Mehrsprachigkeit in den Identitätskonzepten von Migrantinnen und Migranten. In: Gogolin, I. & Neumann, U. (Hrsg.): *Streitfall Zweisprachigkeit.* Wiesbaden: VS Verlag für Sozialwissenschaften, 233–248.

Long, M. H. (1996): „The role of the linguistic environment in second language acquisition.". In: Bhatia, T. K. & W. C. Ritchie (Hrsg.): *Handbook of Second Language Acquisition.* New York, 413–468.

Minton, S. C. & Faber, R. (2016): *Thinking with the Dancing Brain: Embodying Neuroscience.* Abrufbar unter: https://books.google.de/books?id=BgMXDQAAQBAJ (Stand: 19.02.2020)

Murkar, A., Smith, C., Dale, A. l. & Miller, N. (2014): Sleep Mentation is Emotionally Significant to the Dreamer. In: *International Journal of Dream Research.*

Nikula, T., Dalton-Puffer, C. & García, A. L. (2013): CLIL classroom discourse. Research from Europe. In: *Journal of Immersion and Content-Based Language Education,* Bd. 1, Nr. 1, 70–100.

Oesterreicher, Mario (2016): MALL – Neurodidaktischer Saulus oder Paulus? In: Böttger, & Sambanis (Hrsg.): *Focus on Evidence – Fremdsprachendidaktik trifft Neurowissenschaften,* Tübingen: Narr, 181–86.

Piepho, H.-E. (1979): *Kommunikative Didaktik des Englischunterrichts Sekundarstufe I. Theoretische Begründung und Wege zur praktischen Einlösung eines fachdidaktischen Konzepts.* Limburg: Frankonius.

Poarch, G. J. & Bialystok, E. (2015): Bilingualism as a Model for Multitasking. In: *Developmental Review* (35), 113–124.

Puschmann, A.-K. & Sommer, C. (2011): Hypervigilance or avoidance of trigger related cues in migraineurs? – a case-control study using the emotional stroop task. In: *BMC Neurology*, Bd. 11, 141–149.

Reischies, F. (Hrsg.) (2007): *Psychopathologie. Merkmale psychischer Krankheitsbilder und klinische Neurowissenschaft.* Heidelberg: Springer Medizin.

Rößner, J. (2018): *AfD gegen Englisch in Grundschulen – Mehr Deutsch und Mathe.* Abrufbar unter: https://www.welt.de/politik/deutschland/article173328069/Nordrhein-Westfalen-AfD-gegen-Englisch-in-Grundschulen-Mehr-Deutsch-und-Mathe.html (Stand: 19.02.2020)

Sambanis, M. (2013): *Fremdsprachenunterricht und Neurowissenschaften.* Tübingen: Narr.

Schinkmann, U. (2012): *Einfluss verschiedener manueller Bedienmodi auf den klassischen und emotionalen Stroop-Test in der computerisierten Form.* Dissertation, Universität Ulm, Medizinische Fakultät. ULM. Abrufbar unter: https://www.google.com/url?sa=t&rct=j&q=&esrc=s&source=web&cd=2&cad=rja&uact=8&ved=2ahUKEwiYxMOGqbXlAhVRZVAKHfIJCzYQFjABegQIBRAJ&url=https%3A%2F%2Fd-nb.info%2F1046890034%2F34&usg=AOvVaw0Y5ClN3Q_yk7VTt10wzDfv (Stand: 19.02.2020)

Schmid-Schönbein, G.: Frühstart in die Fremdsprachen: Fortschritte und Folgen. In: *Innovative Fremdsprachendidaktik – Kolloquium* zu Ehren von Wolfgang Butzkamm, Deringer, L., Schreyer, R., Wenzel, P., Frankfurt a.M.: P. Lang Verlag; 65–80.

Schneider, E. W. (1983): The Origin of the Verbal -S in Black English. In: *American Speech* 58(2), 99.

Schulze, G. (2005): *Die Erlebnisgesellschaft. Kultursoziologie der Gegenwart.* Frankfurt: Campus Verlag.

Shakespeare, W. (2018): *Henry VI, part I.* London.

Spitzer, M. (2004): Falsche Erinnerungen. Präsident Bush in der Schule und Bugs Bunny in Disneyland. In: *Nervenheilkunde* 23(5), 300–304.

Statista (2017): *Anzahl der Grundschulen in Deutschland von 2004 bis 2016.* Abrufbar unter: https://de.statista.com/statistik/daten/studie/235833/umfrage/grundschulen-in-deutschland/ (Stand: 19.02.2020)

Stroop, J. R. (1935): Studies of interference in serial verbal reactions. In: *Journal of Experimental Psychology*, 18(6), 643–662.

Ussing, J. L. (2012): *Darstellung Des Erziehungs-Und Unterrichtswesens Bei Den Griechen Und Römern.* Charleston: Nabu Press.

Weidemeyer, H. (2014): Fremdsprachenlehrer aus Passion. Wie ich wurde, was ich war – und welchen Anteil die Fachdidaktik daran hatte. In: *FLuL – Fremdsprachen Lehren und Lernen* (43), 81–93.

Williams, J. M., Mathews, A. & MacLeod, C. (1996): The emotional Stroop task and psychopathology. In: *Psychological Bulletin* 120 (1), 3–24.

Wode, H., Burmeister, P., Daniel, A. & Rohde, A. (1999): Verbundmöglichkeiten von Kindergarten, Grundschule und Sekundarstufe I im Hinblick auf den Einsatz von bilingualem Unterricht. In: *Zeitschrift für Interkulturellen Fremdsprachenunterricht*, 4(2), 123–125.

Josef Meier

Fehler beim Wortschatzlernen durch sinnvolle Sprachvermittlung und effiziente Aufzeichnung vermeiden

Bei der Konferenz *Focus on Evidence* in Nei Pori vom 03. bis 04. Oktober 2019 wurde in einer Transferdiskussion festgestellt, dass die Wissenschaft zu weit von der Praxis entfernt ist, und dass deshalb Brücken zwischen diesen Disziplinen geschaffen werden müssen (vgl. Groß in diesem Band). Marco Steinhauser sprach von Fehlern und Feedback, Daniela Czernochowski ging auf das episodische Gedächtnis und die Motivation ein, Petra A. Arndt richtete den Fokus auf die Kommunikation zwischen Wissenschaft und Politik und Sonja A. Kotz referierte über Rhythmus und sensomotorische Kopplung. Einige der thematisierten Aspekte, ihre Umsetzung und Bedeutung in der Wortschatzarbeit sollen im Folgenden aus fachdidaktischer Perspektive beleuchtet werden.

Viele Fremdsprachenlehrerinnen und Fremdsprachenlehrer sind mit ihrem Unterricht und dessen Ergebnissen nicht zufrieden. Bei Fortbildungsveranstaltungen lässt sich feststellen, dass ein großes Bedürfnis besteht, sich mit neuen lernpsychologischen, psycholinguistischen Erkenntnissen auseinanderzusetzen. Die Sprachperformanz von Schülerinnen und Schülern, die das Gymnasium, die Realschule oder die Mittelschule abschließen, lässt oft nicht auf Anhieb erkennen, wie lange sie sich mit der Fremdsprache beschäftigt haben. Abiturientinnen und Abiturienten erhalten immerhin bis zur Reifeprüfung etwa 1100 Stunden Unterricht. Bis zur 10. Klasse sind es ca. 900 Stunden. Die Nachhaltigkeit des Lernerfolgs ist oftmals nicht überzeugend, viele Vokabeln werden nach kürzester Zeit „vergessen", bzw. können nicht befriedigend angewendet werden.

1   Vermittlung des Wortschatzes

Im Folgenden werden wichtige fremdsprachendidaktische Aspekte in der Wortschatzvermittlung anhand des Beispielwortes *vegetarian* dargestellt.

1.1   Angenehme Lernatmosphäre

Zunächst ist es in Lernsituation grundsätzlich notwendig, für eine angenehme Unterrichtsatmosphäre zu sorgen. Eine Möglichkeit diese herzustellen wäre es, Unterrichtsstunden mit Entspannungs-, Atmungs- bzw. Konzentrationsübungen zu beginnen, wie es das *StressReduzierte Lernen* vorschlägt. Die Schülerinnen und Schüler sollen in ihrer geistig-seelisch-körperlichen Ganzheit angesprochen werden, damit Spannungen und Ängste abgebaut werden können (vgl. Spitzer 2015).

1.2   Multisensorische Wortschatzvermittlung

Wann immer möglich, sollten Visualisierungsübungen eingebaut werden, um für größere Anschaulichkeit zu sorgen. Die Schülerinnen und Schüler werden dazu aufgefordert sich die verschiedenen sensorischen Komponenten eines neuen Wortes vorzustellen, so zum Beispiel das Gespräch mit der Servicekraft (sie sehen u.U. das Salatbuffet, riechen den angenehmen Duft aus der Küche). Das Wort *vegetarian* wird multisensorisch gespeichert. Auch wenn nicht in jedem Zusammenhang so vielseitig aufgenommen werden kann wie bei diesem Beispiel, so lässt sich doch auf jeden Fall – selbst bei Adjektiven oder Verben – eine Situation schaffen, in die sich die neuen Vokabeln sehr gut einbauen lassen (Meier 1999: 152, vgl. Kiefer 2018). Wie mit allen Sinnen gelernt und sehr viel behalten werden kann, beschreibt auch Schiffler (2012) in seinen Ausführungen zum *Triple Coding*.

1.3   Festigung des Lautbildes bevor das Schriftbild präsentiert wird

Bevor das Lautbild nicht sicher gespeichert wurde, sollte auf keinen Fall das Schriftbild angeboten werden. Das Lautbild muss von jedem Lernenden gesprochen werden – auch wenn dies ziemlich zeitaufwendig erscheint. Jeder Schüler, jede Schülerin muss die eigene Artikulation des neuen Wortes gehört haben, um diese mit der korrekten Aussprache der Lehrkraft vergleichen zu können. Ansonsten sind Fehler im Erwerb vorprogrammiert, die nur mit viel Aufwand „umgelernt" werden können. Besonders wichtig ist es, diese Vorgehensweise auch schon in der Grundschule anzuwenden.

1.4   Präsentation des Schriftbildes mit kreativen Anregungen

Erst nachdem das Lautbild – soweit möglich – von allen Schülerinnen und Schülern fehlerfrei nachgesprochen wurde, werden die Lernenden mit dem Schriftbild konfrontiert, und sie versuchen, dieses Wort – das sie zunächst mental abfotografieren – in ihrer Vorstellung in eine entsprechende Situation einzubauen. Der Fantasie sind hier keine Grenzen gesetzt. Diese Situationen werden so zu einem intensiven Erlebnis. Dem neuen Begriff wird ein hohes Maß an Lernenergie auf dem Weg ins Langzeitgedächtnis mitgegeben. Die gewonnenen Sinneseindrücke sind Assoziationen, die mit dem Terminus verknüpft werden. Je plakativer, farbiger und vielfältiger die Eindrücke, je entspannter die Gemütslage und je interessanter der Kontext, desto leichter ist das Gelernte erinnerbar. Aufgrund der Visualisierungsübungen, die Kindern und Jugendlichen (wie Unterrichtsbeobachtungen des Autors zeigen) wesentlich weniger Schwierigkeiten bereiten als Erwachsenen, haben die meisten Lernenden kaum Schwierigkeiten, sich die Schreibweise nach der Präsentation bei geschlossenen Augen vorzustellen. Auch hier gilt, je lebendiger die Vorstellung desto besser bleibt sie im Gedächtnis haften. Zur Kontrolle können die Schülerinnen und Schüler anschließend auf einem Blatt Papier das gespeicherte Wort wiedergeben. Sollte noch ein Fehler auftreten, so empfiehlt es sich, den Vorgang so lange zu wiederholen, bis das neu gelernte Wort fehlerfrei wiedergegeben werden kann (vgl. Neveling 2017).

1.5 Einsatz der Lautschrift

Ein hilfreiches Tool in der Wortschatzarbeit, das leider viel zu selten zum Einsatz kommt stellt die Lautschrift dar. Wie können Lernende in einem *dictionary* die richtige Aussprache nachschlagen, wenn sie den Umgang mit Lautschrift nie gelernt haben? Dass die Lautschrift den Schülerinnen und Schülern nicht nur hilft, sondern die Beschäftigung mit ihr sogar Spaß bereitet, konnte bei einem Projekt, das sich über ein ganzes Schuljahr erstreckte, in einer bilingualen vierten Klasse der St.-Anna-Grundschule in Augsburg festgestellt werden (Meier 2015). Das könnte darauf hinweisen, dass die Lautschrift auch in Zeiten der Digitalisierung und der Möglichkeit, sich Wörter medial vorsprechen zu lassen, noch von Bedeutung für die Aussprache ist.

1.6 Einsatz von Musik

In vielen Fällen empfiehlt sich der Einsatz von Musik, wobei sinnvollerweise auch die Schülerinnen und Schüler in die Musikauswahl miteinbezogen werden (vgl. Gehring 2017). Auf diese Weise werden Stimmungen, Assoziationen und Gedanken, die bei der Einführung der oben angesprochenen Vokabeln evoziert werden, verstärkt. Der logisch-analytische Prozess der Wortschatzvermittlung wird so zugleich emotional, unbewusst verarbeitet und verankert, das psychophysische Wohlbefinden in dieser Phase wird gesteigert, was die Aufmerksamkeitsfokussierung in angstfreier Lernatmosphäre unterstützt (vgl. Blell 2017).

1.7 Einsatz des Bewegungslernens

Auch jenseits des Anfängerunterrichts bieten dramapädagogische Elemente die Möglichkeit der Integration von Bewegung in den Fremdsprachenunterricht. So kann z.B. eine kurze Szene zu dem Thema *Indiens Unabhängigkeit* nachgestellt werden. Die Schülerinnen und Schüler könnten bestimmte Tätigkeiten Gandhis imitieren – wie er Salz am Meer holt, die Salzkörner aufhebt, seine Gesten, wie er sich den Engländern durch passiven Widerstand entgegenstellt. Der Fokus liegt dabei auf dem Prozess des Aushandels der Darstellung und nicht auf dem Endprodukt.

1.8 Rückgriff auf die Muttersprache

Außer Acht lassen sollte man auch nicht den Rückgriff auf die Muttersprache, sobald der Begriffsinhalt zu schwierig ist. In solchen Fällen können bilinguale Erschließungstechniken sehr hilfreich sein, wie beispielsweise das sogenannte *Mirroring* (vgl. Butzkamm 2002).

1.9 Wortschatzvermittlungstechniken

Durch passende Wortschatzvermittlungstechniken wird die Bedeutung des neuen Begriffes anschaulich erläutert. Diese folgenden Herangehensweisen können bei der Umsetzung des multisensorischen Lernens im Klassenzimmer angewendet werden.

Zur Veranschaulichung würde sich beispielsweise das Zeigen konkreter Gegenstände eignen, ebenso wie das pantomimische Darstellen des Wortinhaltes durch die Lehrperson. Auch Visualisierungen der neuen Wörter können den Lernenden helfen. Gerade bei älteren Lernenden kann das Einnehmen einer Metaebene, z.B. in Form von expliziten Hinweisen auf Wortbildungsregularitäten, eine Unterstützung beim Erfassen des Neuen darstellen (vgl. Kötter 2017).

2 Aufschreiben des Wortschatzes

In sehr vielen Fällen werden die neuen Vokabeln bis zum heutigen Tage in einem sogenannten Vokabelheft aufgeschrieben. Diese Aufzeichnungsweise, bei der nur deutsch/fremdsprachliche Wortgleichungen aneinandergereiht niedergeschrieben werden, stellt keinen zielführenden Vermittlungsansatz im Hinblick auf das übergeordnete Unterrichtsziel der funktionalen Kompetenz dar.

Sinnvoll wäre dagegen eine differenzierte und individuell zu gestaltende Aufzeichnung in einem Vokabelringbuch, in dem die Wörter in entsprechenden Rubriken mit Bildern, Skizzen etc. und im Kontext notiert werden.

Die Lernenden überlegen sich selbst die Oberbegriffe für die einzelnen Rubriken. Nach anfänglicher Hilfestellung durch die Lehrkraft, sind die meisten Schülerinnen und Schüler bereits nach wenigen Wochen selbst in der Lage, Einteilungskriterien festzulegen. Soweit möglich, werden die Begriffe in der Fremdsprache notiert – wenn die Oberbegriffe noch nicht bekannt sind, in der Muttersprache. Wörter, die von den Lernenden nicht eindeutig zugeordnet werden können, werden in die Rubrik „Struktur-Wörter" oder *miscellaneous* eingetragen.

Auf der linken Seite des Blattes steht jeweils das neu zu lernende Wort. Rechts daneben befindet sich, soweit möglich, eine Zeichnung, eine Skizze oder ein Bild. Es sollte, wann immer möglich, kein deutsches Äquivalent allein angeführt werden. Wenn die Schülerinnen und Schüler unter die Zeichnung noch den deutschen Begriff schreiben wollen, so ist dies in Ordnung, jedoch nicht zwingend erforderlich. Zusätzlich werden ein oder zwei Beispielsätze angeführt. Ob die Zuordnung der einzelnen Wörter zu den jeweiligen Rubriken genau den Vorstellungen der Lehrkraft entspricht, ist sekundär. Solange die neuen Vokabeln in die einzelnen Abteilungen passen – auch wenn die Logik bei der Einteilung manchmal nicht sofort nachvollziehbar ist, sollte den Schülerinnen und Schülern freie Hand gelassen werden. So ist es z.B. egal, ob *furniture* bei *room*, *livingroom*, *school* oder *hotel* eingetragen wird. Die Gestaltung der Illustrationen wird den Lernenden freigestellt. Die Schülerinnen und Schüler lernen so die Vokabeln in Wortfamilien, in Wortfeldern und in logischen Zusammenhängen. Diese Gliederung erlaubt ein ungleich leichteres Einprägen, da eine bessere Vernetzung möglich ist. Auch beim Wiederholen benötigen die Schülerinnen und Schüler – so zumindest zeigen es Beobachtungen – wesentlich weniger Zeit, da sie die einzelnen Seiten ja nur zu überfliegen brauchen, um sich an das Gelernte zu erinnern.

Grundsätzlich gilt, dass Wörter nie isoliert gelernt werden sollen. Prägen sich die Lernenden nur Einzelwörter ein, so werden sie sehr häufig nicht in der Lage sein, die gelernten Vokabeln später richtig im Kontext anzuwenden. Mehr noch, sie werden durch die Bedeutungsvielfalt verwirrt und im Gebrauch sehr unsicher. Denken wir nur an Begriffe wie:

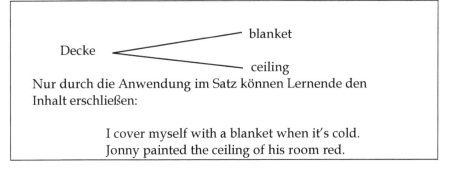

Nur durch die Anwendung im Satz können Lernende den Inhalt erschließen:

I cover myself with a blanket when it's cold.
Jonny painted the ceiling of his room red.

Die Schülerinnen und Schüler müssen von Anfang an wissen, mit welchen Wörtern die neu gelernte Vokabel kollokiert. Auch hier genügt es wiederum nicht, nur die Kollokation vorzugeben, sondern den Lernenden muss Gelegenheit gegeben werden, sich selbst einen Zusammenhang zurechtzulegen

bzw. sie müssen genügend Zeit haben, die vorgegebene Kollokation mit
allen Sinnen auszuschmücken.

Nur in Form von in Kommunikationssituationen anwendbaren *Chunks*
ist es möglich, sich die vielen Bedeutungen und Anwendungsmöglichkeiten
einzuprägen (vgl. Kersten 2010). Des Weiteren schult die Auseinandersetzung mit den vielfältig einsetzbaren *Chunks*, in denen ein Wort verwendet
werden kann, auch das Gespür der Lernenden für Register. Register ist ein
fester Bestandteil der funktionalen kommunikativen Kompetenz in den von
der Kultusministerkonferenz verfassten Bildungsstandards, der häufig Gefahr läuft, außer Acht gelassen zu werden (vgl. KMK 2003: 14).

Eine große Hilfe beim Lernen von neuen Vokabeln kann den Lernenden
angeboten werden, indem man ihnen verdeutlicht, wie Wortschatz systema-
tisiert, geordnet, gegliedert werden kann. Hier geht es keineswegs darum,
die einzelnen Verfahren zu bewerten – so könnten z.b. syntagmatische Ord-
nungen und Assoziationen auch unter Kollokationen subsumiert werden.
Die folgenden Beispiele sollen genügen, die Möglichkeiten der Kategorisie-
rung aufzuzeigen und im Sinne des multisensorischen Lernens zu weiteren
Systematisierungsmöglichkeiten anregen:

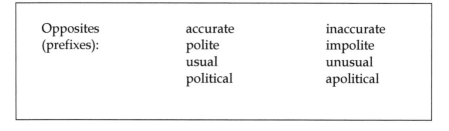

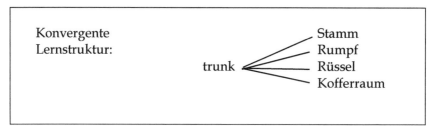

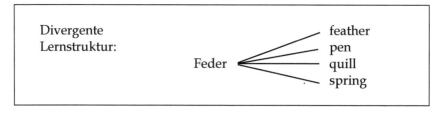

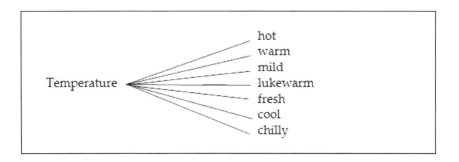

3 Resultate

Anhand der vorliegenden Aussagen von Schülerinnen und Schülern, die aus der Studie *StressReduziertes (Fremdsprachen-)Lernen* stammen, die mit einer Stichprobengröße von ca. 10 000 Schülerinnen und Schülern in 16 Ländern Europas durchgeführt wurde, soll die Perspektive der Lernenden bezüglich der oben beschriebenen Zugängen zur Wortschatzarbeit dargestellt werden (Meier 2019).

3.1   „Wenn ich die neuen Wörter mit allen Sinnen – also multisensorisch – speichere, kann ich sie mir leichter merken."

59,7% der deutschen Schülerinnen und Schüler in der o.g. Stichprobe haben erkannt, dass eine multisensorische Speicherung beim Lernen vorteilhaft ist. Deutschland liegt hier im Mittelfeld. Auch in anderen Ländern bestätigen die Schülerinnen und Schüler im Rahmen der Untersuchung, dass sie sich leichter an Wörter erinnern, wenn sie sie multisensorisch gespeichert haben. In Griechenland sind es beachtliche 86,1% (Meier 2019: 335).

3.2   „Wenn ich die Wörter sinnvoll ordne und gliedere, fällt es mir leichter, mich an sie zu erinnern."

54,3% der deutschen Schülerinnen und Schülern in der Stichprobe sind der Meinung, dass es wenig oder überhaupt nicht stimmt, dass es von Vorteil ist, die Wörter sinnvoll zu ordnen und zu gliedern. Dieses Ergebnis legt nahe, dass in Deutschland vermutlich bislang kein besonderes Augenmerk auf den Mehrwert gelegt wird, der durch eine sinnvolle visuelle Strukturierung der Lerninhalte entstehen kann (Meier 2019: 359). 46,0% der deutschen Schülerinnen und Schüler in der Untersuchung sind bereits nach einer relativ kurzen Einführungsphase von der Wirksamkeit der Zeichnungen und Bilder beim Erlernen von neuen Vokabeln überzeugt (Meier 2019: 369).

3.3   „Die Beispielsätze helfen mir, die Wörter im Zusammenhang leichter
       anzuwenden."

57,2% der im Rahmen der Studie befragten Schülerinnen und Schüler in
Deutschland bestätigen, dass neue Wörter, die mit Beispielssätzen gelernt
werden, helfen, Wörter später im Zusammenhang zu gebrauchen (Meier
2019: 376). Darüber hinaus gelingt es 63,3% der Schülerinnen und Schüler in
Deutschland, den Zusammenhang mit den gelernten Wörtern herzustellen.
Bei diesen Lernenden scheint das vernetzte Lernen bereits zu greifen (Meier
2019: 429). 61,7% der durch die Studie erfassten deutschen Schülerinnen und
Schüler bestätigen, dass es hilfreich ist, das Wort im Satz, also im Kontext
nachzusprechen (Meier 2019: 340).

3.4   „Merktechniken (Eselsbrücken, Loci- und Assoziationstechniken), die
       wir in der Schule gelernt haben, helfen mir beim Vokabellernen."

59,0% der deutschen Schülerinnen und Schüler in der Stichprobe sind davon
überzeugt, dass Merktechniken beim Vokabellernen hilfreich sind (Meier
2019: 408). 79,9% der griechischen Lernenden empfinden es als hilfreiche
Merkstütze, wenn Gesten bei der Wortschatzarbeit eingesetzt werden (Meier
2019: 348). Dies bestätigt Erkenntnisse, die in Studien zu bewegungsbasier-
tem Lernen bereits nachgewiesen werden konnten (vgl. Macedonia et al.
2011).

3.5   „Entspannungsübungen sollten im Unterricht noch viel öfter
       eingesetzt werden."

Mehr als die Hälfte der in Deutschland beteiligten Probandinnen und Probanden (55,6%) würde es begrüßen, wenn Lehrerinnen und Lehrer Entspannungsübungen im Unterricht noch viel öfter einsetzten. Die italienischen
Lernenden fordern dies zu 82,6% (Meier 2019, Bd 2: 325 f.).

4   Fazit

Anhand dieser Beispiele soll gezeigt werden, dass durch die Miteinbezie-
hung des episodischen Gedächtnisses, eine Steigerung der Motivation durch
lernerzentrierte Zugänge sowie sensomotorische Kopplung in der Wortschatzarbeit bessere Leistungsergebnisse erzielt werden können. Wünschenswert wäre es darüber hinaus, wenn in der Zukunft ein partnerschaft-
liches Verhältnis zwischen Schulen und Wissenschaft etabliert werden
könnte. Denn Schulen profitieren nicht nur von neuen wissenschaftlichen
Erkenntnissen, sondern verfügen über eine erfahrungsbasierte Expertise in
Bezug auf die Umsatzbarkeit solcher Erkenntnisse und sind zudem ideale

Verbündete, wenn es um das Aufzeigen neuer, relevanter Forschungsfelder und noch unbeantwortet Fragen geht.

Literatur
Blell, G. (2017): Musik. In: Surkamp, C. (Hrsg.): *Metzler Lexikon Fremdsprachendidaktik.* Stuttgart: Metzler, 259–262.
Butzkamm, W. (2002): *Psycholinguistik des Fremdsprachenunterrichts: Von der Mutter sprache zur Fremdsprache.* Heidelberg: UTB.
Gehring, W. (2017): *Mit den Künsten Englisch unterrichten.* Kempten: Julius Klinkhardt.
Kersten, S. (2010): *The Mental Lexicon and Vocabulary Learning: Implications for the foreign language classroom.* Tübingen: Narr.
Kiefer, M. (2018): Verkörperte Kognition: Die Verankerung von Denken und Sprache in Wahrnehmungs- und Handlungserfahrung. In: Böttger, H. & Sambanis, M. (Hrsg.): *Focus on Evidence II – Netzwerke zwischen Fremdsprachendidaktik und Neurowissenschaften.* Tübingen: Narr, 31–43.
Kötter, M. (2017): *Wortschatzarbeit im Fremdsprachenunterricht. Grundlagen und Praxis in Primarstufe und Sekundarstufe I.* Seelze: Klett Kallmeyer.
Macedonia, M., Müller, K. & Friederici, A. D. (2011): The Impact of Iconic Gestures on Foreign Language Word Learning and Its Neural Substrates. In: *Human Brain Mapping* 32(3), 982–998.
Meier, J. (1999): *Mehr Freude und Erfolg beim Englischlernen mit innovativen Lern- und Mentaltechniken. Ein Handbuch für Lehrer, Studierende, autonome Fremdsprachenlerner und Eltern.* München: IBS.
Meier, J. & Miller, A. (2002): *Mehr Freude und Erfolg beim Lernen durch mentales Training. Audioprogramm.* München: IBS.
Meier, J. (2015): *Bilingualer Unterricht an der Grundschule – Vom Pilotprojekt zur festen Einrichtung: Bericht und Portfolio über die ersten bilingualen Klassen an einer Grundschule in Bayern.* München: IBS.
Meier, J. & Miller, A. (2018): StressReduziertes Lernen: IBS-Mentaltraining im Lernbereich. In: *Praxis Fremdsprachenunterricht* 06(18), 4–7.
Meier, J. (2019): *StressReduziertes (Fremdsprachen-)Lernen. Eine empirische Untersuchung an verschiedenen Schularten in 16 Ländern Europas.* Band 1 & 2. München: IBS.
Meier, J. (2019): *StressReduziertes (Fremdsprachen-)Lernen.* Abrufbar unter: www.SRL-web.com oder www.e-f-l.net (Stand: 31.12.2019)
Neveling, C. (2017): Wortschatz und Wortschatzvermittlung. In: Surkamp, C. (Hrsg.): *Metzler Lexikon der Fremdsprachendidaktik.* Stuttgart: Metzler, 378–381.
Schiffler, L. (2012): *Effektiver Fremdsprachenunterricht. Bewegung – Visualisierung – Entspannung.* Tübingen: Narr.
Sekretariat der Ständigen Konferenz der Kultusminister der Länder in der Bundesrepublik Deutschland (2012): https://www.kmk.org/fileadmin/Datei-en/veroeffentlichungen_beschluesse/2012/2012_10_18-Bildungsstandards-Fortgef-FS-Abi.pdf (Stand: 31.12.2019)
Spitzer, M. (2015): Wie wir lernen – Erkenntnisse aus der Gehirnforschung zum Einfluss von Alter, Motivation und Emotionen. In: *Die Wirtschaftsmediation* 2, 24–29.

Andreas von Reppert

Über die Implementierung von *SurveyMonkey* als digitales Peer-Feedbackinstrument

1   Einleitung

Auf der Tagung *Focus on Evidence* präsentierte Czernochowski neurowissenschaftliche Evidenzen, die verdeutlichten, wie wir lernen und welche Rolle Feedback im Lernprozess einnimmt. Die Implementierung von Feedback ist eine der hilfreichsten und dienlichsten Instrumente des Unterrichts. Feedback gibt die Möglichkeit, Lernen zu lenken. Gewünschte Effekte, wie beispielsweise das Ausmaß des Lernfortschritts, können jedoch stark variieren (vgl. Hattie 2012: 131 f.). Sadler (1989) ist der Auffassung, dass Feedback die Lücke zwischen dem Ist- und dem Sollzustand schließe, weshalb Feedbackgebende – egal ob Lehrkraft oder Schülerschaft – erkennen und verstehen müssen, welchen Wissensstand Feedbackempfangende aufweisen. Es ist demnach interessant, mithilfe des Peer-Feedbacks Lernende selbst in die Lage zu versetzen, ihre Mitlernenden einzuschätzen und Anreize für deren Fortschritt zu ermöglichen.

Nuthall (2007) konnte durch umfangreiche Beobachtungen eruieren, dass etwa 80% des mündlichen Feedbacks innerhalb der Klassen durch Peers erteilt wird. Die besondere Stellung des Peer-Feedbacks dürfe seiner Ansicht nach nicht unterschätzt werden, da es nicht nur das Arbeitsbündnis zwischen Lehrkraft und Lernenden, sondern auch zwischen den Lernenden selbst bestimmt. Leider neigen viele Lehrkräfte jedoch dazu, Peers nicht als Feedbackvermittler einzusetzen (vgl. Hattie 2012: 134 f.). Gründe hierfür lassen sich reichlich anführen. Negative Effekte können eintreten, wenn Schülerinnen und Schüler aufgrund ihrer schwachen Lernleistung gedemütigt oder gekränkt werden, wenn Scham und Devaluation eintreten. Die positiven Aspekte eines konstruktiven Feedbacks, wie etwa ein Erfolgsgefühl oder die Beseitigung von Unsicherheiten, sind hingegen wertvoll für die individuelle Lernentwicklung. Deshalb dürfen für das Entstehen konstruktiven Feedbacks die Beziehungen der Peers nicht außer Acht gelassen werden. Positive Beziehungen zwischen den Lernenden zeigen, dass kritische Rückmeldungen oftmals als konstruktiv und daher weniger verletzend wahrgenommen werden (vgl. Falchikov & Goldfinch 2000, vgl. Harelli & Hess 2008). Zudem werden Lernende bestärkt, Verantwortung zu übernehmen sowie einen konstruktiven Beitrag gegenüber Peers zu leisten, und sie lernen außerdem noch selbst dazu (vgl. Sackstein 2017).

Im Zeitalter der Digitalisierung bieten mobile Endgeräte wie etwa Smartphones eine unterstützende Ressource für das Übermitteln von Peer-Feedback. Aus traditioneller Sicht ist der Einsatz digitaler Medien oder moderner Technologien zwar nicht notwendig, kann den Prozess jedoch möglicherweise beschleunigen und die Effekte eventuell verstärken. Mit bestimmten Applikationen und Programmen lässt sich Peer-Feedback sogar in Echtzeit abrufen. Unter Umständen können Beiträge auch anonymisiert werden, sodass sich auch schüchterne bzw. zurückhaltende Schülerinnen und Schüler trauen, sich zu beteiligen (vgl. Sackstein 2017).

Bei der genutzten Software *SurveyMonkey* handelt es sich um ein Onlinetool zur Erstellung von Umfragen, welches der Öffentlichkeit seit 2018 kostenfrei zur Verfügung steht. *SurveyMonkey* ist ein digitaler Umfragedienst, der es Nutzern ermöglicht, individuell zugeschnittene Umfragen zu erstellen, diese auf verschiedenen Wegen an die Zielgruppe weiterzuleiten, Daten zu erheben und anschließend auszuwerten. Frage- und Antwortformate sind frei wählbar und reichen von freien Antwortmöglichkeiten über Multiple Choice bis hin zu einer Bewertung durch Skalenwerte (beispielsweise Sterne oder Schieberegler). Für das Ermitteln von Peer-Feedback eignet sich diese Applikation insofern, als die Lehrkraft mithilfe der Umfrage konkrete Aspekte einholen, jedoch den Schülerinnen und Schülern auch Raum für eigene Anmerkungen ermöglichen kann. Eine weitere Besonderheit von *SurveyMonkey* ist, dass die Antworten anonym abgegeben werden und Umfrageteilnehmende keine personenbezogenen Daten angeben oder sich registrieren müssen.

Das Ziel der vorliegenden Untersuchung ist es, zu analysieren, wie evident sich Auszubildende einer beruflichen Bildungseinrichtung im Fach Englisch mithilfe des gewählten Onlinetools und unter der Nutzung ihrer mobilen Endgeräte am Peer-Feedbackprozess beteiligen. Gleichzeitig soll geprüft werden, ob sich die Lernenden im Mantel der Anonymität des Verfahrens dazu entscheiden, eine Rückmeldung in englischer Sprache zu verfassen und damit die Leistung im Fach unter Beweis zu stellen.

2   Durchführung

2.1   Lerngruppe

Die Umsetzung des digitalen Peer-Feedbacks erfolgte im Dezember des Jahres 2019 in einer Lerngruppe einer beruflichen Bildungseinrichtung. Dabei handelt es sich um 22 Auszubildende (m: 18 | w: 4; Alter: 18 bis 29 Jahre) im fünften und somit abschließenden Semester der Ausbildung. Entsprechend der Ausbildungsbestimmungen werden die Auszubildenden vom dritten bis einschließlich fünften Semester im Fach Englisch unterrichtet. Die Klasse weist eine hohe Heterogenität in Bezug auf die vorangegangene Schulausbildung und den Zeitpunkt der letzten Teilnahme am Englischunterricht auf. Die genaue Aufschlüsselung des Bildungsstands und die letztmalige Teilnahme am Englischunterricht an einer allgemeinbildenden Schule vor Wiederaufnahme im dritten Ausbildungssemester der Bildungseinrichtung in Jahren werden in Tabelle 1 und 2 dargestellt.

Tab. 1: Teilnahme am Englischunterricht vor der Ausbildung

Bildungsstand	Anzahl	Anteil in %
MSA[1] (nach der 10. Klasse an ISS oder Gymnasium)	11	50.00
Abitur	10	45.45
Ausbildung mit fremdsprachlicher Relevanzlevanz	1	4.55
begonnenes Hochschulstudium	0	0.00
intensive Auslandserfahrung (Schüleraustausch, Au Pair, Work & Travel, o.ä.)	0	0.00
Summe	22	100

Tab. 2: Bildungsstand der Lerngruppe

Letztmalige Teilnahme am Englischunterricht	Anzahl	Anteil in %
vor min. einem Jahr[2]	4	18.18
vor max. 2 Jahren	4	18.18
vor max. 3 Jahren	4	18.18
vor max. 4 Jahren	1	4.55
vor mehr als 4 Jahren	9	40.91
Summe	22	100

Unter Einbezug der Leistungsevaluation aus vorangegangenen Unterrichtseinheiten bewegen sich die Mitglieder der Lerngruppe aus Sicht der Lehrkraft in den Niveaustufen A1 bis C1 des Gemeinsamen Europäischen Referenzrahmens (GER). Diese Einschätzung wird von den Auszubildenden geteilt. Informationen aus einer bereits zu Beginn des Semesters abgegebenen Selbsteinschätzung des Englischniveaus sind in der folgenden Abildung 1 dargestellt.

---

[1]   Mittlerer Schulabschluss

[2]   In den ersten beiden Semestern der Ausbildung wurden die Auszubildenden im Fach Deutsch unterrichtet, weshalb eine Teilnahme am Englischunterricht vor weniger als einem Jahr ausgeschlossen ist.

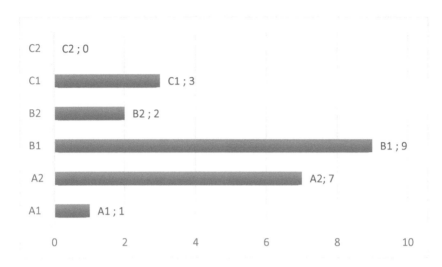

Abb. 1: Niveaustufen innerhalb der Lerngruppe (Selbsteinschätzung)

2.2   Ablauf

Die Auszubildenden wurden gebeten, einen Vortrag in Gruppen von je drei Personen zu erstellen,[3] wobei sich insgesamt sieben Gruppen bildeten. Thematisch befassten sich die Vorträge mit Inhalten des Ausbildungscurriculums im Fach Englisch. Zur Vorbereitung auf die Präsentation im Klassenverband erhielten die Auszubildenden ein Zeitkontingent von zwei Zeitstunden; weitere Vorbereitungen konnten außerhalb des Unterrichts ebenfalls getroffen werden. Jede Gruppe konnte aus sieben Themen wählen und erhielt zur Orientierung ein Informationsblatt mit allgemeinen Fakten zum Thema selbst sowie Arbeitsanweisungen bezüglich der Recherche und Aufteilung der Inhalte, um ausgeglichene Redeanteile während der Präsentation zu gewährleisten. Außerdem wurde eine dreigliedrige Struktur vorgegeben, die von allen Gruppen eingehalten werden musste. Schließlich bestand die Aufgabe darin, einen Vortrag mit einer Dauer von nicht mehr als fünf Minuten zu erarbeiten.

2.3   Erstellung der Feedbackerhebung

Für das Peer-Feedback wurden sechs Fragen erstellt, wobei sowohl halboffene als auch offene Fragen enthalten waren. Die Fragen zielten auf die Qualität der gesamten Gruppenleistung und die der Vortragenden individuell. Tabelle 3 zeigt sämtliche Fragen und das entsprechende Format.

---

[3]   Eine Person wurde mit einer Zusatzaufgabe betraut, die nicht präsentiert wurde. Die besagte Person durfte jedoch am Feedbackprozess teilnehmen.

Tab. 3: Übersicht der Feedbackfragen und Formateinteilung

Nr.	Frage	Fragenformat
1	What is the first word that comes to your mind after listening to the presentation?	offen – Antwortbox, jedoch mit begrenzter Zeichenanzahl
2-4	How would you evaluate the performance of presenter 1/2/3 (including language proficiency, body language & presentation style)? Also, assign a grade between 0 and 15 grading points.	halboffen – Antwortbox mit unbegrenzter Zeichen-anzahl + geschlossenes Fragelement zur Notengebung
5	Please share your opinion concerning the presentation's content (Did the group cover all demanded aspects according to the given task? Have there been unnecessary or misleading bits of information?).	offen – Antwortbox mit unbegrenzter Zeichen-anzahl
6	Is there any additional feedback you would like to give to the group?	offen – Antwortbox mit unbgrenzter Zeichenanzahl

2.4 Einsatz des Tools

Vor der eigentlichen Durchführung erklärte die Lehrkraft der Lerngruppe den Einsatz von *SurveyMonkey* bei der Umfrage. Alle Auszubildenden erlangten mithilfe eines QR Codes und ihrer Mobiltelefone Zugriff auf die Testumfrage, wo alle Fragen probeweise vorgestellt und deren Intention erläutert wurden. Die Lerngruppe wurde darüber in Kenntnis gesetzt, dass die halboffenen und offenen Fragen in englischer Sprache zu beantworten seien und nur in Ausnahmefällen auf die deutsche Sprache zurückgegriffen werden solle. Des Weiteren waren alle Lernenden, mit Ausnahme der Vortragenden selbst, dazu angehalten, ein individuelles Feedback über das Tool abzugeben. Der Zugriff auf die Feedbackfragen jeder der sieben Vortragsgruppen wurde direkt im Anschluss an die Präsentation mithilfe eines QR-Codes ermöglicht. Die Beteiligung aller Auszubildenden am Feedback wurde durch das Monitoring der Lehrkraft sichergestellt.

2.5 Auswertung innerhalb der Vortragsgruppen

Alle gesammelten Informationen wurden von der Lehrkraft gesichtet und für das Auswertungsgespräch mit den Vortragsgruppen vorbereitet. In der Folgestunde wurde sämtliches Feedback besprochen, sowohl auf Individual- als auch auf Gruppenebene.

2.6 Nachbefragung

Die Nachbefragung mithilfe der gleichen Applikation diente letztendlich als Feedback dieses Peer-Feedbackverfahrens. Den Auszubildenden wurden drei Fragen gestellt:

- Frage 1: Would you say that this feedback process was an overall productive option to give your opinion?[4] (Effektivität)
- Frage 2: Was the given peer feedback helpful for you and do you think it might help you for future presentations?[4] (wahrgenommener Nutzen)
- Frage 3: Would you like to use this tool again?[5]

Abschließend wurden alle Auszubildenden gebeten, ihre Angaben in ein paar Sätzen zu begründen und ihre Entscheidungen näher zu erläutern (ebenfalls innerhalb der Umfrage).

3 Ergebnisse

3.1 Ergebnisse der Feedbackumfrage

Nachdem das Feedback mithilfe der Umfrage gesammelt wurde, übernahm *SurveyMonkey* die Auflistung der Ergebnisse, die von der Lehrkraft ausgewertet werden konnten. Die Grafiken 2 bis 5 kategorisieren die mithilfe des digitalen Tools abgegebenen Antworten der Auszubildenden bezogen auf die gestellten Fragen der Erhebung. Zur besseren Übersicht wurden die gegebenen Antworten in 6 Kategorien unterteilt und für jede Frage gesondert ausgewertet. Wie und wieviele Auszubildende die jeweilige Frage beantwortet haben, wurde in den Übersichten detailliert dokumentiert.

---

[4]   Bei diesen Fragen standen folgende Antwortoptionen zur Auswahl: „absolutely, somewhat yes, so and so, somewhat no, not at all".
[5]   Diese Frage konnte nur mit „Yes" oder „No" beantwortet werden.

	Vortragsgruppe 1						Vortragsgruppe 2					
Frage Anzahl Auszubildende, die ...	1	2	3	4	5	6	1	2	3	4	5	6
Feedback in englischer Sprache verfassten	9	4	1	0	5	5	11	1	1	1	8	5
Feedback in deutscher Sprache verfassten	6	4	3	3	5	4	4	3	3	3	4	3
Frage nur teilweise beantworteten	0	11	15	15	6	1	0	12	12	12	2	2
irrelevantes Feedback gaben	4	0	0	1	3	1	1	0	0	0	1	0
Frage missachteten	0	0	0	0	0	7	0	0	0	0	0	6
nicht an Feedbackerhebung teilnahmen	0	0	0	0	0	0	3	3	3	3	3	3
Summe	19	19	19	19	19	19	19	19	19	19	19	19

Abb. 2: Übersicht des Feedbacks für die Vortragsgruppen 1 & 2

	Vortragsgruppe 3						Vortragsgruppe 4					
Frage Anzahl Auszubildende, die ...	1	2	3	4	5	6	1	2	3	4	5	6
Feedback in englischer Sprache verfassten	9	1	1	1	5	5	11	1	1	1	4	4
Feedback in deutscher Sprache verfassten	5	4	4	4	6	3	6	3	3	3	5	4
Frage nur teilweise beantworteten	0	12	12	12	0	0	0	14	14	14	0	0
irrelevantes Feedback gaben	1	0	0	0	4	2	0	0	0	0	1	1
Frage missachteten	2	0	0	0	2	7	1	0	0	0	9	8
nicht an Feedbackerhebung teilnahmen	2	2	2	2	2	2	1	1	1	1	1	1
Summe	19	19	19	19	19	19	19	19	19	19	19	19

Abb. 3: Übersicht des Feedbacks für die Vortragsgruppen 3 & 4

	Vortragsgruppe 5						Vortragsgruppe 6					
Frage Anzahl Auszubildender, die ...	1	2	3	4	5	6	1	2	3	4	5	6
Feedback in englischer Sprache verfassten	6	0	0	0	4	4	10	2	2	2	4	4
Feedback in deutscher Sprache verfassten	5	4	4	4	5	5	4	4	4	4	5	5
Frage nur teilweise beantworteten	0	10	10	10	0	0	0	10	10	10	0	0
irrelevantes Feedback gaben	3	1	1	1	1	1	1	1	1	1	1	1
Frage missachteten	3	2	2	2	7	7	0	0	0	0	5	5
nicht an Feedbackerhebung teilnahmen	2	2	2	2	2	2	4	4	4	4	4	4
Summe	19	19	19	19	19	19	19	19	19	19	19	19

Abb. 4: Übersicht des Feedbacks für die Vortragsgruppen 5 & 6

	Vortragsgruppe 7					
Frage Anzahl Auszubildender, die ...	1	2	3	4	5	6
Feedback in englischer Sprache verfassten	9	1	1	1	4	4
Feedback in deutscher Sprache verfassten	5	4	4	4	5	5
Frage nur teilweise beantworteten	0	9	9	9	0	0
irrelevantes Feedback gaben	4	2	2	2	1	1
Frage missachteten	1	3	3	3	9	9
nicht an Feedbackerhebung teilnahmen	0	0	0	0	0	0
Summe	19	19	19	19	19	19

Abb. 5: Übersicht des Feedbacks für die Vortragsgruppe 7

3.2   Ergebnisse der Nachbefragung

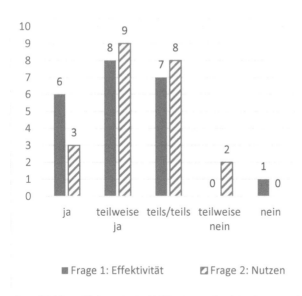

Abb. 6: Antwortverteilung nach Effektivität und wahrgenommenem Nutzen
(Fragen 1 & 2)

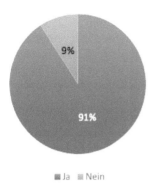

Abb. 7: Antwortverteilung zum Wunsch auf weitere Verwendung (Frage 3)

4 Diskussion

Die Ergebnisse der Feedbackerhebung zeigen in ihrer Quantität zunächst, dass sich der Großteil der Lerngruppe an der Erhebung beteiligte. An den Feedbackumfragen für die Vortragsgruppen 1 und 7 nahmen alle 19 Peers teil, bei den Gruppen 3, 4 und 5 waren es mindestens 17 Teilnehmerinnen und Teilnehmer und für die Gruppen 2 und 6 gaben 15 bzw. 16 Peers ein Feedback ab. Somit lag die durchschnittliche Beteiligung am Feedbackprozess bei 90,97 %. Trotz konkreter Anweisungen und soliden Monitorings durch die Lehrkraft sollte dieser Wert nicht als selbstverständlich betrachtet werden, da Smartphones im Unterrichtsraum die Gefahr der Ablenkung vom Unterrichtsgeschehen und von den Inhalten mit sich bringen können (vgl. Friedrichs-Liesenkötter und Karsch 2018).

Für die untersuchte Lerngruppe gilt hingegen, dass die Nutzung des Smartphones zu einem Motivationsschub führte, der sich in einer hohen Beteiligung niederschlug. Das Smartphone ist ein sehr gutes Beispiel für eine technologische Entwicklung, die überall und zu jeder Zeit zur Verfügung steht; es ist längst nicht mehr nur ein mobiles Telefon, sondern vielmehr ein Universalgerät, das uns kontinuierlich begleitet (vgl. Tulodziecki, Herzig & Grafe 2019: 18). Einige Auszubildende konnten diesen Effekt bestätigen. So gaben 10 von 22 Auszubildenden in der Nachbefragung an, dass sie sich von dieser „neuen" und „spannenden" Art, Feedback zu erteilen bzw. zu erhalten, motiviert gefühlt hätten.

Die Anonymität des Feedbacks wurde in der Nachbefragung ebenfalls thematisiert und größtenteils positiv bewertet. Mehrere Befragte merkten an, dass ihnen die Anonymität dazu verholfen habe, die Leistung der Vortragsgruppen besser zu reflektieren und ein konstruktiveres Feedback abzugeben. Ohne dieses Feature hätten sie sich nicht an einer Einschätzung beteiligt. Allerdings beklagten einige Lernende in ihren Antworten, dass die Anonymität zu irrelevanten und unangebrachten Kommentaren geführt habe, die für die individuelle Lernentwicklung von Nachteil seien. Brodnig (2014) beschrieb diesen Trend bereits für das Internet im Allgemeinen und konnte feststellen, dass die Anonymität in der virtuellen Welt zwar zu Beteiligung anrege, jedoch schnell ungewollte Facetten einer Gesellschaft ans Tageslicht bringen kann. Hier zeigt sich nun erneut der in der Einleitung erläuterte Konflikt zwischen positiven und negativen Effekten des Peer-Feedbacks. Negatives Feedback kann verletzen und den Lernerfolg neutralisieren; so z.b. Hattie (2012: 154). Mark Gan (2011: 23ff.) ist jedoch der Ansicht, dass die angemahnten Nachteile leicht aufgehoben werden können, indem primär die Lehrkraft Bemühungen unternimmt, die den Feedbackprozess verbessern. Weist die Lehrkraft die Peers richtig an, kann das Feedback umso konstruktiver ausfallen. Dass dennoch irrelevante Kommentare auftreten, lässt sich unter Umständen nicht vermeiden; was auch in dieser Untersuchung eingetreten ist. Hierfür bietet *SurveyMonkey* allerdings einen entscheidenden Lösungsansatz; die Lehrkraft kann nämlich als Filter fungieren. Da sämtliche Antworten zuerst von der Lehrkraft eingesehen und ausgewertet werden, kann sie unnötige Informationen ausblenden und prioritär konstruktive Beiträge an die Feedbackempfänger weiterleiten.

Abschließend ist auf den Gebrauch der englischen Sprache zur Beantwortung der Feedbackumfrage einzugehen. Eine verstärkte Nutzung des Englischen blieb in dieser Lerngruppe aus. Lediglich die erste Frage wurde durchgehend von einer Mehrheit auf Englisch beantwortet; es handelte sich dabei aber nur um einen Gedanken bzw. ein Wort, das geäußert werden sollte. Die Fragen 2 bis 4 sind oftmals nur teilweise beantwortet worden. Hierbei wurde nur ein Notenvorschlag in Form von Punkten angegeben; das eigentliche Feedback blieb dabei aus. Mit Blick auf die individuellen Voraussetzungen wäre es nicht überraschend, dass Lernende womöglich vor den Fragen zurückgeschreckt sind. Die Mehrheit der Lerngruppe hatte sich in der Vergangenheit dem Sprachniveau A2/B1 zugeordnet. Somit handelt es sich laut GER um elementare und teilweise selbstständige Sprachanwendung (vgl. Trim, North & Coste 2001). Außerdem lagen der letzte reguläre Englischunterricht bzw. eine intensive Erfahrung mit der englischen Sprache vor der Wiederaufnahme im dritten Ausbildungssemester bei 14 Auszubildenden mehr als zwei Jahre zurück, was aus neurodidaktischer Sicht Schwierigkeiten bereiten könnte.

Das menschliche Gehirn verarbeitet täglich unzählige Reize. Neue Informationen lassen Gedächtnisinhalte der Vergangenheit verblassen (Spurenverfall) oder sie werden überlagert (Interferenz). Werden Inhalte nicht wiederholt oder geübt, werden sie abgebaut – anfangs schnell und später langsam (vgl. Arndt & Sambanis 2017: 289 ff.). Diese Aussage führt zurück bis zu der Forschung von Hermann Ebbinghaus, der zu Beginn der 1870er-Jahre die ersten wissenschaftlichen Belege für die Vergänglichkeit des Gedächtnisspeichers lieferte. Er stellte fest, dass Lerninhalte beim Ausbleiben von Wiederholungen rapide verloren gingen und erstellte die sogenannte „Vergessenskurve" (vgl. Frick-Salzmann 2017: 22). Aus neurowissenschaftlicher Perspektive ist es demnach nicht verwunderlich, dass die Fremdsprachkompetenz bei der Mehrheit der Lerngruppe nach einigen Jahren stark abgenommen hatte.

Um auch elementare Englischkenntnisse zu aktivieren und der Heterogenität der Lerngruppe gerecht zu werden, müsste eine Differenzierung der Feedbackfragen stattfinden. Wie diese Untersuchung zeigte, kann ein digitales Tool auch hier mithilfe verschiedener Fragenformate dazu verhelfen, möglichst alle Lernenden am Peer-Feedback zu beteiligen und sich bei entsprechender Feinjustierung der Fragen in englischer Sprache zu äußern.

Literatur

Arndt, P. A. & Sambanis, M. (2017): *Didaktik und Neurowissenschaften – Dialog zwischen Wissenschaft und Praxis.* Tübingen: Narr, 289–295.

Brodnig, I. (2014): Der unsichtbare Mensch – *Wie Anonymität im Internet unsere Gesellschaft verändert.* Wien: Czernin.

Falchikov, N. & Goldfinch, J. (2000): *Student peer assessment in higher education: A meta-analysis comparing peer and teacher marks.* In: Review of Educational Research, 70(3), 287–322.

Frick-Salzmann, A. (2017): *Gedächtnis: Erinnern und Vergessen.* Wiesbaden: Springer, 21–32.

Friedrichs-Liesenkötter, H. & Karsch, P. (2018): *Smartphones im Unterricht – Wollen das Schülerinnen und Schüler überhaupt?!.* Abrufbar unter: https://www.medienpaed.com/article/view/500/604. (07.01.2019)

Gan, M. (2011): *The effects of prompts and explicit coaching on peer feedback quality.* Unpublished doctoral dissertation. University of Auckland. Abrufbar unter: https://researchspace.auckland.ac.nz/handle/2292/6630. 23–29 (07.01.2019)

Harelli, S. & Hess, U. (2008): *When does feedback about sources at school hurt? The role of casual attributions.* In: Social Psychology in Education 11, 259–272.

Hattie, J. (2012): *Visible Learning for teachers – Maximizing impact on learning.* London and New York: Routledge, 134–156.

Nuthall, G.A. (2007): *The hidden lives of learners.* Wellington: New Zealand Council for Educational Research,

Sackstein, S. (2017): *Peer feedback in the classroom.* Alexandria: ASCD.

Sadler, D.R. (1989): *Formative assessment and the design of instructional systems.* In: Instructional Science 18(2), 119–144.

Sambanis, M. (2013): *Fremdsprachenunterricht und Neurowissenschaften.* Tübingen: Narr, 83–88.

Trim, J., North, B. & Coste, D. (2001): *Gemeinsamer europäischer Referenzrahmen für Sprachen: lernen, lehren, beurteilen.* Berlin, München: Langenscheidt KG.

Tulodziecki, G., Herzig, B. & Grafe, S. (2019): *Medienbildung in Schule und Unterricht.* Bad Heilbrunn: Verlag Julius Klinkhardt, 18–23.

Michaela Sambanis, Dominik Grubecki, Julia Amerian, Leonie Dennstedt, Leocadie Voigt-Mahr, Paola Efstratiou, Denise Kotzur, Susanna Lautenschlager, Lisa Piechowski, Rabih El-Sari

Performative Pronunciation Practice in the EFL Classroom

1 Introduction

The following article is the result of a transfer-seminar at Freie Universität Berlin. In the weeks following *FoE III*, a Master's seminar taught by Sambanis focused on Sonja A. Kotz's contribution at the 2019 conference, did further research and decided to build a bridge between the findings on rhythm and pronunciation training in the English as a foreign language classroom (EFL classroom).

The seminar's general focus is the professional activity of teaching English as a foreign language, considered both theoretically (as an object of investigation, including findings from neuroscience) and practically (as it is realized in the classroom). From the perspective of Performative Didactics, the course set out to cover selected issues in teaching English as a foreign language, emphasizing the aforementioned findings communicated at the conference in Nei Pori, linking these to pronunciation practice while didactically reflecting on impulses from performative approaches to be used in the context of pronunciation practice.

2 Basic Considerations

In the following paragraph we lay the basis for the subsequent transfer considerations by at first exploring the relevance attributed to pronunciation by experts and policy makers and comparing the curricula of all sixteen German states in order to illustrate the set requirements in this domain. Secondly, in an attempt to round off our basic considerations, Chapter 2.2 delineates some linguistic aspects of pronunciation.

2.1 Relevance and Role of Pronunciation

Pronunciation constitutes an integral part of communicative competence. In social interaction, our manner of pronunciation, of enunciating and mispronouncing certain words, influences others and may cause irritation or even stigmatization (cf. Doff 2017: 11). However, the importance of pronunciation practice in the EFL classroom is often neglected due to a lack of scientific evidence and appropriate methodological concepts (ibid.: 12). Additionally, the different varieties of English make it difficult to implement a standard for the EFL classroom. In practice and for good reason – there are, indeed, learners who struggle with pronunciation – most teachers do not set the standard too high. Comprehensibility is commonly used as a point of orientation (ibid.: 12).

The *Common European Framework of Reference for Languages* (CEFR) compares speaking a language to the process of driving a car. The rules and actions needed in order to drive a vehicle become "a series of almost automatic processes" (Council of Europe 2001: 11) through repetition and experience. For such a task to become automatic, each step of the way must be broken down into small chunks and learners must be self-aware of their actions in order to understand the process of driving (ibid.). Applied to foreign language learning, a focus on pronunciation, especially in the initial phase of learning, is important, as errors at the phonetic level easily become habitual and hard to eradicate once certain processes have started to become automatized, e.g. fossilized (ibid.: 132). Although the importance of pronunciation in language learning is clear, methods of teaching pronunciation often do not focus on practice but on learning through exposure. Listening to recordings or videos of native speakers and reading "phonetically weighted material" (ibid.: 153) may aid learners in improving their language awareness but they do not specifically train the relevant motor skills, which is why pronunciation practice calls for specific training tasks (cf. Doff 2017: 12).

In Germany, teaching requirements regarding pronunciation are set by the standards of education issued by the *Kultusministerkonferenz* (KMK). For English as part of the *Mittlerer Schulabschluss* (MSA),[1] the KMK standards describe pronunciation as an essential pragmatic competence to be promoted (cf. KMK 2004: 10). However, the standards do not specify guidelines or tools for the practice of pronunciation in class. Concerning the value and importance attributed to pronunciation by the KMK, learners are expected to pronounce correctly and master the right intonation patterns after the initial first years of foreign language instruction (onset of foreign language instruction in most German states: year three). Thereby, learners should be enabled to communicate successfully with speakers from other language backgrounds (ibid.: 9).

---

[1]   Equivalent to GCSE exams without additional A-levels. MSA exams at higher-level secondary schools (Gymnasium) are compulsory in the states of Berlin, Brandenburg and North Rhine-Westphalia.

> Die sprachlichen Mittel Wortschatz, Grammatik, Aussprache, Intonation und Orthografie sind funktionale Bestandteile der Kommunikation. Anzustreben ist ihre höchstmögliche Verfügbarkeit, allerdings haben sie grundsätzlich dienende Funktion. Im Vordergrund steht die gelungene Kommunikation. Für die folgenden Bereiche werden keine detaillierten Listen angeführt. Die Entscheidung darüber bleibt den einzelnen Ländern vorbehalten (ibid.: 14).

According to the KMK, vocabulary, grammar, pronunciation, and orthography are part of the basic skills of communication, which are expected to be developed to the highest level possible. The above cited quote by the KMK is included in eight of fifteen lower secondary school English curricula of the German federal states, often with little to no changes. It is nonetheless ancillary, as successful communication is the pivotal objective of the EFL classroom. Thus, to some degree, each federal state may choose how to interpret and implement the standards. They range from A1 ("Aussprache eines sehr begrenzten Repertoires auswendig gelernter Wörter [...]") to C2 ("Kann die Intonation variieren und so betonen, dass Bedeutungsnuancen zum Ausdruck kommen.") (ibid.: 80f.).

In the primary EFL classroom, rhythm and music are quite commonly used and may be considered as an integral part of the repertoire of most language teachers. This is not the case in secondary schools, although music and rhythm could also be used with older learners to target specific learning objectives. Pronunciation practice is a key element in foreign language learning, as students need to understand how a language is constructed and how it is used (cf. Engel et al. 2012: 6). However, classic pronunciation drills oftentimes lack motivational power and could profit from a performative impulse: turning a simple repetition activity into a clapping game or a chant can add to the quality and intensity of the learning experience while training linguistic, social and interactional skills (cf. Hallet 2010: 9).

Sonja A. Kotz's talk at *FoE III* led us, as instructors or soon-to-be teachers, to the question how scientific evidence could be considered more effectively on the level of policy making and setting standards. We cannot give a definite answer to this question but are convinced that there is still a gap and room for improvement. In line with the argumentation of Sonja A. Kotz, we argue that pronunciation is essential for successful foreign language learning learning and ask how the curricula of the German states mirror this priority. Table 1 hereafter illustrates the standards set by the different German states.

Tab. 1: Pronunciation standards by state (required for year 5–8 at higher-level secondary school, e.g. Gymnasium)[2]

Federal State	Funktionale kommunikative Kompetenzen	KMK Standards	Phonetics	IPA	Multimedia
Baden-Württemberg (2016)					X
Bavaria (2017)	X	X		X	X
Berlin-Brandenburg (2015)	X	X			
Bremen (2006)		X			X
Hamburg (2011)		X		X	
Hesse (2019)	X	X			
Lower Saxony (2015)	X	X		X	
Mecklenburg-Western Pomerania (2009/2019)	X	X		X	X
North Rhine-Westphalia (2019)		X	X		
Rhineland-Palatinate (2000)		X			X
Saarland (2014)	X	X			
Saxony (2019)		X	X	X	
Saxony-Anhalt (2019)	X			X	
Schleswig-Holstein (2014)	X	X			
Thuringia (2019)			X	X	

Examining the standards established in the curricula, pronunciation (cf. Tab. 1: category *Phonetics*) plays a rather subordinate role in secondary EFL classrooms in Germany. While the curricula of all sixteen federal states mention the skill and what it encompasses to some degree, e.g. the ability to pronounce words clearly and to use different regional accents, few discuss exact objectives or practice methods. As aforementioned, most include pronunciation as an integral part of the basic communicative competence, the *funktionale kommunikative Kompetenz*, and as such describe it as a stylistic device. Some states that do not mention the skill in particular, such as Baden-Württemberg, point out that pronunciation practice is important and should be taught in designated units (cf. Ministerium für Kultus, Jugend und Sport Baden-Württemberg 2016: 9) whereas other states do not mention its relevance at all. The vast majority however include the KMK standards to varying degrees and, paradoxically, pronunciation practice does not seem to be of relevance past year eight, as though learners beyond that age were not able to improve anymore.

---

[2]   All sources to table 1 are listed at the end of the article.

Interestingly, all curricula of former East German states, except for the shared curriculum of Berlin and Brandenburg, list the international phonetic script *IPA* as a useful tool to aid learners' understanding of pronunciation patterns, while former West German states seem to rely on either audio-visual material or texts in order to teach pronunciation through exposure. In doing so, the difference between passive observation and active pronunciation practice sometimes becomes unclear: Mecklenburg-Western Pomerania for instance mentions pronunciation as part of the reading skills, but classifies the use of online dictionaries and encyclopedias as a pronunciation skill (cf. Ministerium für Bildung, Wissenschaft und Kultur des Landes Mecklenburg-Vorpommern 2019: 8 ff.). Saxony, Thuringia and North Rhine-Westphalia are the only three states to give a more detailed account of linguistic features of the English language that need to be trained regarding pronunciation, such as final-obstruent devoicing. Overall, the phonetic script and multimedia usage seem to bridge the gap between the primary school stage of imitation and reiteration of words and the role of pronunciation as a stylistic device implemented past year eight. There seems to be a general trend to rely heavily on primary school pronunciation training to prepare students' skills to the point of carrying them all throughout secondary school levels.

In summary, our comparison of the role and relevance attributed to pronunciation in Germany and its respective federal states shows that pronunciation practice seems to be largely considered a primary school task. With regard to secondary school level, pronunciation instruction is hardly mentioned at all. The role of the secondary school, in terms of developing students' pronunciation skills, is to improve the aforementioned skills: apparently not by targeting pronunciation specifically but by exposure to the language, by letting students read and by exposing them to audio and audio-visual material. Even though almost all state curricula mention pronunciation as an essential skill relevant to language learning, the question remains as to why pronunciation practice finds little to no application past primary school level.

2.2 Linguistic Aspects of Pronunciation

Every language has its unique linguistic features and, when learning a foreign language, some of those features will inevitably be transferred to the second language. Biersack (2002: 114) indicates that mistakes made by non-native speakers recur systematically. A basic understanding of underlying phonological processes thus appears to be supportive in order to ameliorate a student's competence in the target language with regard to pronunciation.

As a matter of fact, teachers can, to a certain degree, anticipate the challenges their students will come across while learning English pronunciation. A particular understanding of phonological features of English which might pose a challenge for the students seems necessary. Since pronunciation is inevitably linked to linguistic phenomena – especially articulatory phonetics –, we will provide a short overview of typical German interferences that oftentimes cause difficulties for the EFL learner.

Tab. 2: Exemplary: Phonetic differences between English and German consonants (cf. König & Gast 2012: 17)

Type of consonant	Process	English	German
Voiced obstruent (plosives, fricatives, affricates)	Final devoicing/ *Auslautverhärtung*	No	Yes
Voiceless plosive	Aspiration of word-final voiceless plosives	No	Yes
	Lack or release of word-final voiceless plosives	Often	No
	Glottalization of syllable-final voiceless plosives	Often	No
Lateral	Velarization of syllable-final /l/	Yes	No
Velar nasal	[ŋg] within morphemes	Yes	No
	[ŋg] before vowels other than schwa [ə]	No	Yes

Tab. 3: Some of the most common segmental pronunciation mistakes among German native speakers (cf. Biersack 2002: Chapter II)

No.	Pronunciation Mistakes	Explanation
1	final voiceless consonants	The final consonants of a word are usually pronounced as voiceless consonants in German, e.g. /t, d/ = [t], /p, b/ = [p], /k, g/ = [k], *Auslautverhärtung*/final devoicing no distinctive feature in German, whereas in the English language both voiced and voiceless consonants can occur and be distinctive (e.g. *feed* vs. *feet*).
2	[θ] and [ð]	No corresponding phonemes in German, therefore they tend to be realized as [s] and [z] or [t] and [d] or [f] and [v].
3	[ɹ]	The German /r/-sound [ʁ] tends to be realized instead.
4	[w] and [v]	Sometimes [w] as well as [v] are pronounced like /w/ as a form of hypercorrection. No bilabial /w/-sound in German, usually replaced by labiodental [v]. Tongue twister as an example: *Very well, very well, very well.*
5	final [ŋ]	Usually replaced by [-ŋk] (especially in the context of *Auslautverhärtung*).
6	[ʒ]	Non-existent in the German phonetic system. Usually replaced by [ʃ].
7	[l]	BE: "dark l" [ɫ] before consonants or at the end of a word, "clear l" [l] before vowels. AE: always "dark l" [ɫ]. German: no "dark l" [ɫ], e.g. *politics vs. high-heels.*
8	[dʒ]	Usually replaced by [tʃ], e.g. *joke vs. choke.*

Besides knowing about the most common pronunciation mistakes, teachers should also familiarize themselves with strategies that address these specific problems. Some researchers suggest imitation exercises and explanation of easy words in a specific (phonological) context or using haptic experiences to identify the difference between voiced and voiceless sounds, e.g. by consciously feeling the vocal cords' oscillations during articulation.

Overall it is paramount that teachers address and specify these interlingual differences and typical mistakes in the classroom. Apart from the above-mentioned challenges on the segmental level, EFL learners also face suprasegmental challenges like the structure of syllables and words, word stress accentuation as well as the specific melody and rhythm of the English language. To teach these specific aspects, it is necessary to raise the learners' awareness and acceptance of the phonological challenges they are facing when it comes to adding to their already established pronunciation repertoire. As shown above, the English phonological system differs in a number of ways from – taken as an example – German. Getting familiarized with the pronunciation of a new language takes time and effort and is, in many ways, apart from becoming aware of particularities, a matter of repeated training. How is it possible to offer varied and motivational training opportunities in order to avoid monotony and boredom in the EFL classroom?

In this context, the article at hand proposes the performative approach, especially theater activities: Learning a foreign language often feels like taking on a new role and acting in novel ways. Theater activities aim at offering a safe environment in which learners can experiment with new roles, the language in general and more specifically: speaking. They provide an atmosphere in which suprasegmental as well as segmental features can be toyed with in a playful way.

3   Performative Didactics

Communicative teaching in the foreign language classroom has become a standard. Since performative methods create authentic and interactive situations and are particularly apt to make teaching and learning communicative and relevant, the interest in Performative Didactics is increasing (cf. Sambanis 2013: 116).

Sambanis (ibid.) argues that the teaching profession per se is communicative, social, and performative. In Germany, Performative Didactics evolved, above all, from the concepts of *Handlungsorientierung* and *Dramapädagogik*, which, in contrast to *Theaterpädagogik* does not focus on staging a play for an audience, but on the use of drama-activities and scenic techniques within the classroom as part of the learning process itself. The aim of drama in education or, in nowadays Performative Didactics, is the creation of learning arrangements that dynamically combine imagination, interpretation, feedback, reflection and various ways of acting, hence *Embodied Learning* (ibid.).

As an "approach to language teaching and learning" Performative Didactics emphasizes "embodied action[s]" by using "techniques, forms and aes-

thetic processes adapted from the performing arts – particularly from thea-
tre" (Crutchfield & Schewe 2017: xiv). Theatrical and dramatic techniques
have been used for pedagogical purposes since ancient times (ibid.). However, according to Crutchfield and Schewe, Performative Didactics in the
foreign language classroom is a "recent innovation [and] still emerging"
(ibid.).

Performative Didactics constitutes a holistic concept of foreign language
teaching which, according to practitioners and a number of studies, positive-
ly influences the students' language learning and their personal development (cf. Betz et al. 2016: 1). It contributes to an emotional, cognitive and
diversified teaching design which focuses on pragmatic, interactive-
communicative language use as well as reflexive competences along with
many more skills (cf. Sambanis 2013: 115). While establishing a "connection
of language and body in the process of meaning-making and communication", Performative Didactics supports a new perspective of knowledge
acquisition shifting the central question from *what is acquired?* to – *how is
knowledge physically and verbally generated and what kind of knowledge?* (Crutchfield & Schewe 2017: xv f.). Performative Didactics is closely linked to the
emerging concept of *Embodied Cognition* that explains how cognitive processes are anchored in physical interaction with the environment (Fleming
2016: 42).

Following Crutchfield and Schewe, the term *performative* is considered as
"an umbrella term covering any and all pedagogical approaches that make
conscious use of performance – *embodied action before witnesses* – as an essential tool for learning" (2017: xiv) opening up a broad and rich variety of
techniques and activities to be adapted to the foreign language classroom.
This diversity may increase students' pleasure in learning and therewith
their motivation (cf. Fleming 2016: 42). Furthermore, implementing performative aspects in the classroom allows students to experience active participation and often more personal involvement which leads to deeper understanding, heightened attention and better concentration (cf. Fleming
2016: 42, 44).

Another aspect linked to the concept of Performative Didactics to be, at
least, briefly mentioned, is the notion and development of performative
competences (cf. Hallet 2010): In real-life contexts, we constantly use our
performative competence. However, many foreign language classrooms pay
little to no attention to performative aspects, probably due to the fact that the
performative competence is not yet an integral part of competence models –
a fact, that could be considered a shortcoming as the training of performative competences in the foreign language classroom might help students to
manage everyday situations and to feel more competent (cf. Hallet 2010: 4,
9).

According to Surkamp (2016: 25 f.), Performative Didactics also promotes nonverbal communication, including extra-linguistic vocal (e.g. intonation, rhythm and tempo) and non-vocal signals (e.g. gesture, kinesics) (cf. Scherer 1980: 225). Oftentimes, extra- and nonverbal communication plays only a minor role in foreign language classrooms compared to verbal communication. However, extra- and nonverbal behavior can fulfill emotional, conative, phatic, illustrative, symbolic and emblematic functions and take various modes of perception and expression into account (cf. Surkamp 2016: 27 f.).

4 Rhythm in Language Learning

Inspired by the lecture given by Sonja A. Kotz, we decided to focus on rhythm and its potential for performative methods of pronunciation training in the EFL classroom. In her presentation, Sonja A. Kotz emphasized the relevance of timing and meter for the individual's participation in communication as well as for language acquisition: As indicated by the title of her lecture, rhythm might be the engine for successful foreign language learning.

Rhythm in language is indeed considered to be "the cornerstone of our linguistic acquisition" (Langus, Mehler & Nespor 2017: 164). Studies show that toddlers, and even newborns "are sensitive to the basic rhythmic differences between languages" (Langus, Mehler & Nespor 2017: 159). In order to prove this sensitivity to rhythm in language, researchers deprive language from its phonetic information by filtering the corresponding elements out, thus reducing language input to its prosodic properties, i.e. meter and rhythm. The fact that not only advanced learners but also children in early stages of language acquisition show sensitivity to rhythm in language leads theorists and researchers to believe that rhythm could, indeed, play a key-role in language acquisition and learning (cf. Kotz's talk at *FoE III in this book*).

"But what is rhythm? The most general definition of rhythm has been given by Plato in *The Laws: rhythm is order in movement*. [...] Above the segmental level, linguistic rhythm is manifested in the alternation of stressed elements [...]" and non-stressed elements (Langus, Mehler & Nespor 2017: 158).

Rhythm is commonly presumed to be interchangeable with the term of regularity, nevertheless "rhythm is not synonymous with regularity because a temporal pattern – even a random one – may be considered rhythmic as long as it does not prevent perceptual grouping" (Kotz & Schwartze 2016: 717). In contrast to regularity, rhythm focuses on the temporal structure of speech, making it possible to break down an utterance to its basic components (i.e. sounds, breaks, temporal and structural patterns) (cf. Roncaglia-

Denissen, Schmidt-Kassow & Kotz 2013: 1). "Once encoded, rhythm helps the listener to organize sounds and pauses in spoken language in form of a prosodic hierarchy that helps to structure an utterance at several levels and various points in time" (Roncaglia-Denissen, Schmidt-Kassow & Kotz 2013: 6).

In her talk, Sonja A. Kotz demonstrated the impact of grammar and meter for both, structure and prediction of speech production. Syntax is the element that works on a formal level, whereas meter coordinates temporal predictions: The attention is directed towards relevant information. The human brain reacts to both syntactic and metric violations of expectation. Meter activates language in the brain and triggers activation of sensorimotor areas along with other brain structures relevant for learning. It "[…] involves higher-level groupings of single events (or beats) into a hierarchical structure […] in which some events are stressed ('strong') and others are not ('weak')" (Kotz, Ravignani & Fitch 2018: 897). There is evidence that certain brain regions (amongst others the supplementary motor area (SMA), the cerebellum, and the basal ganglia) are affected by temporal processing (cf. Schwartze et al. 2012: 201, 206): "[…] temporal processing appears to recruit classical motor areas not only in producing time-guided actions, such as tapping to a rhythm, but also in perceiving temporal relationships within sequences of events" (Schwartze et al. 2012: 201). Rhythm is not only a key element of language but also of music. Interestingly some studies show that

> [c]hildren with higher phonological awareness scores were better able to discriminate complex rhythms than children with lower scores […]. These findings extend the literature showing substantial overlap of neurocognitive resources for processing music and language (Gordon et al. 2015: 635, see also Jentschke 2018).

Some children with highly developed musical rhythm discrimination skills have proven to be more sensitive to grammar-related speech rhythm variations, which results in a reinforced morpho-syntactic competence during language development (cf. Gordon et al. 2015: 641). Interestingly, grammar skills, as outlined by Sonja A. Kotz, are shown to be highly correlated with rhythm skills (cf. Gordon et al. 2015: 635 f.): "[…] individual differences in rhythm discrimination ability can account for substantial variance in grammar skills in children with typical language development" (Gordon et al. 2015: 642). Przybylski et al. (2013) conducted a study on the influence of external rhythmic auditory stimulation with a focus on temporal processing (e.g. rhythm, meter) in children with specific language impairment (SLI) and dyslexia. In this study the use of rhythmic primes as well as correct and incorrect grammatical constructions has shown that overall performance was better with regular patterns in contrast to the irregular ones (Przybylski et al. 2013: 126): "The clearly established regular temporal structure in the musical material had a positive impact [...]" (Przybylski et al. 2013: 128). Furthermore, the "[...] results point to potential avenues in using rhythmic structures (even in nonverbal materials) to boost linguistic structure processing" (Przybylski et al. 2013: 121) as well as to support pronunciation. This begs the following questions: What role does the body play in the perception and production of rhythmic patterns in language? How is it possible to methodologically make use of rhythmic structures and embodied experience?

There is evidence from Canadian studies with seven-months-olds showing that, after being rocked gently in an adult's arms either in a march or a waltz rhythm, the children are able to identify and discriminate the respective rhythm in a subsequent test round (cf. Dalla Bella & Tillmann 2015: 44). This highlights two aspects relevant to performative, body-movement-related pronunciation practice: Firstly, it shows the strong impact and immediate effect of rhythmic stimulation as well as secondly, the relevance of embodiment. Note that, in this study the children were not purely exposed to auditory stimuli but to rhythm put in movement, i.e. rhythmic information coupled to the sensation of being rocked (auditory and sensory input).

As shown above, rhythm tends to stimulate movement centers in the brain all along (ibid.), but in combination with actual body movements or, in this case, the sensation of being moved, the perception of rhythm might be enhanced. In her lecture, Sonja A. Kotz presented two studies supporting this finding: one concerning French Erasmus students with German as their L2, the other with patients (Parkinson's disease). The first study is dealing with the question why some L2-learners display better rhythmic production skills than others: There is evidence that "[...] French speakers find it difficult to discriminate stimuli that vary in word stress position and [this is why they] have been labelled as "stress deaf" (Schmidt-Kassow et al. 2011: 568). The study with French Erasmus students with German as their L2 showed that those with rather poor speech production rates did not react to meter, whereas those with higher rates added newly acquired information to their already existing language pool and reached the same level of performance as German L1-speakers.

This observation suggests that "[...] languages with a similar inherent speech rhythm are easier to segment than rhythmically different languages [...]" (ibid.). An interesting remark by Sonja A. Kotz concerned the explanation to this observation on an individual level, which was not included in the presented study: The students with better speech production rates reported that their EFL classroom teacher used to highlight stress patterns with embodied rhythmic cues (e.g. tapping on the table while talking) asking the students to follow the lead. As Sonja A. Kotz pointed out, students profited from this kind of sensorimotor self-stimulation or, in other words, from embodied rhythm. In a similar vein, studies with patients diagnosed with Parkinson's disease showed a positive effect of rhythmic structures: Patients were particularly responsive to an embodied experience of a march rhythm, whereas the usage of a waltz rhythm did not show any kind of significant effect.

5   Methodological Transfer

Drawing on the above-mentioned evidence, we would now like to transfer and apply some of the findings to the field of pronunciation practice in the EFL classroom by proposing some carefully-designed field-tested activities[3] inspired by Performative Didactics. The activities do not prioritize young learners as we are convinced that pronunciation practice is an ongoing process and, in contrast to what curricula in different German states may suggest, by no means a closed chapter after primary school.

5.1   Marching Tongue Twisters

Focus:

using rhythm as scaffolding, training complex utterances

Social form:

class

Material:

an audioplayer

How to proceed:

First, the students listen to a song with a clear march rhythm (e.g. *Links 2, 3, 4* by *Rammstein*) and tap their thighs to the beat. Once the students become used to the beat, the song can be turned off and the tongue twisters come into play. The teacher introduces two tongue twisters (e.g. *black background, brown background* & *twisting my tongue, twisting my brain*) to the march rhythm and practices them with the class. The class is then split into two groups and each is assigned a tongue twister. The class starts tapping the rhythm and the first group repeats their tongue twister four times in a row. The second group takes over, repeating their tongue twister four times as

---

3   The illustrations of the activities *Marching Tongue Twisters* (Chapter 5.1) and *Flying Syllables* (Chapter 5.2) have been designed by Lisa Piechowski.

well. All students keep on tapping the march rhythm. Finally, the first group joins back in and both groups repeat their tongue twister at the same time to the rhythm, thus creating a *marching tongue twister*-quodlibet.

Variation:

Students can either steadily increase the volume and end abruptly or decrease and fade into a whisper. As shown above, there are, didactically and methodologically speaking, ways to work with the strong and regular march rhythm in class for pronunciation practice purposes.[4] The use of tongue twisters offers suitable, moderately complex authentic language material and represents a challenge for the learners: The fact that tongue twisters are hard to pronounce motivates many learners to repeat them as many times as needed in order to be able to say them quickly, preferably several times in a row as necessary for the above-mentioned activity. While repeating the tongue twisters, learners improve pronunciation and fluency.

However, at first, some learners might feel overchallenged by tongue twisters due to their complexity and density (i.e. rapid succession of words that are difficult to pronounce, often including alliterations or sequences of similar sounds) expecting scaffolding other than the advice of simply trying to say the tongue twisters slowly at first. Note that, in these cases, not only a reduction in speed but also in complexity has proven to be helpful. The following activity, *Flying Syllables*, offers both as it breaks down words into syllables, thus reducing the complexity, and, in combination with a simple movement component also reduces the speed. *Flying Syllables* can be used as a preparatory activity for linguistically challenging activities or, when focusing on smaller units in pronunciation training, as a fun main activity.

5.2   Flying Syllables

Focus:

segmenting words into syllables

Social form:

class

Material:

a stuffed animal or a squeezy ball

---

4   For another activity that uses march rhythm, this time as a vocal impulse, see: *Texte chunken* (cf. Sambanis & Walter 2019: 45ff.).

How to proceed:

Prepare a list of words/sentences/tongue twisters to write on the board (visual support). Focus on one or two sounds that are difficult to pronounce for your learners. In class, read out each word, then pronounce syllable by syllable, tapping on each beat. Underline the syllables, preferably with a curved line to enhance visibility and give learners the necessary orientation and clarity. It is best to repeat all words a couple of times (choral speaking), syllabifying them, gently tapping along or, after a while, letting students walk around the room (one step per syllable).

Then, in order to get to the actual *Flying Syllables* activity, ask learners to return to their seats while you take out a stuffed animal or squeezy ball. Saying out loud the first syllable of the first word, pass the animal or ball to one of the learners to make the syllable fly – figuratively speaking. Having caught the stuffed animal, the learner says the next syllable and gently throws the animal or ball to another student in class. When all the syllables of a word have been said out one by one, the next student picks a new word from the list and so on.

After some rounds, the stuffed animal lands on the teacher's desk, and all together, learners and teacher say the words (chunks or tongue twisters) out loud one more time without syllabifying them.

This activity facilitates learners in recognizing that words can be subdivided at the syllable level. Breaking down words into smaller units can make it easier for the learners to process, store and retrieve bits of language together with the correct pronunciation, thus representing a useful strategy whenever learners may feel overwhelmed with complexity. The activity becomes increasingly demanding moving from choral speaking to individual speaking and consequently makes use of movement components addressing mind and body alike (*Embodied Learning*, cf. Sambanis & Walter 2019).

6   Final Considerations

The aim of the article at hand was to discuss relevant aspects concerning pronunciation practice in the EFL classroom from a scientific perspective while also focusing on methodological dimensions. Our research led to the finding that pronunciation practice is a relevant but somewhat neglected topic. We wanted to raise awareness for the role of pronunciation, for possibilities to put pronunciation training into practice and we wanted to transfer findings from neuroscience to EFL didactics. Approaches that use rhythm may be considered promising. However, further research needs to be conducted in the field of performative pronunciation practice in order to fully uncover its potential.

References

Betz, A., Schuttkowski, C., Stark, L. & Wilms, A-K. (2016): Einleitung. In: Betz, A., Schuttkowski, C., Stark, L. & Wilms, A-K. (Hrsg.): *Sprache durch Dramapädagogik handelnd erfahren.* Baltmannsweiler: Schneider Verlag Hohengehren, 1–7.

Biersack, S. (2002): Systematische Aussprachefehler deutscher Muttersprachler im Englischen – Eine phonetisch-phonologische Bestandsaufnahme. In: *Forschungsberichte des Instituts für Phonetik und Sprachliche Kommunikation der Universität München (FIPKM) (39),* 37–130.

Council of Europe (2001): *Common European Framework of Reference for Languages: Learning, teaching, assessment.* Strasbourg: Cambridge University Press.

Crutchfield, J. & Schewe, M. (2017): *Going Performative in Intercultural Education. International Contexts, Theoretical Perspectives and Models of Practice.* Bristol: Multilingual Matters.

Dalla Bella, S. & Tillmann, B. (2015): Der Rhythmus des Gehens. In: *Gehirn und Geist* 1, 44–49.

Doff, S. (2017): Aussprache. Fremdsprachendidaktik, In: Surkamp, C. (Ed.): *Metzler Lexikon. Fremdsprachendidaktik. Ansätze – Methoden – Grundbegriffe.* 2. Aufl. Stuttgart: J.B. Metzler.

Engel, G., Gadow, A., Seibert-Kemp, R., Siegburg, W., Stäudtner, R., Stoll, U., Windmüller, V. & Wolf, D. (2012): *Englisch als Kontinuum – von der Grundschule zur weiterführenden Schule. Handreichung für den fortgeführten Englischunterricht in der Sekundarstufe I.* 1. Aufl. Düsseldorf: Ministerium für Schule und Weiterbildung des Landes Nordrhein-Westfalen.

Fleming, M. (2016): Überlegungen zum Konzept performativen Lehrens und Lernens. In: Even, S. & Schewe, M. (Hrsg./Eds.): *Performatives Lehren Lernen Forschen. Performative teaching learning research.* Berlin: Schibri-Verlag, 27–44.

Gordon, R. L., Shivers, C. M., Wieland, E. A., Kotz, S. A., Yoder, P. J. & Devin McAuley, J. (2015): Musical rhythm discrimination explains individual differences in grammar skills in children. In: *Developmental Science* 18(4), 635–644.

Hallet, W. (2010): Performative Kompetenz und Fremdsprachenunterricht. In: *Scenario* Jahrgang IV(1), 4–17.

Hessisches Kultusministerium (2019): *Kerncurriculum gymnasiale Oberstufe. Englisch.*

Jentschke, S. (2018): Interaktion zwischen Sprache und Musik. In: Böttger, H. & Sambanis, M. (Eds.): *Focus on Evidence II – Netzwerke zwischen Fremdsprachendidaktik und Neurowissenschaften.* Tübingen: Narr, 81–96.

KMK – Sekretariat der Ständigen Konferenz der Kultusminister der Länder in der Bundesrepublik Deutschland (Hrsg.) (2004): *Beschlüsse der Kultusministerkonferenz. Bildungsstandards für die erste Fremdsprache (Englisch/Französisch) für den Mittleren Schulabschluss. Beschluss vom 4.12.2003.* München: Wolters Kluwer.

Kotz, S. A., Ravignani, A. & Fitch, W. T. (2018): The Evolution of Rhythm Processing. In: *Trends in Cognitive Sciences* 22(10), 896–910.

Kotz, S. A. & Schwartze, M. (2016): Motor-Timing and Sequencing in Speech Production: A General-Purpose Framework. In: *Neurobiology of Language.* 717–724.

König, E. & Gast, V. (2012): *Understanding English-German Contrasts. Grundlagen der Anglistik und Amerikanistik.* Berlin: ESV.

Landesinstitut für Lehrerbildung und Schulentwicklung [Hamburg] (2011): *Bildungsplan. Gymnasium. Sekundarstufe I. Englisch.*

Landesinstitut für Schule Bremen (2006): *Englisch. Bildungsplan für das Gymnasium. Jahrgangsstufe 5–10.*

Langus, A., Mehler, J. & Nespor, M. (2017): Rhythm in language acquisition. In: *Neuroscience and Biobehavioral Reviews* 81, 158–166.

Ministerium für Bildung Sachsen-Anhalt (2019): *Fachlehrplan Gymnasium/Berufliches Gymnasium. Englisch.*

Ministerium für Bildung und Kultur Saarland (2014): *Lehrplan. Englisch. Gymnasium. Erste Fremdsprache. Klassenstufen 5 und 6.*

Ministerium für Bildung und Wissenschaft des Landes Schleswig-Holstein (2014): *Fachanforderungen Englisch. Allgemein bildende Schulen. Sekundarstufe I. Sekundarstufe II.*

Ministerium für Bildung, Wissenschaft und Kultur des Landes Mecklenburg-Vorpommern (2009): *Rahmenplan Englisch für die Jahrgangsstufen 5 und 6 an der Regionalen Schule sowie an der Integrierten Gesamtschule.*

Ministerium für Bildung, Wissenschaft und Kultur des Landes Mecklenburg-Vorpommern (2019): *Rahmenplan für die Sekundarstufe I. Gymnasium, Gesamtschule. Englisch.*

Ministerium für Bildung, Wissenschaft und Weiterbildung Rheinland-Pfalz (2000): *Lehrplan Englisch als erste Fremdsprache Klassen 5–9/10. Hauptschule. Realschule. Gymnasium. Regionale Schule. Gesamtschule.*

Ministerium für Kultus, Jugend und Sport Baden-Württemberg (2016): *Gemeinsamer Bildungsplan der Sekundarstufe I. Bildungsplan 2016. Englisch als erste Fremdsprache.*

Ministerium für Schule und Bildung des Landes Nordrhein-Westfalen (2019): *Kernlehrplan für die Sekundarstufe I Gymnasium in Nordrhein-Westfalen. Englisch.*

Niedersächsisches Kultusministerium (2015): *Kerncurriculum für das Gymnasium Schuljahrgänge 5–10. Englisch.*

Przybylski, L., Bedoin, N., Krifi-Papoz, S., Herbillon, V., Roch, D., Léculier, L., Kotz, S. A. & Tillmann, B. (2013): Rhythmic Auditory Stimulation Influences Syntactic Processing in Children With Developmental Language Disorders. In: *Neuropsychology* 27(1), 121–131.

Roncaglia-Denissen, M. P., Schmidt-Kassow, M. & Kotz, S. A. (2013): Speech Rhythm Faciliates Syntactic Ambiguity Resolution: ERP Evidence. In: *PLOS ONE* 8(2), 2–9.

Sambanis, M. (2013): *Fremdsprachenunterricht und Neurowissenschaften.* Tübingen: Narr.

Sambanis, M. & Walter, M. (2019): *In Motion – Theaterimpulse zum Sprachenlernen. Von neuesten Befunden der Neurowissenschaft zu konkreten Unterrichtsimpulsen.* Berlin: Cornelsen.

Scherer, K. R. (1980): The Functions of Nonverbal Signs in Conversation. In: Giles, H. & St. Clair, R. N. (Hrsg.): *The Social and Psychological Contexts of Communication.* Hillsdale: L. Erlbaum, 225–244.

Schmidt-Kassow, M., Rothermich, K., Schwartze, M. & Kotz, S. A. (2011): Did you get the beat? Late proficient French-German learners extract strong-weak patterns in tonal but not in linguistic sequences. In: *NeuroImage* 54, 568–576.

Schwartze, M., Tavano, A., Schröger, E. & Kotz, S. A. (2012): Temporal aspects of prediction in audition: Cortical and subcortical neural mechanisms. In: *International Journal of Psychology* 83, 200–207.

Senatsverwaltung für Bildung, Jugend und Wissenschaft Berlin & Ministerium für Bildung, Jugend und Sport des Landes Brandenburg (2015): [Rahmenlehrplan] *Teil C. Moderne Fremdsprachen. Jahrgangsstufen 1–10.*

Staatsministerium für Kultus [Sachsen] (2019): *Lehrplan Gymnasium. Englisch.*

Staatsinstitut für Schulqualität und Bildungsforschung (ISB) (2017): *LehrplanPLUS für die Jahrgangsstufen 5, 6 und 7 des neuen neunjährigen Gymnasiums einschließlich des Lehrplan PLUS für die zukünftigen Jahrgangsstufen 8–10.*

Surkamp, C. (2016): Nonverbale Kommunikationsfähigkeit im Fremdsprachenunterricht fördern. Dramapädagogische Methoden für den Sprach-, Literatur- und Kulturunterricht. In: Betz, A., Schuttkowski, C., Stark, L. & Wilms, A-K. (Hrsg.): *Sprache durch Dramapädagogik handelnd erfahren.* Baltmannsweiler: Schneider Verlag Hohengehren, 23–47.

Thüringer Ministerium für Bildung, Jugend und Sport (2019): *Lehrplan für den Erwerb der allgemeinen Hochschulreife. Englisch.*

Carola Surkamp

Emotionen und Feedback im dramapädagogischen Fremdsprachenunterricht

1 Von den Potenzialen und Herausforderungen des Transfers

Im Rahmen der dritten *Focus on Evidence*-Konferenz wurde in einer der Transferdiskussionen auch die Frage aufgeworfen, welche Aussagekraft Ergebnisse aus notwendigerweise eng fokussierten und im Labor stattfindenden neurowissenschaftlichen Untersuchungen für die sehr viel komplexeren Bildungsprozesse, die in multifaktoriell bestimmten Unterrichtssettings stattfinden, haben können (vgl. Transferdiskussion mit Michaela Sambanis in diesem Band). Ich möchte diese Problematik am Beispiel der Rolle von Emotionen und Feedback in fremdsprachlichen Lernprozessen, insbesondere mit Bezug auf den dramapädagogischen Fremdsprachenunterricht konkretisieren.

In der Fremdsprachenforschung besteht heute Einigkeit darüber, dass neben Kognitionen Emotionen an Lernprozessen beteiligt sind (vgl. Burwitz-Melzer et al. 2020). Emotionen können das fremdsprachliche Lernen, also den Prozess entlang der Stufen von Verstehen, Behalten und Wiederanwendung, erleichtern, erschweren oder hemmen (vgl. auch Wolf 2004: 95). So werden Inhalte, die mit positiven Emotionen verknüpft sind, in der Regel nachhaltig erinnert, während Wortschatz, der unter starkem Druck gelernt wird, eher kurzfristig im Gedächtnis bleibt (vgl. auch Sambanis 2013: 27). Wie u.a. Sambanis (ebd.) aufzeigt, sind die emotionalen Einflussgrößen auf die Entwicklung sprachlicher Fähigkeiten dabei vielfältig, auch wenn dies innerhalb der Fremdsprachendidaktik nicht zu allen Zeiten gleichermaßen stark berücksichtigt wurde. Zwei wichtige Faktoren scheinen die Lehrperson und die Atmosphäre in der Lerngruppe zu sein (vgl. ebd.: 130),[1] wobei sich eine lernförderliche Atmosphäre u.a. durch „permanente […] Ermutigung durch variantenreiche positive Rückmeldung" (Vollmer et al. 2001: 64) herstellen lässt.

Auf das Zusammenspiel von Feedback, Emotionen und Lernen deuten auch die Erkenntnisse von Daniela Czernochowski hin. In ihrem Vortrag hat

---

[1] Zur Komplexität der Rolle von Emotionen im Fremdsprachenunterricht vgl. auch Surkamp (2020). Zur Bedeutung des Sozialgefüges der Lerngruppe für erfolgreiches Lernen vgl. auch vereinzelte Beiträge der vorherigen *Focus on Evidence*-Konferenzen, z.B. Poeppel (2016).

sie Ergebnisse aus der Hirnforschung zur Rolle von Feedback beim Lernen präsentiert. Ein zentraler Ausgangspunkt für Transferüberlegungen scheint mir dabei ihre Feststellung, dass für das Lernen entscheidend sei, welche Art von Feedback wann erfolgt, da Feedback neben einer informativen Komponente auch eine emotionale Komponente habe. Allgemeines Ziel von Feedback ist auch beim fremdsprachlichen Lernen eine Lenkung der Aufmerksamkeit der Lernerin bzw. des Lerners auf ein bestimmtes, in diesem Fall sprachliches, Verhalten (vgl. Schädlich 2017). Die Wirksamkeit einzelner Rückmeldungsverfahren ist bislang empirisch jedoch kaum belegt (vgl. ebd.). Elektrophysiologische Daten zeigen nun Czernochowski zufolge eine erhöhte Aufmerksamkeit nach negativem Feedback, wodurch das Lernen erfolgreicher werde. Aber auch positives Feedback könne insofern zielführend sein, als es z.B. bei richtigen Antworten, bei denen Lernende sich nicht sicher waren, wie eine Belohnung wirke. Eine Verbesserung der Lernleistung sei allerdings nur festzustellen, wenn die Lernenden unmittelbar nach erfolgtem Feedback die Möglichkeit erhielten, das richtige Ergebnis zu verinnerlichen.

Nun stellt sich die Frage, wie man mit solchen punktuellen Hinweisen aus neurowissenschaftlichen Studien im Hinblick auf Transfereffekte für das Lernen im fremdsprachlichen Klassenzimmer umgeht. Aus meiner Sicht müssen dafür zum einen auch fachspezifische Konzeptualisierungen von Feedback berücksichtigt werden. So ist innerhalb der Fremdsprachendidaktik schon seit langem eine Infragestellung der Defizitorientierung, d.h. der Fokussierung auf Fehler, zu verzeichnen zugunsten einer stärkeren Betonung dessen, was Lernende bereits zu leisten imstande sind (sog. Positivkorrektur; vgl. Schädlich 2017). Lässt sich dieser bereits lange aktive Prozess der Umorientierung, der sich in der Breite auch in bildungspolitischen Rahmentexten wie z.B. dem *Gemeinsamen Europäischen Referenzrahmen für Sprachen* von 2001 niedergeschlagen hat, durch die Befunde zu positivem Feedback aus der Hirnforschung bekräftigen? Diese Frage ist nicht zuletzt deshalb wichtig, weil es beim Feedbackgeben in komplexen Lernprozessen, wie sie das Lernen einer Fremdsprache darstellt, nicht allein um die Behebung einzelner Fehler, sondern auch um die Entwicklung eines für erfolgreiches Lernen notwendigen positiven Fähigkeitsselbstkonzepts gehen sollte.

Zum anderen müssen die Kontextfaktoren im Klassengefüge einbezogen werden, die in Laborsituationen nicht vorliegen. Die Lehrkraft kann z.B. auch beim Feedbackgeben ihre eigenen Emotionen in das Unterrichtsgeschehen einbringen und damit die Emotionen und in der Folge auch den Lernerfolg der Schülerinnen und Schüler beeinflussen. Studien haben gezeigt, dass Lernende insofern auf die Lehrkraft reagieren, als ein positiver Gesichtsausdruck die Aufnahmebereitschaft und die Verarbeitung von Wissen begünstigt und eine positive Grundstimmung der Lehrperson sowohl die Offenheit der Lernenden für die Fremdsprache als auch deren Leistungswillen erhöht (vgl. Sambanis 2013: 33 f.). Ebenso bestimmt das Klassenklima die Feedbackkultur in einer Lerngruppe und wirkt nachhaltig auf das Lernen ein: Ist ein ermutigendes, fehlertolerantes und wertschätzendes Klima vorherrschend, steigen mit den dadurch evozierten positiven Emotionen die für das Fremdsprachenlernen notwendige Risikobereitschaft und das Selbstvertrauen der Lernenden (vgl. ebd.: 34). Die affektive Dimension des Feedbackgebens, die im Vortrag von Czernochowski nur angeklungen ist, müsste daher noch weiter ausbuchstabiert und an konkrete Lehr-Lern-Situationen und Verhaltensweisen von Lehrkraft und Lernenden im Klassenzimmer rückgebunden werden.

Was also sind die Potenziale des Transfers von neurowissenschaftlichen Erkenntnissen in die Fremdsprachenforschung? Ein Potenzial besteht meines Erachtens darin, dass die notwendige Punktualität der Ergebnisse dazu beitragen kann, die Komplexität konkreter methodischer Settings im Fremdsprachenunterricht multifaktoriell aufzubrechen und durch die Lenkung des Blicks auf Einzelfaktoren zum einen neue Fragen aufzuwerfen und zum anderen Erklärungsmuster für die Interpretation von empirischen Daten zu liefern. Dies möchte ich im Folgenden am Beispiel dramapädagogischer Ansätze im Fremdsprachenunterricht zeigen. Wie Czernochowski in ihrem Vortrag ebenfalls dargelegt hat, können durch spielerische Ansätze beim Lernen negative Effekte von Leistungsangst abgemildert werden. Innerhalb der Fremdsprachendidaktik wird gerade dramapädagogischen, also aus der Theaterarbeit entlehnten Verfahren, zugeschrieben, affektiv-emotionale Faktoren des Lernens besonders zu berücksichtigen und dadurch z.B. dem Phänomen der Sprechangst entgegen zu wirken (vgl. z.B. Tselikas 1999: 59 f.). Welche Rolle Feedback dabei spielt, wurde allerdings bisher noch nicht in den Blick genommen. Am Beispiel dreier unterschiedlicher Studien aus der Englischdidaktik an der Universität Göttingen soll daher im Folgenden gezeigt werden, dass ein solcher Fokus auf Feedback wertvolle Einsichten sowohl über sprachliche als auch methodische und inhaltliche Lernprozesse (wie der für das interkulturelle Lernen wichtigen Entwicklung der Fähigkeit zum Perspektivenwechsel) zu liefern verspricht.

2   Emotionen, Dramapädagogik und fremdsprachliches Lernen

Auf der zweiten *Focus on Evidence*-Konferenz hat Marcus Kiefer (2018: 39) herausgestellt, dass Lernen in Interaktionen und durch sinnliche Erfahrungen den Wissenserwerb befördert. Die Dramapädagogik macht sich genau dies zum Ziel: Sie verfolgt einen ganzheitlichen Ansatz, indem sie durch den Einsatz von Körper-, Stimm- und Sprechübungen sowie durch das Spiel in unterschiedlichen Rollen ein Fremdsprachenlernen mit allen Sinnen ermöglicht (vgl. Schewe 2017). Sprache wird dabei als Ereignis und performativer

Akt angesehen, bei dem neben Körperlichkeit auch die Emotionen der Lernenden mitbestimmend sind (vgl. auch Küppers et al. 2011: 8). Als ein wichtiger Aspekt dieses Ansatzes kann angesehen werden, dass die Anwendung der Fremdsprache im Schutz einer Rolle erfolgt, so dass Fehler nicht auf das eigene Ich zurückfallen müssen. Zudem ist das Verhältnis zwischen Lehrenden und Lernenden im Spiel weniger hierarchisch angelegt und es findet viel kooperativer Unterricht statt, wodurch eine entspannte, weitgehend angstfreie Atmosphäre hergestellt werden soll.

Viele der Dramapädagogik zugeschriebenen Potenziale beruhen bislang auf dem Erfahrungswissen von Praktikerinnen und Praktikern. Zur Bedeutung von Emotionen in dramapädagogisch gestalteten fremdsprachlichen Lernumgebungen gibt es allerdings mittlerweile auch Erkenntnisse aus der Neurodidaktik, deren Ziel es ist, Befunde aus den Neurowissenschaften für die Fremdsprachendidaktik fruchtbar zu machen. Dadurch, dass Lernende im Spiel emotional involviert sind und der Lernstoff situativ eingebettet ist, wird das episodische Gedächtnis einbezogen und das Erlebnis des Sprachenlernens selbst mit abgespeichert, was bei positivem Erleben die Verstehens- und Erinnerungsleistung erhöht (vgl. Sambanis 2013: 30). Darüber hinaus wird die Variable der Lehrkraft besonders betont, da diese durch eine für das Spiel notwendige offene Haltung, durch die Etablierung einer fehlertoleranten Lernkultur und durch das eigene Selbstverständnis als Lernende wesentlich dazu beitragen kann, dass die Schülerinnen und Schüler sich sicher und ermutigt fühlen und auch Risiken im Gebrauch der Fremdsprache eingehen (vgl. Sambanis 2013: 43 f. sowie Crutchfield & Sambanis 2017: 134, 136).

Empirische Studien zu Wirkungen des Theaterspielens auf die affektive Dimension des Lernens liegen auch aus der Forschung zur kulturellen Bildung sowie aus der Fremdsprachenforschung selbst vor. So versucht die groß angelegte, internationale DICE-Studie von 2010 ebenso wie die Arbeit von Domkowsky (2011) zu zeigen, dass durch den Einsatz von Theatermethoden soziale und interkulturelle Schlüsselkompetenzen weiterentwickelt werden. Wirklich belastbare Aussagen werden allerdings nur für den Aspekt der ‚Kreativität' getroffen (vgl. auch Wirag 2019: 3.3.). Frost (2016) hat auf Basis von Lerntagebüchern und einer Fragebogenstudie mit Englischlernenden herausgefunden, dass das Theaterspielen in der Fremdsprache emotionale Erfahrungen ermöglicht, die zur Entwicklung eines positiven fremdsprachenbezogenen Fähigkeitsselbstkonzepts beitragen. Die *Mixed Methods*-Studien von Atas (2015) und Galante (2018) wiederum geben Aufschluss darüber, dass sich die Sprechangst von Lernenden durch die beim Spiel entstehende Atmosphäre (vgl. Atas 2015) und das Sprechen aus einer Rolle heraus in Distanz zum eigenen Ich verringert (vgl. Galante 2018: 281 f.). Schließlich arbeitet Jäger (2011) heraus, dass interkulturelles Lernen mittels dramapädagogischer Übungen nicht nur kognitiv erfolgt, sondern durch den ganzheitlichen Perspektivenwechsel und das Handeln in einer Rolle in inszenierten Begegnungssituationen auch eine affektive Dimension beinhaltet, was die Lernenden bei der Entwicklung von Empathiefähigkeit unterstützt.

Problematisch bei den meisten dieser Studien ist, dass sie das Theaterspielen generell als förderlich für die affektive Dimension des Lernens ansehen und dadurch Gefahr laufen zu pauschalisierenden Ergebnissen zu kommen.[2] Beim Theaterspielen handelt es sich jedoch um einen komplexen Prozess, der aus mehreren Phasen und Elementen besteht, insbesondere wenn es um die dramapädagogische Großform einer ganzen Theateraufführung geht.[3] Zu nennen sind hier etwa das Einfinden in die Rolle, unterstützt durch Aufwärmübungen zur Vorbereitung von Körper und Stimme, die Rollenarbeit an einer bestimmten Figur, das eigentliche Schauspielern in Form von kleineren Übungen oder Proben für eine größere Aufführung, das Heraustreten aus der Rolle durch *Cooling down*-Aktivitäten oder das gemeinsame Reflektieren über die durchgeführten Übungen bzw. die Inszenierung insgesamt. Gefordert wird daher zunehmend die Entwicklung von Forschungsdesigns, in die auch sog. Strukturanalysen von kulturellen Angeboten für die Erklärung von Transfereffekten einfließen (vgl. z.B. Rittelmeyer 2013: 221).[4] Weitgehend ungeklärt ist nämlich, *warum* das Theaterspielen die aufgezeigten Effekte z.B. im Kontext des Fremdsprachenunterrichts hat (oder eben auch nicht hat). Ein interessanter Fokus könnte in diesem Zusammenhang die Rolle von Feedback sein.

3   Feedback, Dramapädagogik und fremdsprachliches Lernen

Feedback tritt im dramapädagogisch orientierten Fremdsprachenunterricht in vielfältiger Form auf. Mindestens die folgenden Varianten können voneinander unterschieden werden:

---

[2]   Vgl. auch Wirag (2019) zu einer kritischen Auseinandersetzung mit den Ergebnissen bislang vorliegender Studien zum Zusammenhang zwischen Theaterspielen und Persönlichkeitsentwicklung.

[3]   Schewe (2015) unterscheidet zwischen dramapädagogischen Klein- und Großformen. Zu ersteren zählen z.B. der Standbildbau, Pantomimen oder Stimmencollagen, während letztere Theaterinszenierungen, globale Simulationen und Sprachencamps umfassen.

[4]   Eine solche strukturanalytische Untersuchung wird derzeit in einer vom Forschungsfonds Kulturelle Bildung geförderten Studie mit dem Titel: „Bühne frei: Schulische Bildungsangebote im Bereich Darstellendes Spiel und ihre Wirkung auf die Persönlichkeitsentwicklung" von Englischdidaktik und Pädagogischer Psychologie an der Universität Göttingen durchgeführt. Untersucht werden die potenziellen Wirkmechanismen von englischsprachigen Theater-AGs auf Persönlichkeitseigenschaften.

Feedback kann in verschiedenen Phasen des Theaterspielens erfolgen: in der Aufwärmphase, bei der Rollenarbeit und in Proben ebenso wie in Reflexionsphasen, auch nach dramapädagogischen Kleinformen.

Feedback kann innerhalb einer solchen Phase zu unterschiedlichen Zeitpunkten stattfinden: während des Spiels (also mit Spielunterbrechung), direkt nach einer Übung bzw. Probe oder zeitversetzt am Ende einer Einheit oder Inszenierung.

Feedback kann sich auf verschiedene Aspekte des Spiels beziehen: auf sprachliche Aspekte (Aussprache, lexikogrammatische Phänomene, paralinguistische Elemente wie Intonation, Lautstärke etc.), auf die Körpersprache und die Bewegung im Raum, auf die Interaktion mit den Mitspielenden oder auf die inhaltliche Ausgestaltung einer Rolle.

Feedback kann explizit oder implizit, sprachlich oder mimisch/gestisch gegeben werden.

Feedback kann durch verschiedene Personen gegeben werden: die Lehrkraft, die Mitspielenden, die Zuschauerinnen und Zuschauer, aber auch durch die eigene Person, wenn z.B. nach dem Spiel eine Selbstreflexion gefordert wird.

Diese Differenzierung verdeutlicht zunächst, dass eine Untersuchung von Feedback im dramapädagogischen Fremdsprachenunterricht ungleich komplexer ist als ein punktuelles Feedbackgeben in einer künstlich hergestellten Laborsituation. Es muss eine Vielzahl an Faktoren berücksichtig werden, um herauszuarbeiten, was lernförderliches Feedback ist und unter welchen Bedingungen es möglich wird. Dabei müssen neben phasen-, inhalts-, personen- und zeitbezogenen Aspekten auch emotionale Aspekte berücksichtigt werden.

Bislang ist kaum untersucht worden, welche Formen des Feedbacks im dramapädagogischen Fremdsprachenunterricht auftreten und welche Wirkungen diese auf fremdsprachliche Lernprozesse haben. Erste Befunde liegen aus empirischen Studien der Fachdidaktik Englisch an der Universität Göttingen vor (vgl. Schädlich & Surkamp 2015, Surkamp 2019). Diese beziehen sich zum einen auf dramapädagogische Kleinformen wie das Standbildbauen im Literaturunterricht zur Visualisierung der Figurenkonstellation in einem Text sowie auf das Halten einer Rede aus einer Rolle heraus. Zum anderen wird in der schon oben erwähnten Studie „Bühne frei" (vgl. Fußnote 4) mit einer englischsprachigen Theater-AG, an deren Ende eine Aufführung vor Publikum steht, eine dramapädagogische Großform in den Blick genommen. Angeregt durch den Vortrag von Czernochowski soll im Folgenden diskutiert werden, welche Art von Feedback in diesen verschiedenen dramapädagogischen Settings wann und durch wen erfolgt und welche (auch emotionalen) Effekte dies auf die Lernenden hat.

3.1   Feedback zu Figur und Rollenübernahme nach Standbildbau

Die erste Studie zum Standbildbau hatte zum Ziel, mittels Videographie und Interviews mit Lehrkräften die Potenziale und Fallstricke handlungsorientierter Methoden im fremdsprachlichen Literaturunterricht der Oberstufe zu analysieren (vgl. Schädlich & Surkamp 2015). Im beobachteten Unterricht sollten durch die dramapädagogische Kleinform des Standbildbaus bei der Beschäftigung mit William Shakespeares Theaterstück *The Merchant of Venice* subjektiv relevante und vertiefende Textrezeptionsprozesse angestoßen werden. Die Lernenden erstellten in Kleingruppen jeweils ein Standbild zu einer der Hauptfiguren des Stückes und deren Beziehungen zu den anderen Figuren. Im Anschluss wurden diese Standbilder nacheinander der gesamten Lerngruppe präsentiert, im Unterrichtsgespräch kommentiert und interpretiert.

Während dieser gesamten letzten Phase regte die Lehrkraft immer wieder zur Selbstreflexion an und gab auch selbst Feedback zur Rollenausgestaltung im Standbild. Dabei vermischten sich Präsentation und Reflexion mehrfach: Einzelne Lernende wurden mal in ihrer Rolle angesprochen, während sie noch im Standbild standen, um über den Gefühlszustand der verkörperten Figur Auskunft zu geben, und mal als sie selbst als Schülerinnen und Schüler mit der Aufgabe, die Figur von außen zu betrachten und die eigene Rollenausgestaltung zu kommentieren. Dies führte zu einer Verunsicherung einzelner Lernender, was sowohl sprachlich als auch körpersprachlich zu beobachten war: Ein Schüler korrigierte sich mehrfach selbst, indem er von der Ich-Perspektive in die 3. Person Singular wechselte und umgekehrt. Außerdem versuchte er beim Antworten teilweise aus dem Standbild herauszutreten, um körpersprachlich zu markieren, als wer er gerade sprach. Insgesamt wirkte er unsicher, aus welcher Rolle heraus er auf die Rückmeldungen und Fragen der Lehrkraft reagieren sollte.

Durch das Ineinandergreifen von Präsentation und Reflexion wurde das Feedback zum Spiel der Lernenden von der Lehrkraft nicht deutlich markiert, so dass das Ziel dieser Phase und damit auch des Standbildbaus insgesamt unklar blieb (vgl. auch Schädlich & Surkamp 2015). Ging es um eine auch affektiv-emotionale Annäherung an die Figuren oder fungierten die Standbilder als visueller Ausdruck einer tiefergehenden Textanalyse? Im Interview bekräftigte die Lehrkraft, dass sie durchaus eine Identifikation der Lernenden mit den Figuren anregen wollte und die Standbilder auch das Ziel hatten, eine emotionale Sichtweise zu den Figuren zu entwickeln. Das Feedback der Lehrkraft war auch tendenziell positiv, aber es wurden keine Kriterien für die Rückmeldungen formuliert. In ihren Selbstreflexionen wiesen die Schülerinnen und Schüler auf die Schwierigkeit hin, beim Standbildbau alle Figurenbeziehungen unterzubringen und unterschiedliche Szenen aus dem Stück zu kombinieren, also im Prinzip textanalytische Erkenntnisse komprimiert darzustellen. In der Studie konnte daher u.a. gezeigt werden, dass dramapädagogische Verfahren Schülerinnen und Schülern einerseits Spielräume zum Einbringen eigener Emotionen und zur Herstellung subjektiver Sinnbezüge eröffnen, dass diese Spielräume aber im Falle von nicht deutlich markiertem Feedback ihr Potenzial für individuelle Prozesse der Texterschließung nicht genügend entfalten können. Es bleibt zu vermuten, dass sich dadurch entstehende negative Gefühle wie Verunsicherung im ungünstigsten Fall noch weitergehend auf die Lernleistungen der Schülerinnen und Schüler bei der Literaturarbeit auswirken.

3.2   Produkt- statt prozessorientiertes Feedback zur Rollenübernahme in einer Rede

In einer zweiten Studie wurde ebenfalls mittels Videographie in einer achten bilingualen Klasse untersucht, wie Lernende Rollenübernahmen ausgestalten, wenn sie eine Rede aus der Perspektive einer fiktiven Person schreiben und vortragen sollen (vgl. Surkamp 2019). Die Lernenden wurden in zwei Gruppen aufgeteilt und erhielten die Aufgabe, in Partnerarbeit anlässlich des US-amerikanischen *Thanksgiving*-Fests eine Rede entweder aus der Sicht von *Native Americans* oder aus der Sicht von Nachfahren der ersten weißen Siedler zu verfassen und vorzutragen. Dadurch sollten sowohl fremdsprachlich-rhetorische Fähigkeiten geschult als auch identifikatorische Auseinandersetzungen mit dem Thema angeregt werden. Diejenigen Schülerinnen und Schüler, die Nachfahren der *Native Americans* verkörperten, sollten in ihrer Rede darauf hinweisen, was ihre Vorfahren für die weißen Siedler getan hatten und wie diese sie daraufhin behandelt hätten. Im Arbeitsauftrag für die Nachfahren der *White Settlers* wurde hervorgehoben, dass die Errungenschaften und der Mut der *First Settlers* in der Rede gelobt werden und die Vortragenden stolz auf ihre Vorfahren sein sollten. Damit waren die Arbeitsaufträge als Aufforderung zu verstehen, einerseits eine ablehnend-kritische und andererseits eine befürwortend-lobende Sicht auf die Tradition des *Thanksgiving*-Fests und die amerikanische Kolonialgeschichte zu werfen.

Ein Schülerpaar, das die Rede aus Sicht der *Native Americans* gestalten sollte, zeigte bis hin zur Vortragsweise eine starke Identifikation mit der zu übernehmenden Perspektive. Nicht nur inhaltlich, sondern auch sprachlich und gestisch wurde eine Abgrenzung zwischen der eigenen Rolle und der als feindlich empfundenen Gruppe der Nachfahren der *White Settlers* etabliert (u.a. durch den Gebrauch entsprechender Pronomina). Je schärfer die hervorgebrachten Anschuldigungen wurden, desto emotionaler wurde die Rede, was anhand des Anstiegs der Stimme auch paralinguistisch festzustellen war. Das Feedback durch die Lehrkraft und die Mitschülerinnen und Mitschüler fiel durchweg positiv aus: Gelobt wurden die Authentizität der Rede und die Leidenschaft, mit der diese vorgetragen wurde. Der Perspektivenwechsel galt als gelungen, da eine Handlungsmotivation in Form einer Redeabsicht spürbar wurde.

Während einer anderen Partnerarbeit zur Sichtweise der Nachfahren der *White Settlers* stellte sich heraus, dass den Lernenden der aufgetragene Perspektivenwechsel aufgrund der als besonders fremd und vor allem kritikwürdig empfundenen Rolle schwerfiel. Eine Schülerin verweigerte von Anfang an, eine unkritische Perspektive auf die amerikanische Vergangenheit einzunehmen; die Gewalttaten gegen die *Native Americans* sollten ihr zufolge nicht verschwiegen werden. Dazu zog sie einen Vergleich zwischen den Verbrechen der Siedler und den antisemitischen Verbrechen der Nationalsozialisten und setzte ihre eigene verurteilende Sicht auf die Taten ihrer eigenen Vorfahren mit der Sicht der Rollenfigur auf die Taten von deren Vorfahren gleich. Eine unhinterfragte Übernahme der Täterperspektive war für sie damit ausgeschlossen. Die Partnerin zeigte sich hingegen bereit, die Perspektive der Nachfahren der *White Settlers* im Sinne des Arbeitsauftrags in einer Lobeshymne über deren Taten auszudrücken. Daraufhin entwickelte sich innerhalb der Partnerarbeit ein engagiert geführter Aushandlungsprozess um die ‚richtige' Perspektive zum Schreiben der Rede, dessen Folgen sich auch im Endprodukt niederschlugen, in dem sich Innen- und Außenperspektive mehrfach vermischten und die *White Settlers* aus der Distanz auch kritisiert wurden. Die Mitschülerinnen und Mitschüler und auch die Lehrkraft reagierten mit kritischem Feedback auf die ambivalente Rollenübernahme: Die Rede wurde als nicht überzeugend im Sinne der Rolle empfunden.

Die Analyse zeigt, dass handlungsorientierte Verfahren ein Nachdenken über andere Perspektiven anregen, Schülerinnen und Schüler durch emotionale Involviertheit motivieren und Situationen schaffen können, in denen Lernende die fremde Sprache als Werkzeug zur Kommunikation einsetzen. Gleichzeitig wirft die Analyse aber auch die Frage auf, wann ein Perspektivenwechsel überhaupt als erfolgreich einzuschätzen ist. Das Feedback an die Lernenden erfolgte allein in Bezug auf die Rede als Endprodukt, wobei sprachliche und generische Merkmale im Vordergrund standen. Der Prozess der inhaltlichen Auseinandersetzung mit den Perspektiven, der zuvor im Rahmen der Partnerarbeit stattgefunden hatte, spielte keine Rolle.

Es stellt sich aber die Frage, ob das Feedback durch die Einbeziehung dieses Aushandlungsprozesses nicht anders ausgefallen wäre. Bei einer kritischen Evaluierung der Perspektivenausgestaltungen in beiden Partnerarbeiten (vgl. Surkamp 2019) wird deutlich, dass die vielfach gelobte Rede in der Rolle der Nachfahren der *Native Americans* aus interkultureller Sicht nicht unproblematisch war: Die Identifikation mit den *Native Americans* erfolgte größtenteils über die Abgrenzung von einem negativen, stereotypisierten Feindbild (dem der *White Settlers*), wodurch differenzierte Sichtweisen, komplexe Identitätsentwürfe und Aushandlungen zwischen verschiedenen Perspektiven verhindert wurden. Des Weiteren lässt sich argumentieren, dass bei der schwierig verlaufenen zweiten Partnerarbeit trotz einer teils verweigerten Perspektivenübernahme andere wichtige Teilkompetenzen interkultureller Kompetenz durchaus erfolgreich weiterentwickelt worden sind: Die Aushandlungen zur Perspektivenübernahme ermöglichten es den beiden Schülerinnen, sich sehr selbstständig und auch emotional mit den historischen Begebenheiten und damit verbundenen moralischen Fragestellungen auseinanderzusetzen. Dabei warfen sie auch einen kritischen Blick auf ihre eigene Kultur. Dass dies im Sinne des interkulturellen Lernens und folglich richtig ist, wurde ihnen allerdings nicht gespiegelt; sie erhielten nur negatives Feedback, das sich allein auf die Rede selbst bezog.

3.3 Feedback durch Unterstützungsangebote im Kontext einer Inszenierung

In eine ganz andere Richtung gehen die Beobachtungen zum Feedback aus einer dritten, derzeit laufenden Studie, die oben schon genannt wurde und in der die Wirkungen einzelner Strukturelemente des Theaterspielens auf Persönlichkeitsmerkmale von Lernenden untersucht werden. Die Teilnehmenden der Studie sind Schülerinnen und Schüler von englischsprachigen Theater-AGs in den Jahrgängen 5/6 sowie 7 bis 10, die innerhalb eines Schulhalbjahres ein englischsprachiges Theaterstück erarbeiten und inszenieren und am Ende vor Publikum aufführen. Über Fragebögen wird nach jeder einzelnen AG-Sitzung erhoben, welche Strukturelemente des Theaterspielens jeweils vorkamen und wie die Teilnehmenden sich selbst in Bezug auf ihre Motivation, Kreativität, Offenheit, Empathiefähigkeit und Sprechangst in der Sitzung einschätzen. Neben Schauspielerei, Rollenarbeit und Reflexion sind Unterstützungsangebote in Form von sprachlichem und schauspielerischem *Scaffolding* Teil der erhobenen Strukturelemente.

Erste Auswertungen der Daten zeigen, dass Theaterspielen nicht per se positiv auf die Sprechangst von Fremdsprachenlernenden wirkt. Sowohl die Rückmeldungen zum Schauspiel der Teilnehmenden als auch das sprachliche Feedback haben einen signifikanten Einfluss auf die Sprechangst – und zwar indem sie diese verstärken. Eine Erklärung dafür könnte sein, dass Hinweise auf sprachliche Fehler oder auf Möglichkeiten, das eigene Spiel zu verbessern, zu einer stärkeren Bewusstheit von noch vorhandenen Defiziten und in der Folge zu Hemmungen im Gebrauch der Fremdsprache führen. Dies legen auch Interviewdaten aus dem zweiten, qualitativen Teil der Studie nahe, in denen die Lernenden den festgestellten Zusammenhang zwischen Feedback und Sprechangst dadurch zu begründen versuchen, dass es nicht positiv besetzt ist, wenn man kritisiert wird. Es scheint dabei auch keinen Unterschied zu machen, ob sprachliches oder spielerisches Feedback gegeben wird.

Interessanterweise weist das Strukturelement der Rollenarbeit einen ge-
genteiligen Effekt im Vergleich zu dem der Unterstützungsangebote auf. In
Sitzungen der Theater-AG, in denen die Schülerinnen und Schüler besonders viel an ihren Rollen gearbeitet haben, ist ihre Sprechangst signifikant
gesunken. Dies könnte daran liegen, dass der Fokus bei der Rollenarbeit auf
inhaltlichen Aspekten der Figuren und deren Beziehungen zueinander liegt.
Arbeitssprache ist zwar die Fremdsprache Englisch, aber an sprachlichen
Aspekten wird nicht personenbezogen gearbeitet, so dass die Lernenden
ggf. in eine Art *Flow* beim Spielen gelangen, der sie weniger gehemmt im
Gebrauch der Fremdsprache sein lässt. Die Schülerinnen und Schüler selbst
erklären sich das einerseits ebenfalls durch die starke Konzentration auf die
Rolle und andererseits durch die Tatsache, dass das kooperative Arbeiten in
der Gruppe ein positives, angstfreies Arbeitsklima ermöglicht hat.

4 Fazit

Die Diskussion der Daten aus den verschiedenen Studien verdeutlicht, dass
dramapädagogische Verfahren im Fremdsprachenunterricht gut geplanter
Reflexions- und Feedbackphasen bedürfen. Das Theaterspielen ist nicht aus
sich selbst heraus vorteilhaft für das Lernen im fremdsprachlichen Klassenzimmer; es kommt vielmehr auf die Umsetzung und Handhabung der einzelnen Strukturelemente an. Dabei scheint die Art und Weise des Feedbackgebens eine wichtige Rolle zu spielen, gerade weil Feedback nicht nur eine
informative, sondern auch eine emotionale Komponente hat. In den diskutierten Studien scheinen Feedbackverfahren allerdings das positive Erleben
dramapädagogischer Verfahren eher eingeschränkt statt begünstigt zu haben, da die Lernenden vielfach nicht ermutigt, sondern eher verunsichert
wurden.

Hilfreich für weitere Überlegungen könnte eine Beschäftigung mit der
von Czernochowski aufgeworfenen Unterscheidung zwischen Feedback
sein, das eine personenbezogene Fähigkeit adressiert, und Feedback, das auf
eine situative Anstrengung ausgerichtet ist. Feedback, das Lernende eher auf
die Rolle und die Situation im Spiel beziehen können, mag in emotionaler
Hinsicht positiver ausfallen und weniger frustrieren als Feedback, das die
eigene Person betrifft. Eine solche Unterscheidung könnte sich auch deshalb
als relevant erweisen, weil Feedback im Klassenzimmer im Gegensatz zur
Laborsituation mehr ist als nur ein kurzer Impuls, dass etwas nicht richtig
war: Auch das Feedbackerlebnis selbst wird nämlich verarbeitet und hinter-
lässt emotionale Spuren, was bei guten Erfahrungen eine lernförderliche
Wirkung haben sollte. Hier gilt es, weitere Forschungsvorhaben anzustoßen.

Auch geht es beim Feedback in dramapädagogischen Unterrichtseinheiten anders als bei neurowissenschaftlichen Versuchen im Labor nicht immer

um ein einfaches *Richtig* oder *Falsch*. Die Geste, die man beispielsweise einer Figur in einer Situation verleiht, mag nicht falsch sein, sie könnte aber ausdrucksstärker, situationsangemessener oder überzeugender ausfallen. Feedback im Spiel sollte daher eher auf einem Kontinuum verschiedener Möglichkeiten und nicht ausgerichtet an binären Oppositionen erfolgen. Ähnliches gilt für die Bedeutsamkeit des sozialen Kontexts, in den Feedback beim Theaterspielen eingebettet ist, denn auch die verbalen und körperlichen Reaktionen der Mitspielenden auf das eigene Spiel können für Lernprozesse wichtig werden. Soziale Kontexte werden in Laborsituationen aber in der Regel nicht berücksichtigt.

Es bedarf daher unbedingt weiterer Studien zu Feedbackverfahren im dramapädagogisch ausgerichteten Fremdsprachenunterricht. Diese sind nicht zuletzt deshalb wichtig, weil negative Emotionen im dramapädagogischen Setting, die von einem einzelnen Strukturelement ausgehen, auch dazu führen können, dass dieser methodische Ansatz von Lernenden in Gänze abgelehnt wird, obwohl für ihn positive Effekte gerade für das fremdsprachliche Lernen belegt sind. Ein alleiniges Nachdenken über Transfereffekte zwischen den Neurowissenschaften und der Fremdsprachendidaktik hilft uns bei allen noch offenen Fragen allerdings nicht weiter. Aus meiner Sicht benötigen wir vielmehr interdisziplinäre Studien. Möchten die Neurowissenschaften mit ihren Studienergebnissen Aussagen über Lernprozesse treffen, die über Laborsituationen hinausgehen, müssen sie sich auch mit der Komplexität von konkreten Lehr-Lern-Situationen auseinandersetzen, wie sie im institutionalisierten Fremdsprachenunterricht vorzufinden sind. Eine Möglichkeit wäre die Entwicklung neuer Forschungsdesigns in gemeinsamen Projekten von Neurowissenschaft und Fremdsprachenforschung.

Literatur

Atas, M. (2015): The Reduction of Speaking Anxiety in EFL Learners through Drama Techniques. In: *Procedia – Social and Behavioral Sciences* 176, 961–969.

Burwitz-Melzer, E., Riemer, C. & Schmelter, L. (Hrsg.) (2020): *Affektiv-emotionale Dimensionen beim Lehren und Lernen von Fremdsprachen. Arbeitspapiere der 40. Frühjahrskonferenz zur Erforschung des Fremdsprachenunterrichts.* Tübingen: Narr.

Crutchfield, J. & Sambanis, M. (2017): Staging Otherness: Three New Empirical Studies in Dramapädagogik with Relevance for Intercultural Learning in the Foreign Language Classroom. In: Crutchfield, J. & Schewe, M. (Hrsg.): *Going Performative in Intercultural Education: International Contexts, Theoretical Perspectives, and Models of Practice.* Bristol, Blue Ridge Summit: Multilingual Matters, 123–144.

DICE Konsortium (2010): *DICE – Die Würfel sind gefallen. Forschungsergebnisse und Empfehlungen für Bildungstheater und Bildungsdrama.* Belgrad: Drama Improves Lisbon Key Competences in Education.

Domkowsky, R. (2011): *Theaterspielen – und seine Wirkungen.* Berlin. Dissertation an der Universität der Künste.

Frost, M. (2016): *Zur Förderung des fremdsprachigen Fähigkeitsselbstkonzepts durch Dramapädagogik – eine empirische Untersuchung im Rahmen einer englischsprachigen Theater-AG der 5. und 6. Jahrgänge an der IGS Göttingen.* Unveröffentlichte Masterarbeit, Universität Göttingen.

Galante, A. (2018): Drama for L2 Speaking and Language Anxiety: Evidence from Brazilian EFL Learners. In: *RELC Journal* 49 (3), 273–289.

Jäger, A. (2011): *Kultur szenisch erfahren: Interkulturelles Lernen mit Jugendliteratur und szenischen Aufgaben im Fremdsprachenunterricht.* Frankfurt a.M.: Lang.

Kiefer, M. (2018): Verkörperte Kognition: Die Verankerung von Denken und Sprache in Wahrnehmungs- und Handlungserfahrung. In: Böttger, H. & Sambanis, M. (Hrsg.): *Focus on Evidence II – Netzwerke zwischen Fremdsprachendidaktik und Neurowissenschaften.* Tübingen: Narr, 31–44.

Küppers, A., Schmidt, T. & Walter, M. (2011): Inszenierungen – Present Tense Incarnate im Fremdsprachenunterricht. In: Dies. (Hrsg.): *Inszenierungen im Fremdsprachenunterricht: Grundlagen, Formen Perspektiven.* Braunschweig: Bildungshaus Schulbuchverlage, 5–17.

Poeppel, D. (2016): Sprache hören und verstehen. In: Böttger, H. & Sambanis, M. (Hrsg.): *Focus on Evidence – Fremdsprachendidaktik trifft Neurowissenschaften.* Tübingen: Narr, 53–76.

Rittelmeyer, C. (2013): Transferwirkungen künstlerischer Tätigkeiten: Ihre kritische Kommentierung durch eine umfassende Theorie ästhetischer Bildung. In: *Zeitschrift für Erziehungswissenschaften* 16, 217–231.

Sambanis, M. (2013): *Fremdsprachenunterricht und Neurowissenschaften.* Tübingen: Narr.

Schädlich, B. (2017): Feedback. In: Surkamp, C. (Hrsg.): *Metzler Lexikon Fremdsprachendidaktik: Ansätze, Methoden, Grundbegriffe.* 2. Aufl. Stuttgart/Weimar: Metzler, 67–68.

Schädlich, B. & Surkamp, C. (2015): Textrezeptionsprozesse von Schülerinnen und Schülern in handlungsorientierten Unterrichtsszenarien: Unterrichtsvideographie im fremdsprachlichen Literaturunterricht. In: Küster, L., Lütge, Ch. & Wieland, K. (Hrsg.): *Literarisch-ästhetisches Lernen im Fremdsprachenunterricht: Theorie, Empirie, Unterrichtsperspektiven.* Frankfurt a.M.: Lang, 69–89.

Schewe, M. (2015): Fokus Fachgeschichte: Die Dramapädagogik als Wegbereiterin einer performativen Fremdsprachendidaktik. In: Hallet, W. & Surkamp, C. (Hrsg.): *Handbuch Dramendidaktik und Dramapädagogik im Fremdsprachenunterricht.* Trier: WVT, 21–36.

Schewe, M. (2017): Dramapädagogik. In: Surkamp, C. (Hrsg.): *Metzler Lexikon Fremdsprachendidaktik: Ansätze, Methoden, Grundbegriffe.* 2. Aufl. Stuttgart/Weimar: Metzler, 49–51.

Surkamp, C. (2019): 'It's not our opinion, it's the opinion of our roles' – *Fremdverstehen* revisited or: where foreign language education and narratology can meet. In: Erll, A. & Sommer, R. (Hrsg.): *Narrative in Culture.* Berlin: de Gruyter, 129–147.

Surkamp, C. (2020): Zur Komplexität der Rolle von Emotionen im Fremdsprachenunterricht und den Potenzialen der Dramapädagogik. In: Burwitz-Melzer, E., Riemer, C. & Schmelter, L. (Hrsg.): *Affektiv-emotionale Dimensionen beim Lehren und Lernen von Fremdsprachen. Arbeitspapiere der 40. Frühjahrskonferenz zur Erforschung des Fremdsprachenunterrichts.* Tübingen: Narr. (im Druck)

Tselikas, E.I. (1999): *Dramapädagogik im Sprachunterricht: Schwerpunkt Unterrichtspraxis.* Zürich: Orell Füssli.

Vollmer, H.J., Henrici, G., Finkbeiner, C., Grotjahn, R., Schmid-Schönbein, G. & Zyda-tiß, W. (2001): Lehren und Lernen von Fremdsprachen: Kognition, Affektion, Interaktion. Ein Forschungsüberblick. In: *Zeitschrift für Fremdsprachenforschung* 12(2), 1–145.

Wirag, A. (2019): Experimentelle Studien zu Theaterarbeit und Persönlichkeitsentwicklung: die aktuelle Befundlage. In: *Scenario* 2, 92–108.

Wolff, D. (2004): Kognition und Emotion im Fremdsprachenerwerb. In: Börner, W. & Vogel, K. (Hrsg.): *Emotion und Kognition im Fremdsprachenunterricht.* Tübingen: Narr, 87–103.

Oriana Uhl

Sinnvoll üben mit Musik und Bewegung

1   Üben im Fremdsprachenunterricht

„Übung macht den Meister", diesen Spruch hat fast jeder schon einmal zu hören bekommen. Meistens gedacht als eine Durchhalteparole beim Erlernen einer neuen Fähigkeit. Oft gut gemeint, aber eher frustrierend als motivierend. Lehrerinnen und Lehrer sind mit Situationen, in denen das Üben von neuen Lerninhalten von den Lernenden nur missmutig oder überhaupt nicht durchgeführt wird, bestens vertraut. Dieses Phänomen ist auch nicht auf den Fremdsprachenunterricht beschränkt, sondern kann überall, wie beispielsweise beim Erlernen des Einmaleins oder der Grundrechenarten, ungeachtet des Lerngegenstands, beobachtet werden. Die Anwendung von Neugelerntem bedarf gerade in der mündlichen Kommunikation mit anderen, in der die Reaktionszeit naturgegeben begrenzt ist, viel Übung, um dem Geschehen folgen zu können und aktiv dazu beitragen zu können. Beim Lernen einer Fremdsprache kommt man aber um Übungsphasen nicht umhin, denn es gibt viele Sprachfertigkeiten, die Übung erfordern, bevor sie ausreichend automatisiert für die tatsächliche Anwendung in Kommunikationssituationen sind. Hörverstehen kann beispielsweise nur auf der Grundlage eines ausreichenden Wortschatzes funktionieren, andernfalls können die Lernenden dem Gehörten keinen Sinn entnehmen. Das Gleiche gilt auch für die Bereiche Interaktion und Produktion, denn auch hier müssen sich die Lernenden ein Rüstzeug erarbeiten, welches sie zum Beispiel bei der Sprachmittlung oder bei der schriftlichen Produktion einsetzen können (vgl. Blell 2016: 20).

Sambanis und Walter (2019: 15) machen deutlich, dass es zwei Möglichkeiten gibt, um dem Vergessen neu gelernter Inhalte entgegenzuwirken. Die erste Möglichkeit beinhaltet eine eindrückliche erste Begegnung mit dem Lerninhalt. Die zweite Möglichkeit stellen ausreichende Wiederholungen dar, die das nachhaltige Erinnern gewährleisten. Es wird schnell klar, dass die erste der beschriebenen Möglichkeiten nicht als Standardvorgehen im Fremdsprachenunterricht taugt, es bleibt also oftmals nur die Möglichkeit neu Gelerntes zu wiederholen. Lernen erfordert daher in der Regel mehr als eine einmalige oder nur kurzfristige Beschäftigung mit dem Lerngegenstand. Anders ausgedrückt kommt der Fremdsprachenunterricht nicht ohne Übungsphasen aus.

Obwohl der Begriff *Üben* oder *Übung* keine allzu großen Verständnis-schwierigkeiten bereitet, ist es aus wissenschaftlicher Sicht natürlich wichtig, diese Lernaktivität klar zu definieren und gegen andere Lerntätigkeiten abzugrenzen. Selbst in einem Werk, das sich mit Üben im Fremdsprachen-unterricht befasst, zeigen sich noch Unterschiede in definitionstechnischen Detailfragen. Der Begriff ist also schwieriger zu fassen, als es auf den ersten Blick erscheinen mag. Während Bär unter Üben eine „intentional" ausge-führte Handlung versteht, geht Blell davon aus, dass auch unbewusste Sprachlerntätigkeiten unter dem Begriff des *Übens* subsumiert werden kön-nen (vgl. Bär 2016: 10, Blell 2016: 21). Einigkeit herrscht hingegen bei der Frage, ob es sich beim Üben um eine zielgerichtete Tätigkeit handelt (Blell 2016:21). Das Gleiche gilt für die Konkretisierung des anvisierten Ziels, näm-lich: Die erlernte Tätigkeit soll automatisiert werden (vgl. Bär 2016: 10). Burwitz-Melzer (2016: 30) stellt in Frage, ob sich der Begriff des *Übens* klar von anderen lernrelevanten Tätigkeiten abgrenzen lässt, beispielsweise dem Bearbeiten von Aufgaben, und geht eher von lerntechnisch vielversprechen-den Verknüpfungsmöglichkeiten im Erreichen eines „erfolgreiche[n] und sprachlich korrekte[n] Ergebnis[ses]" aus. Dieser Ansicht schließt sich Caspari (2016: 48) an, denn „[a]uch beim kompetenz- bzw. aufgabenorien-tierten Lernen müssen Schüler/innen üben, um sich sprachlich zu verbes-sern", also zunehmend effizient und differenziert in der Kommunikationssi-tuation agieren zu können.

Der vorliegende Text orientiert sich am Begriffsverständnis von Haß (2006: 313), der davon ausgeht, dass „zyklisches, wiederholendes Üben" Lernende dazu befähigt, sich fremdsprachliche „Fertigkeiten" anzueignen. Um dieses Ziel zu erreichen, müsse das Üben eine „komplexe Anwendung" des Neugelernten beinhalten.

2   Warum üben Lernende so ungern?

Ein verbindendes Element, welches in keinem der Beiträge über das Üben unerwähnt bleibt, ist der schlechte Ruf, der dieser Tätigkeit vorauseilt. Die-ser ist nicht nur bei den Lernenden verbreitet, die sich nur ungern auf die vermeintlich stupide und zeitintensive Lernaktivität des Übens einlassen, sondern auch bei den Lehrenden herrscht eine didaktisch motivierte Skep-sis. Gründe gibt es dafür viele, oft wird das Üben mit „marionettenhafte[n] Wiederholung[n]" assoziiert (Thaler nach Bär 2016: 9). Das Üben erfordert einerseits eine große Anstrengungsbereitschaft, Aufmerksamkeitsfokussie-rung und Lernmotivation, birgt aber andererseits auch das Risiko, dass bei den Schülerinnen und Schülern Langeweile aufkommt, welche sich dann auch auf die Lernmotivation auswirken kann (vgl. Grünewald 2016: 89 f.; vgl. Riemer 2016: 166 f.). Hallet (2016: 93) fügt dieser Liste noch eine weitere mögliche Begründung hinzu, wenn er kritisiert, dass Übungsphasen im Fremdsprachenunterricht häufig weder Anwendungs- noch Lebensweltbezug aufweisen, sondern „zum Selbstzweck und zu einem zentralen Unterrichtsinhalt und so zum scheinbaren Kern" des Unterrichtsgeschehens werden.

Dieses Phänomen lässt sich auch aus neurowissenschaftlicher Sicht erklären: Unser Gehirn ist darum bemüht, Neues zu sichten und Kapazitäten dafür zu schaffen, indem ständige Ausleseprozesse durchgeführt werden, die dafür sorgen, dass irrelevante Informationen nicht gespeichert werden (Sambanis & Walter 2019: 33 f.). Daher versucht es beim Aufbau von semantischem Wissen die Wiederholungen so gering wie möglich zu halten (vgl. Arndt & Sambanis 2017: 183, Sambanis & Walter 2019: 15).

3   Was passiert beim Üben im Gehirn?

Ziel des schulischen Lernens ist die Aneignung von Wissen und die Sicherstellung, dass das Gelernte auch langfristig verfügbar sein wird (vgl. Roth 2017: 326 f.). Informationen, die im Langzeitgedächtnis abgespeichert werden, haben zuvor drei Prozesse durchlaufen, nämlich die Enkodierung, die Konsolidierung und den Abruf (vgl. Bellebaum 2012: 90). Die Enkodierung bezeichnet dabei den Prozess der Abspeicherung des Lerninhalts, während die Konsolidierung den Übergang des gespeicherten Inhalts vom Kurzzeitgedächtnis ins Langzeitgedächtnis beschreibt und der Abruf die erneute Aktivierung des Inhalts (vgl. Bellebaum 2012: 90, Korte & Bonhoeffer 2011: 68). Die Prozesse, die bei der langfristigen Abspeicherung von Wissen ablaufen, sind äußerst komplex und können von vielen Faktoren beeinflusst werden. Roth (2017: 326) nennt sechs wichtige Faktoren, die Einfluss auf Lernprozesse nehmen: Das Verhältnis zwischen der Lehrperson und den Schülerinnen und Schülern, deren Aufmerksamkeit, Lernmotivation und fachliches Interesse, abwechslungsreiche Unterrichtsgestaltung sowie Struktur des Unterrichts, Lebensweltbezug und Vernetzung mit vorhandenem Wissen. Im Rahmen dieser Aufzählung weist Roth (ebd.) explizit auf die Bedeutung von Wiederholung als einen zentralen Einflussfaktor hin, wobei die Abstände mit der Zeit immer größer werden dürfen. Ergebnisse der Lernforschung zeigen: „[J]e stärker die entsprechenden Kompetenzen bereits prozeduralisiert sind, [...] desto stärker wird das Arbeitsgedächtnis entlastet [...] und desto mehr Kapazität steht für die Bearbeitung einer komplexen Aufgabe zur Verfügung" (Kunter 2013: 94). Es ist also entscheidend, dass das benötigte Vorwissen abrufbar ist, ohne viele kognitive Kapazitäten in Anspruch zu nehmen (vgl. Kunter 2013, Bär 2016, Blell 2016).

In seinen Selbstversuchen fand der Wissenschaftler Ebbinghaus schon Ende des 19. Jahrhunderts stichhaltige Beweise, dass Wiederholung, idealerweise in ausreichenden zeitlichen Abständen, zu einer Verbesserung der Behaltensleistung führte (vgl. Korte & Bonhoeffer 2011: 60). Wiederholungsdurchgänge zur besseren Einprägung des Lerninhalts sind also ein wichtiger Bestandteil von Lernprozessen, denn sie führen dazu, „dass die neuronale Repräsentation, die für einen Inhalt im Gehirn aufgebaut wurde, erneut aktiviert, bei Bedarf auch erweitert und aktualisiert wird. Dies sorgt dafür, dass die Repräsentation bei Reaktivierung stabiler wird, dass das Gehirn sie mit dem Label „wichtig, könnte man noch brauchen" belegt und vom Löschen absieht." (Sambanis & Walter 2019: 15).

4 Kriterien des sinnvollen Übens aus didaktischer Perspektive

Es lässt sich also festhalten, dass der Fremdsprachenunterricht nicht ohne Übungs- und Wiederholungsphasen auskommt, denn diese sind integraler Bestandteil von Lernprozessen. Lernende können diesen Phasen allerdings, wie gesagt, oftmals wenig abgewinnen. Es stellt sich daher die Frage, wie Übungs- und Wiederholungsphasen so gestaltet werden können, dass die Lernenden mehr Gefallen daran finden.

Hier wäre zunächst wichtig, dass der Zweck, welchem die Übung dient, transparent gemacht wird, damit die Übungsphasen den Lernenden sinnvoll erscheinen (vgl. Bär 2016: 13). Ziel soll dabei nicht die Aneignung von abstraktem Wissen über das „Sprachsystem" an sich sein, sondern die bestmögliche Vorbereitung der Lernenden auf eine Anwendungssituation, die sie zu meistern wünschen (vgl. Bär 2016:12). Neben der Tranzparenz lassen sich aber noch weitere Merkmale festhalten, die sinvolles Üben kennzeichnen: „rhythmisiertes" Üben, konkret auf den Lerngegenstand bezogene und präzise formulierte Übungsaufgaben, schrittweiser Aufbau von *„Übekompetenz"*, die Vermittlung hilfreicher Lernstrategien und das Angebot durchdachten *Scaffoldings* durch die Lehrkraft (Helmke bei Blell 2016: 20). Auch Feedback trägt zur Effektivität einer Übungsphase bei, indem die Lernenden Hilfestellung erhalten, wie sie ihr Handeln korrigieren können, um das Ziel zu erreichen.[1] Nicht zu vernachlässigen ist auch die Progression der Übungsphasen bezüglich der Schwierigkeit sowie deren Steuerung und „Kommunikationsrelevanz" (vgl. Bär 2016: 14 f.). Große Bedeutung kommt der Angebotsvielfalt in Bezug auf die Übungsaufgaben zu. Die Angebotsvielfalt und der Ab-

---

[1]   Daniela Czernochowski beschreibt in ihrem Vortrag *Die Rolle von Feedback beim Wortpaar-Lernen und Warum ich manche Dinge über den Test besser schon beim Lernen wissen sollte* auf der Konferenz *Focus on Evidence*, dass negatives Feedback die Aufmerksamkeit der Lernenden erhöht. Eine von Czernochowski durchgeführte Studie zeigt, dass ein unmittelbares Feedback, welches die Lernenden zusätzlich mit der richtigen Lösung konfrontiert und Zeit lässt, sich diese einzuprägen, zu einer Steigerung der Lernleistung führt.

wechslungsreichtum lassen sich durch die Einbeziehung von Musik und Bewegung deutlich steigern.

5   Anregungen zum sinnvollen Üben im Fremdsprachenunterricht

In ihrem Vortrag mit dem Titel *Ist Rhythmus der Motor für erfolgreichen Zweit-sprachenerwerb? Untersuchungen zum Sprachverständnis und zu sensomotori-schen Voraussetzungen des Zweitsprachenerwerbs* bei *Focus on Evidence III* zeigte Sonja A. Kotz auf, dass Fremd- oder Zweitsprachlernende das Erkennen und Produzieren von Sprachmelodien in größeren syntaktischen Zusammen-hängen meistern müssen (vgl. auch Friederici 2011). Dies hat auch für die Gestaltung von Übungsphasen Relevanz, denn Sonja A. Kotz zeigte, dass im Vergleich zwischen zwei Gruppen von Lernenden, diejenige besser ab-schnitt, bei deren Lernphasen ein gleichbleibender Rhythmus hinterlegt war.

Die Aufgabe der Lehrkraft besteht nun darin, die Übungsdurchgänge vielfältig, abwechslungsreich und zielführend zu gestalten, um dem Schwinden der Lernmotivation, der Aversion der Schülerinnen und Schüler gegen Wiederholung und der drohenden Langeweile vorzubeugen. Um dies zu erreichen, lohnt es sich, wie bereits erwähnt, Musik und Bewegung mit-einzubauen, denn beides bietet Möglichkeiten, das Gestaltungsrepertoire um ein Vielfaches zu erweitern. Auch im Hinblick auf die anderen Kriterien des sinnvollen und funktionalen Übens ist Musik hilfreich.

Der Einsatz von Bewegung in Lernphasen hat den Vorteil, dass unser Gehirn daran gewöhnt ist, Bewegungsabläufe nur durch zahlreiche Wieder-holungen zu meistern (vgl. Sambanis & Walter 2019: 16, Arndt & Sambanis 2017: 183). Für die Vermittlung von Bewegungsabläufen wie von Wissen gilt gleichermaßen, dass Lernende von sinnvollem Feedback erheblich profitie-ren. Sowohl beim Einüben von Bewegungen im Sport oder dem musikali-schen Üben, also in der Musik wie im Sport, spielen das Reflexionsvermö-gen und eine individuelle Feedbackkultur für Lernende eine große Rolle, und gerade deshalb eignen sich diese Disziplinen auch als Inspirationsquel-len für die sinnvolle und abwechslungsreiche Gestaltung von Übungspha-sen im Fremdsprachenunterricht (vgl. Rösler 2016). Dies legt die Frage nahe, wie Lernende von ihrem Wissen aus anderen wissenschaftlichen Disziplinen in Bezug auf die Gestaltung von Übungsphasen profitieren können. „Durch die Einbeziehung von Körperlichkeit und Emotionalität entsteht nicht nur eine größere Lebendigkeit und Authentizität, sondern es werden auch we-sentlich bessere Behaltensleistungen erzielt" (Caspari 2000: 147). Eine Mög-lichkeit stellt beispielsweise die Einbeziehung von Bewegung und Rhyth-mus in fremdsprachliche Übungen dar. Caspari (ebd.) geht davon aus, dass sich aus diesem Zusammenspiel Übungen zur Schulung der Aussprache entwickeln lassen, mit deren Hilfe „Flüssigkeit, Sprechtempo, Sprachmelo-

die und Betonung" zielführend und abwechslungsreich geübt werden können. In der Kinderstimmbildung gehören sogenannte *verpackte Übungen* seit
Jahren zur Praxis und ermöglichen ein spielerisches Üben artikulatorischer
Herausforderungen. *Verpackt* sind die Übungen deshalb, weil „[a]nstelle
einer stimmtechnischen Übung [...] ein Spiel, eine gymnastische Handlung,
eine Körperbewegung [...] eingesetzt [wird]" (Mohr 1997: 57). Ergänzend
kann eine fest integrierte Reflexionsphase im Anschluss für eine Kognitivie-
rung sorgen und so kopflosem Nachahmen vorbeugen. Hier ist beispielsweise der Einsatz von Strophenliedern für den Fremdsprachenunterricht
geeignet, eine Liedform, die den Schülerinnen und Schülern durch ihr häufiges Vorkommen in der Popmusik vertraut ist. Durch die mehrmalige Wiederholung des Refrains ist quasi innerhalb des Liedes ein Übungsmecha-
nismus eingebaut, der auch für fremdsprachendidaktische Zwecke nutzbar
ist.

In einer explorativen Interventionsstudie konnten Busse et al. (2018: 7)
zeigen, dass der Einsatz von Musik in Form von Singen zu einer Steigerung
der Lernleistung im Bereich Wortschatz und Grammatik führen kann. Hierbei ist noch hervorzuheben, dass sich die positiven Auswirkungen auf die
Lernleistungen auch auf Transferaufgaben ausdehnen.

Traditionell wird Musik vor allem bei Übungen in den Bereichen Wortschatz, Grammatik und Aussprache eingesetzt, wobei Sambanis zeigt, dass
Fremdsprachenlehrkräfte im Rahmen einer Fortbildung zusätzliche sinnvolle Einsatzmöglichkeiten beim Erlernen produktiver Sprachfertigkeiten sahen, beispielsweise beim Verfassen von Raps oder Popsongs (vgl. Sambanis
2015: 7).

Für einen erweiterten Anwendungsbereich spricht sich auch Surkamp
(2016: 212 f.) aus, wenn sie zu bedenken gibt, dass die „Fertigkeiten", die bei
fundierter Literaturarbeit beherrscht werden müssen der Übung bedürfen,
und sie darauf hinweist, dass sich Üben auch auf kreative Prozesse ausdehnen lässt. Hier eröffnen sich vielfältige Möglichkeiten, Bewegung in den
Fremdsprachenunterricht zu integrieren, indem Standbilder zum Sichtbar-
machen von Personenkonstellationen angewendet werden (vgl. Sambanis &
Walter 2019: 13). Ein wichtiger Vorteil des Lernens und Übens mit Bewegung besteht darin, dass „die Lernenden selbst aktiv werden, sich nicht auf
die Rolle eines Beobachters beschränken, sondern die Bewegungen tatsächlich ausführen und dabei zugordnete Inhalte wiederholen, und zwar mehrfach" (Sambanis & Walter 2019: 13). Positive Auswirkungen auf den Lernzuwachs im Bereich der bewegungsbasierten Wortschatzarbeit konnten
sowohl in neurowissenschaftlichen Studien als auch in fremdsprachendidaktischen Studien nachgewiesen werden (vgl. Macedonia, Müller & Friederici
2011).

Falkenhagen (2019: 179) sieht besonderes Potenzial in der Förderung des „freie[n] und gelenkte[n] Sprechen[s], aber auch in der „schriftliche[n] Sprachproduktion".

Natürlich gibt es viele Möglichkeiten, sinnvolles und zielführendes Üben in den Fremdsprachenunterricht zu integrieren. Insbesondere bei einer Lernaktivität, bei der ein wesentliches Qualitätskriterium in der Abwechslung und Vielfalt besteht, wäre es schade, die besondere Vielfalt die Bewegung und Musik bieten, ungenutzt zu lassen. Bewegung und Musik können Übungsanreize schaffen und somit zur gelungenen Umsetzung des sinvollen Übens beitragen.

Literatur

Arndt, P. A. & Sambanis, M. (2017): *Didaktik und Neurowissenschaften – Dialog zwischen Wissenschaft und Praxis.* Tübingen: Narr.

Bär, M. (2016): Vom Üben als notwendigem Übel zum funktionalen und intelligenten Üben. In: Burwitz-Melzer, E., Königs, F., Riemer, C. & Schmelter, L. (Hrsg.): *Üben und Übungen beim Fremdsprachenlernen.* Tübingen: Narr, 9–18.

Bellebaum, C., Thoma, P. & Daum, I. (2012): Lernen und Gedächtnis: wissen und erinnern. In: *Neuropsychologie.* Wiesbaden: VS Verlag für Sozialwissenschaften, 83–103.

Blell, G. (2016): Üben im Fremdsprachenunterricht: „Wenn das Üben unmerklich in den Unterricht integriert werden kann, so könnte es weiter bestehen …". In: Burwitz-Melzer, E., Königs, F., Riemer, C. & Schmelter, L. (Hrsg.): *Üben und Übungen beim Fremdsprachenlernen.* Tübingen: Narr, 19–29.

Burwitz-Metzler, E. (2016): Üben im konzentrierten Fremdsprachenunterricht: Ein Plädoyer für einen weiteren Übungsbegriff. In: Burwitz-Melzer, E., Königs, F., Riemer, C. & Schmelter, L. (Hrsg.): *Üben und Übungen beim Fremdsprachenlernen.* Tübingen: Narr, 30–39.

Busse, V., Jungclaus, J., Roden, I., Russo, F.A. & Kreutz, G. (2018): Combining Song-And Speech-Based Language Teaching: An Intervention With Recently Migrated Children. In: *Front. Psychol.* 9:2386.

Caspari, D. (2016) Eine oder mehrere Kompetenzen schulen? Oder: Zum Stellenwert des Übens in komplexen Lernaufgaben. In: Burwitz-Melzer, E., Königs, F., Riemer, C. & Schmelter, L. (Hrsg.): *Üben und Übungen beim Fremdsprachenlernen.* Tübingen: Narr, 40–49.

Caspari, D. (2000): Fantasie und Kreativität: Prinzipien für das fremdsprachliche Üben. In: *Friedrich Jahresheft 2000,* 146–147.

Falkenhagen, C. (2019): Musik ohne Worte: Instrumentalmusik und Co im Fremdsprachenunterricht. In: Falkenhagen, C. & Volkmann, L. (Hrsg.): *Musik im Fremdsprachenunterricht.* Tübingen: Narr.

Friederici, A. (2011): Den Bär schubst der Tiger. In: Bonhoeffer, T. & Gruß, P. (Hrsg.): *Zukunft Gehirn. Neue Erkenntnisse, neue Herausforderungen.* München: C-H. Beck. 106–120.

Grünewald, A. (2016): Üben und Übungen im Fremdsprachenunterricht. In: Burwitz-Melzer, E., Königs, F., Riemer, C. & Schmelter, L. (Hrsg.): *Üben und Übungen beim Fremdsprachenlernen.* Tübingen: Narr, 84–92.

Hallet, W. (2016) Einübung. In: Burwitz-Melzer, E., Königs, F., Riemer, C. & Schmelter, L. (Hrsg.): *Üben und Übungen beim Fremdsprachenlernen*. Tübingen: Narr, 89–101.

Haß, F. (2006): *Fachdidaktik Englisch. Tradition-Innovation-Praxis*. Stuttgart: Klett.

Korte, M. & Bonhoeffer, T. (2011): Wie wir uns erinnern. In: Bonhoffer, T. & Gruß, P. (Hrsg.) *Zukunft Gehirn. Neue Erkenntnisse, neue Herausforderungen*. München: C-H. Beck. 59–82.

Kunter, M. & Trautwein, U. (2013): *Psychologie des Unterrichts*. Paderborn: Schöningh-UTB.

Macedonia, M., Müller, K. & Friederici, A. D. (2011): The Impact of Iconic Gestures on Foreign Language Word Learning and Its Neural Substrates. In: *Human Brain Mapping* 32(3): 982–998.

Mohr, A. (1997): *Handbuch der Kinderstimmbildung*. Mainz: Schott Musik GmbH & Co.

Rösler, D. (2016): Etüde für Übungsforscher. In: Burwitz-Melzer, E., Königs, F., Riemer, C. & Schmelter, L. (Hrsg.): *Üben und Übungen beim Fremdsprachenlernen*. Tübingen: Narr, 172–180.

Roth, G. (2017): Was das Gehirn zum Lernen braucht. In: *Biologie in unserer Zeit* 47(5), 326–331.

Sambanis, M. & Walter, M (2019): *In Motion. Theaterimpulse zum Sprachenlernen. Von neuesten Befunden der Neurowissenschaft zu konkreten Unterrichtsimpulsen*. Berlin: Cornelsen.

Sambanis, M. (2015): Musik bitte! Sprache und Musik – Sprache der Musik. In: *Praxis Fremdsprachenunterricht 3*, 7–10.

Surkamp, C. (2016): Üben im fremdsprachlichen Literaturunterricht? Überlegungen zu einer vernachlässigten Frage – mit einem besonderen Fokus auf die Handlungsorientierung. In: Burwitz-Melzer, E., Königs, F., Riemer, C. & Schmelter, L. (Hrsg.): *Üben und Übungen beim Fremdsprachenlernen*. Tübingen: Narr, 211–220.

Maik Walter

Gehend lernen.
Oder warum erleichtert das Gehen das Memorieren von sprachlichen Einheiten?
Evidenz aus der performativen Praxis und eine Frage an die neurowissenschaftliche Theorie

1   Von bemerkenswerten Zahlen

In der Psycholinguistik gibt es das bekannte Phänomen der *Magical Number Seven* (vgl. Handwerker & Madlener 2009: 8 f.). Wörter lassen sich deutlich besser memorieren, wenn sie zu Einheiten gebündelt werden, die nicht größer als 7 sind. Werden lexikalische Einheiten als ein solcher *Chunk* zusammengefasst, wird der Arbeitsspeicher entlastet, was zu einer besseren Gedächtnisleistung führen kann. Der Psycholinguist George Miller erforschte diesen Zusammenhang und sprach davon bereits 1956 erstmals als *Magical Number Seven*. Diese Erkenntnis wurde Jahre später auch im *Chunk*-Ansatz für den Fremdsprachenunterricht fruchtbar gemacht (vgl. Aguado 2016, Handwerker & Madlener 2009) sowie in Lehrwerken wie beispielsweise für Deutsch als Fremdsprache mit *studio d* bzw. *studio 21* aus dem Cornelsen-Verlag systematisch eingeführt.

Die Neurowissenschaftlerin Sonja A. Kotz berichtete nun in ihrem Vortrag (vgl. Kotz in diesem Band) ebenfalls über eine magische Zahl. Es ist die *Number Two*. Genauer gesagt sind es 2 Hertz, womit die Frequenz von exakt 2 Ereignissen in einer Sekunde erfasst wird, beispielsweise 2 Schritte im Zeitfenster von einer Sekunde. Dies entspricht in etwa dem Ruhepuls eines Neugeborenen und könnte sich – wie die oben beschriebene magische „Merkzahl" 7 – ebenfalls als eine mögliche kognitive Konstante des Menschen herausstellen. Zudem stellt die *Magical Number Two* möglicherweise einen guten Kandidaten auch für einen Transfer in den Fremdsprachenunterricht dar. Dazu schauen wir uns im Folgenden eine Herangehensweise der Performativen Didaktik an.

2   Was geht? Memorieren in Bewegung

Seit ca. 20 Jahren nutze ich als Lehrkraft für Deutsch als Fremdsprache und auch als Theaterpädagoge performative Verfahren im Fremdsprachenunterricht. Die in meinen Deutschkursen entwickelten und erfolgreich praktizierten performativen Bausteine sind an verschiedenen Orten publiziert worden (z.B. Walter 2020, 2012 & 2014, Sambanis & Walter 2019). Die Performative Didaktik orientiert sich an den Performativen Künsten wie dem Theater. Eine besondere Rolle spielt in der Performativen Didaktik der bewegte lernende Körper. Routinemäßig werden hierbei Formen des bewussten Gehens eingesetzt, beispielsweise als ein bewusst wahrgenommener Raumlauf oder als ästhetisches Inszenierungsmittel. Dieses wird häufig im choreografischen Arbeiten auch in größeren Gruppen verwendet (vgl. Plath 2014, Klein 2015). Werfen wir einen Blick in die performative Praxis, um zu sehen wie das Gehen das Lernen der Sprache erleichtern kann:

Im performativen Sprachunterricht wurde über 4 Wochen (insgesamt 100 Unterrichtseinheiten à 45 Minuten) mit Studierenden auf dem Niveau B2/C1 ein Theaterstück in der Fremdsprache Deutsch entwickelt. Ein Beispiel wurde ausführlich in Walter (2011) dokumentiert. Hierbei wurde mit dem Prosatext *Sommerhaus, später* von Judith Hermann gearbeitet. Mit den Mitteln des Erzähltheaters werden in diesen Theaterprojekten literarische (fremdsprachliche) Texte auf die Bühne gebracht. Das Erzählen nimmt den Ankerpunkt der Inszenierung und auch des Lernens ein (vgl. Wardetzky 2003). Im Laufe des Projekts werden die Studierenden mit immer wieder anderen narrativen Formen bekannt gemacht, vom Monolog bis hin zum Massenchor.

Abb. 1: Bei einem Massenchor wird ein Text im Chor gesprochen. Dieses theatrale Mittel kann in verschiedener Form eingesetzt werden: Individuell, indem sich die Sprecherinnen und Sprecher, in kleineren Teilgruppen zusammenfinden oder als gesamter Sprechchor.[1]

---

[1] Sämtliche Zeichnungen in diesem Beitrag wurden von Lisa Piechowski angefertigt.

Sprachliches Ziel ist es, auch in fortgeschrittenen Stadien der fremden Sprache Deutsch weiter voranzukommen. Wer schon einmal versucht hat, einen Text auswendig zu lernen, weiß um die Schwierigkeit, vor der die Studierenden dieses Kurses – zumal in der Fremdsprache – standen. Wie kommt der Text also in den Kopf? Eine Möglichkeit besteht darin, dass die Lernenden einen Text durch begleitende Bewegungen aufnehmen. Dass Bewegung einen positiven Effekt auf den Erwerb einer Fremdsprache hat, wurde bereits nachgewiesen (z.B. Sambanis 2013, Sambanis & Walter 2019). Hierbei werden Bewegungen mit sprachlichen Einheiten gekoppelt, um beispielsweise Wörter zu lernen. Wie kann das Gehen das Lernen von größeren sprachlichen Einheiten unterstützen?

Die Gruppe sitzt entspannt im Kreis und der Text wird zunächst gemeinsam gelesen. Die Lehrkraft übernimmt hierbei das Vorlesen, die Lernenden lesen mit, machen sich ggf. Notizen zur Betonung. Der unbekannte Wortschatz wird geklärt. Im nächsten Schritt lesen die Lernenden den Text laut im Plenum, jeder bestimmt den Umfang: „Wer dran ist, ist dran." bedeutet, dass es keine Absprachen zum Wechsel des Rederechts gibt. Die Gruppe achtet auf diese Weise auf sich und wächst ein Stück zusammen. Im Anschluss werden durch die Lehrperson kleinere Korrekturen auf der phonologischen Ebene vorgenommen.

Nun beginnt das Memorieren: Es werden Paare gebildet, die durch den Raum gehen, der zuvor freigeräumt wurde. Gepolsterte Stühle lassen sich gut als Grenze einsetzen, die später nur noch taktil wahrgenommen werden kann. Man geht nun absatzweise vor. Der erste Abschnitt wird bearbeitet: Das Paar hakt sich unter und geht in seinem Tempo durch den Raum. Satz für Satz wird der Abschnitt gesprochen. Hierbei spricht eine Partnerin oder ein Partner einen Satz, die oder der andere hilft, wenn das Sprechen ins Stocken gerät. Dabei kann der Text gelesen werden. Die Rollen werden gewechselt, sodass beide sprechen und korrigieren/helfen. Sollte es Widerstände geben, weil die körperliche Nähe als unangenehm empfunden wird, kann das Paar sich auch an der Schulter und der Hand berühren. Für den Fortgang, bei dem die Augen geschlossen werden, sollte in allen Fällen sichergestellt werden, dass die sehenden Lernenden in dieser Übung die blinden Lernenden durch den Raum führen und damit auch die Verantwortung für die Partnerin oder den Partner übernehmen können.

Die Augen sind jedoch noch geöffnet und schon nach kurzer Zeit werden die Sätze sichererer gesprochen. Die Lehrkraft gibt nun der Hälfte der Gruppe (nämlich genau einem Teil eines jeden Paars) die Anweisung, die Augen zu schließen. Hierzu wird eine leichte Instrumentalmusik wie Jazz abgespielt. Die Paare bewegen sich nun mit geschlossenen Augen durch den Raum. Zunächst schließen also nur diejenigen Lernenden die Augen, die geführt werden und den Text sprechen. Im nächsten Durchgang schließen beide die Augen. Sie konzentrieren sich darauf, in ihrem eigenen Tempo nicht mit anderen Paaren zusammenzustoßen und sprechen ihren Text. Kommen sie hierbei ins Stocken, hören sie auf die Textfragmente, die sie umgeben und setzen an dieser Stelle wieder ein. Wichtig ist, möglichst entspannt zu bleiben und nicht zu verkrampfen, wenn man im Text nicht weiterkommt.

Die Paare werden getrennt und alle gehen allein durch den Raum und sprechen leise den Text.

Am Ende kommt die Gruppe wieder im Kreis zusammen und die Geschichte wird Satz für Satz im Kreis gesprochen, also erzählt. Auch hier gilt wieder: „Wer dran ist, ist dran." Die Gruppe nimmt die Impulse zum Wechsel ohne explizite Absprache auf. Eine beliebte Variante besteht darin, die Geschichte auf dem Boden liegend zu erzählen. Dabei bildet die Gruppe einen sternenförmigen Kreis, wobei die Köpfe im Innenkreis und die Füße im Außenkreis liegen. Die Lernenden schauen dabei nach oben oder schließen die Augen.

Abb. 2: Das Erzählen im Kreis mit geschlossenen Augen ist ein intensives gruppenstabilisierendes Mittel, das wirkungsvoll eine performative Unterrichtseinheit abschließen kann.

Studierende, die versucht hatten, einen vergleichbaren Text allein und ohne Bewegung zu Hause zu lernen, gaben ein sehr positives Feedback zu dieser Technik und waren im Nachhinein von sich selbst beeindruckt, wie viel Text sie in solch kurzer Zeit memorieren konnten.

3 Das geht sehr gut, aber warum?

Dieses Vorgehen nimmt Bezug auf den Rhythmus des Gehens, der automatisch in das Sprechen getragen wird. Die Schrittfrequenz – und hier schließt sich der Bogen zur *Magical Number Two* – und das praktizierte Sprechen scheinen einen positiven Effekt zu haben. Durch das Ausschalten der visuellen Wahrnehmung gelingt zudem eine höhere Konzentration, die gleichzeitig auf das Nichtzusammenstoßen mit anderen Paaren gelenkt wird. Die Ablenkung wird häufig in Automatisierungsübungen ausgenutzt und kommt hier zum Tragen (vgl. Nation 2001). Auch der soziale Faktor der Gruppe könnte den Lernprozess verstärken. Interessanterweise gibt es aber hier eine dem widersprechende Beobachtung: In einem Dramapädagogik-Seminar an der Universität Tübingen gab es eine Diskussion mit Schauspielerinnen und Schauspielern des Württembergischen Landestheaters, bei der das Auswendiglernen von Text thematisiert wurde. Die Studierenden stellten die Frage, wie es Profis gelingt, größere Mengen an Text zu erlernen. Die Schauspielerinnen und Schauspieler bestätigten einen positiven Effekt des Gehens beim Memorieren. Häufig wurde der Text von ihnen beim Spazieren am Neckar gelernt, was sie ausschließlich allein taten.

4 Die letzte Frage geht an die Neurodidaktik

Diese Faktoren, d.h. das rhythmisierte Sprechen durch das Gehen und die Ablenkung von den einzelnen Wörtern durch die Textvorlage, scheinen für die Effizienz des Vorgehens verantwortlich – oder zumindest mitverantwortlich – zu sein. Kann dieser Befund aus der Praxis mit Methoden der Neurowissenschaft bestätigt werden? Oder gibt es eine andere Begründung für den Erfolg des Gehens beim Lernen? Interessante Einsichten verspricht die empirische Untersuchung der folgenden Faktoren: Lernen mit und ohne Musik, die Wahl des unterlegten Musikstücks, die Ausschaltung von Sinneskanälen, die Arbeit mit und ohne Partnerin oder Partner. Spannend wären auch die Prozesse mit neurowissenschaftlichen Methoden zu untersuchen, die durch das Gehen angestoßen werden, den Rhythmus der Schritte spüren, den Kreislauf, die Atmung und die Durchblutung anregen und sich damit möglicherweise auch auf das Gehirn auswirken. Da geht bestimmt noch einiges!

Literatur

Aguado, K. (2016): Deutsch lernen mit Chunks. In: *Fremdsprache Deutsch (= Sonderheft Deutschunterricht für Lernende mit Migrationshintergrund)*, 30–33.

Handwerker, B. & Madlener, K. (2009): *Chunks für DaF. Theoretischer Hintergrund und Prototyp einer multimedialen Lernumgebung (= Perspektiven Deutsch als Fremdsprache 23)*. Baltmannsweiler: Schneider Hohengehren.

Klein, G. (Hrsg.) (2015): *Choreografischer Baukasten. Das Buch (= TanzScripte 41)*. Bielefeld: transcript.

Nation, I. S. P. (2001): *Learning vocabulary in another language (= The Cambridge applied linguistics series)*. Cambridge, U.K, New York: Cambridge University Press.

Plath, M. (2014): *Partizipativer Theaterunterricht mit Jugendlichen. Praxisnah neue Perspektiven entwickeln (= Pädagogik Praxis)*. Weinheim, Basel: Beltz.

Sambanis, M. (2013): *Fremdsprachenunterricht und Neurowissenschaften*. Tübingen: Narr.

Sambanis, M. & Walter, M. (2019): *In Motion – Theaterimpulse zum Sprachenlernen. Von neuesten Befunden der Neurowissenschaft zu konkreten Unterrichtsimpulsen*. Berlin: Cornelsen.

Walter, M. (2011): Prosa in Szene setzen – Generation X trifft Generation Harry Potter. In: Küppers, A., Schmidt, T. & Walter, M. (Hrsg.): *Inszenierungen im Fremdsprachenunterricht. Grundlagen, Formen, Perspektiven (= Unterrichts-Perspektiven Fremdsprachen)*. Braunschweig: Schroedel; Diesterweg; Klinkhardt, 117–130.

Walter, M. (2012): Theater in der Fremdsprachenvermittlung. In: Nix, C., Sachser, D. & Streisand, M. (Hrsg.): *Theaterpädagogik (= Lektionen 5)*. Berlin: Theater der Zeit, 182–188.

Walter, M. (2014): Mit Worten Räume bauen: Improvisationstheater und szenische Wortschatzvermittlung. In: Bernstein, N. & Lerchner, C. (Hrsg.): *Ästhetisches Lernen im DaF-/ DaZ-Unterricht. Literatur – Theater – Bildende Kunst – Musik – Film (= Materialien Deutsch als Fremdsprache 93)*. Göttingen: Universitätsverlag Göttingen, 233–247.

Walter, M. (2020): Von der Einzigartigkeit des Unterrichtens. Performative Didaktik für den Unterricht Deutsch als Fremdsprache. Einführung in den Themenschwerpunkt. In: *Fremdsprache Deutsch. Zeitschrift für die Praxis des Deutschunterrichts*. Heft 62/2020, 3–8.

Wardetzky, K. (2003): Erzähltheater. In: Koch, G. & Streisand, M. (Hrsg.): *Wörterbuch der Theaterpädagogik*. Berlin, Milow: Schibri-Verlag, 90–91.

In den beiden Abbildungen wird der Songtext „Hamburg" von Hannes Wittmer (https://www.hanneswittmer.de; 09.03.2020) von seinem Album „und im fenster immer noch wetter" (https://spacemanspiff.bandcamp.com/album/und-im-fenster-immer-noch-wetter; 09.03.2020) zitiert. Dieser eignet sich auch gut als Sprechtext für die beschriebenen Übungen.

Autorinnen und Autoren der Transferbeiträge

Julia Amerian M.A.
ist Studierende an der Freien Universität Berlin.

julia.amerian@web.de

Carolyn Berckmüller
ist freiberufliche Englisch-Trainerin in Markt Indersdorf.

cberckmueller@gmail.com

Leonie Dennstedt
ist Historikerin und Studierende an der Freien Universität
Berlin.

leonie.dennstedt@posteo.de

Paola Efstratiou
ist Studierende und studentische Hilfskraft der Didaktik des
Englischen and der Freien Universität Berlin.

p.efstratiou@fu-berlin.de

Rabih El-Sari
ist Studierender an der Freien Universität Berlin.

e.rabih@gmx.de

Dominik Grubecki
ist Studierender und studentische Hilfskraft der Didaktik des
Englischen an der Freien Universität Berlin.

dominik.grubecki@outlook.com

Prof. Dr. Matthias Hutz
ist Professor für Englische Fachdidaktik an der
Pädagogischen Hochschule Freiburg.

hutz@ph-freiburg.de

Prof. Dr. Markus Kötter
ist Professor für die Didaktik der englischen Sprache an der
Universität Siegen.

koetter@anglistik.uni-siegen.de

Denise Kotzur
ist Studierende an der Freien Universität Berlin.

Denisehelena24@gmail.com

Susanna Lautenschlager
ist Studierende an der Freien Universität Berlin.

susannalaute@zedat.fu-berlin.de

Norbert Marx
ist Lehrkraft am Weiterbildungskolleg Würselen und
Doktorand an der Katholischen Universität Eichstätt-
Ingolstadt.

NorbertMarx@gmx.net

Dr. Josef Meier
ist Akademischer Direktor i.R. und Mitbegründer des
StressReduzierten Lernens in München.

josef.meier@philhist.uni-augsburg.de

Lisa Piechowski
ist Studierende an der Freien Universität Berlin.

lisapiechowski96@gmail.com

Andreas von Reppert
ist Lehrkraft an der Polizeiakademie Berlin und Doktorand
an der Freien Universität Berlin.

avonreppert@gmail.com

Prof. Dr. Carola Surkamp
ist Professorin für Fachdidaktik Englisch an der Georg-
August-Universität Göttingen.

carola.surkamp@phil.uni-goettingen.de

Oriana Uhl
ist Wissenschaftliche Mitarbeiterin der Didaktik des
Englischen an der Freien Universität Berlin.

oriana.uhl@fu-berlin.de

Leocadie Voigt-Mahr
ist Studierende und studentische Hilfskraft der Didaktik des
Englischen and der Freien Universität Berlin.

lvoigtmahr@fu-berlin.de

Maik Walter
ist Programmbereichsleiter Gesellschaft, Politik und Theater
& Direktor der Gilberto-Bosques-Volkshochschule Berlin.

maik@zedat.fu-berlin.de

Abbildungsverzeichnis

Tabellenverzeichnis

Team FoE & Sponsoren

Team FoE 2019

Organisation (vorne v.l.n.r.)

Michaela Sambanis, FU; Oriana Uhl, FU; Dominik Grubecki, FU; Deborah Költzsch, KU; Heiner Böttger, KU

Unterstützung

Laura Ickinger, KU *(vorne 2.v.r.)*; Dorothea Kunz, KU *(hinten 2.v.r.)* sowie Studierende des Hauptseminars der KU *(hinten v.l.n.r.*: Amelie Groß, Rebekka Ebert, Wiebke Mareike Platzer, Bernhard Hübner, Veronika Stampfer)

Wir danken den Sponsoren von FoE 2019:

Alle Fotografien im Band wurden von Dominik Grubecki erstellt.

narr\f ranck e\atte mpto

Heiner Böttger, Michaela Sambanis (Hrsg.)

Focus on Evidence

Fremdsprachendidaktik trifft Neurowissenschaften

2016, 328 Seiten
€[D] 49,00
ISBN 978-3-8233-8021-4
eISBN 978-3-8233-9021-3

Experten für das Lehren und Lernen von Fremdsprachen diskutierten gemeinsam die Frage: Wie lassen sich neueste neurowissenschaftliche Forschungserkenntnisse auf das Lehren und Lernen von Fremdsprachen anwenden? Ziel war es, gemeinsam neue, auf empirischer Evidenz basierende Wege in Richtung eines effektiveren Fremdsprachenunterrichts zu entdecken. Der Band nimmt Sie mit auf diese Reise zu Wissensbeständen und zu intensivem Transferdialog zwischen den Disziplinen und ist um weiterführende wissenschaftliche Fachbeiträge ergänzt. Es ergibt sich somit ein umfassender Ideenkatalog dazu, wie neueste Erkenntnisse effektiv umgesetzt werden können.

Narr Francke Attempto Verlag GmbH + Co. KG \ Dischingerweg 5 \ 72070 Tübingen \ Germany
Tel. +49 (0)7071 9797-0 \ Fax +49 (0)7071 97 97-11 \ info@narr.de \ www.narr.de

BUCHTIPP

Heiner Böttger, Michaela Sambanis (Hrsg.)

Focus on Evidence II

Netzwerke zwischen Fremdsprachendidaktik
und Neurowissenschaften

2018, 278 Seiten
€[D] 58,00
ISBN 978-3-8233-8120-4
eISBN 978-3-8233-9120-3

Focus on Evidence II zeigt erneut durch Transferdiskussionen zwischen Wissenschaft und
Praxis sowie der Umsetzung in fremdsprachendidaktischen Anwendungskontexten, wie empi
rische Evidenz forschungsstarker Bezugswissenschaften aufgeschlüsselt wird und einerseit
Anstöße zur Weiterentwicklung des Fremdsprachenunterrichts, andererseits auch Impulse
für weitere Forschung gegeben werden können. Die unterschiedlichen Perspektiven des Sprach
unterrichts werden reflektiert und es wird sich mit den konkreten Fragen aus der Praxis ausei
andergesetzt. Dabei wählt Focus on Evidence einen Ansatz, der auf wechselseitigen Dialog setz
und sich vom bislang vorherrschenden linearen Transfer neurowissenschaftlicher Befunde löst.

Narr Francke Attempto Verlag GmbH + Co. KG \ Dischingerweg 5 \ 72070 Tübingen \ Germar
Tel. +49 (0)7071 9797-0 \ Fax +49 (0)7071 97 97-11 \ info@narr.de \ www.narr.de